Zuohao Fumu
Jiaohao Haizi

做好父母
教好孩子

孩子是父母一生中最重要的投资

再累也要做个好妈妈　再忙也要做个好爸爸
（父母做好N件事，孩子一生都强大）

宋国锋◎著

内蒙古人民出版社

图书在版编目（CIP）数据

做好父母 教好孩子 / 宋国锋著 . -- 呼和浩特：
内蒙古人民出版社，2025.1. -- ISBN 978-7-204-18327-2

Ⅰ . G78

中国国家版本馆 CIP 数据核字第 20245TV769 号

做好父母 教好孩子

作　　者　宋国锋
责任编辑　郭婧赟
封面设计　宋双成
出版发行　内蒙古人民出版社
地　　址　呼和浩特市新城区中山东路 8 号波士名人国际 B 座 5 楼
网　　址　http：//www.impph.cn
印　　刷　三河市金兆印刷装订有限公司
开　　本　710mm×1000mm 1/16
印　　张　16
字　　数　206 千
版　　次　2025 年 3 月第 1 版
印　　次　2025 年 3 月第 1 次印刷
书　　号　ISBN 978-7-204-18327-2
定　　价　59.80 元

如发现印装质量问题，请与我社联系。
联系电话：（0471）3946120

做好父母教好孩子(代序)

　　这是一本很解渴的书，能帮助你解决育儿中的许多烦恼和难题。

　　本书作者宋国锋是一位优秀的资深教师，一辈子和孩子们打交道，他深深知道：做好父母才能教好孩子，家长要先懂孩子再懂教。书中有个故事很能说明问题：

　　拿破仑·希尔是世界著名的励志成功大师。有一年，他需要聘请一位秘书，于是在几家报刊上刊登了一则广告，结果应聘的信件如雪片般飞来，但这些信件大都同出一辙，比如他们的第一句话几乎是一样的："我看到您在报纸上的招聘秘书的广告，我希望可以应征到这个职位。我今年XX岁，毕业于某某学校，我如果能荣幸被你选中，一定兢兢业业。"拿破仑·希尔对此很失望，正琢磨着是否放弃这次招聘计划时，一封信件姗姗来迟，让拿破仑·希尔一下子惊喜不已，认定秘书人选非她莫属。

　　她的信是这样写的："敬启者：您所刊登的广告一定会引来成百乃至上千封求职信，而我相信您的工作一定特别繁忙，根本没有足够的时间来认真阅读。因此，您只需轻轻拨一下这个电话，我很乐意过来帮助您整理信件，以节省您的宝贵时间。您丝毫不必怀疑我的工作能力与质量，因为我有 15 年的秘书工作经验。"

这位女秘书之所以应聘成功，是因为她懂得招聘人的心，知道拿破仑·希尔要的是什么。而其他失败者，想的只是"我需要这个岗位"。正如拿破仑·希尔所说："懂得换位思考，能真正站在他人立场上看待问题，考虑问题，并能切实帮助他人解决问题，这个世界就是你的。"

其实，在这个世界上最难懂的是孩子，最需要懂的也是孩子。如果你能真正读懂孩子，读懂婴语、读懂幼语、读懂儿童语、读懂少年语、读懂青春语，才能看见、觉察孩子的内心。

中国著名教育家陶行知先生有句名言感人至深："您不可轻视小孩子的情感！他给您一块糖吃，是有汽车大王捐助一万元的慷慨。他做了一个纸鸢飞不上去，是有齐柏林飞船造不成功一样的踌躇。……他失手打破了一个泥娃娃，是有一个寡妇死了独生子那么悲哀。他想你抱他一会儿，而您偏去抱了别的孩子，好比是一个爱人被夺去一般的伤心。"

"爱孩子"与"懂孩子"的根本不同就在于立场。"爱孩子"是站在自己的立场上，你是我的孩子，我爱你，我需要爱你，我爱你不需商量。而"懂孩子"是站在对方的立场上，我是个孩子，我希望你能懂我，你懂我，我才想把心里话告诉你。

真正做到"懂你"是很不容易的，所以才有了"人生得一知己足矣"这句话。

我当了 40 多年的知心姐姐，我深爱这个事业，正是被"知心"二字所吸引。知心，一个听上去就令人心动的词，是它打破了人们之间人为设置的障碍，从此让人知道彼此敞开心扉，就会展现一片美丽的风景。

当一个人被读懂的时候，内心的感动是无法用语言表达的。有两件事让我终身难忘。

我清楚地记得，有一天早上，我在内蒙古鄂尔多斯讲完课，准备回北京。听完课的王先生特意赶到飞机场送我，他说自己从小是看着《中国少年报》长大的，一直很喜欢读知心姐姐的文章。临别时，他送我一包小米，对我说："这是我自己种的，只想表达一个心意，你为大家付出了能量，你应该得到回报，补充一下能量吧！感谢你昨天讲的那些话，我知道我这个老父亲应该怎样和6岁女儿相处了！我跑来送你，就是想说声谢谢！"

朴朴实实的几句话，说得我热泪盈眶。我在全国各地讲了那么多堂课，第一次听到有人说要为我补充能量的话，我忽然感受到了感谢的力量！一包压缩包装的小米，只有巴掌大，但放在我的手里沉甸甸的。不知是小米沉，还是那句直抵人心的话沉。

还有一次，我在江苏盐城讲课。回京那天，一对大学退休教授赶到盐城北高铁站来送我，我们并不认识。那位满头银发的女教师说："我是个大学老师，对孩子要求高。在儿子小的时候，我总瞧不上他，非骂即打，孩子学习很差，我觉得很没有面子。后来，我看了你的书《告诉孩子，你真棒》，才知道要多肯定孩子。从那时起，我开始改变自己的做法，孩子越来越好，现在已经去世界名校读书了。昨晚，我们老两口听说你来盐城讲课，想去看看你，可听说你今天就要回北京了，所以我们赶到高铁站来送你，就是想感谢你救了我儿子！"

那一刻，这份情真意切的话，让我感动得不知说什么好。本来我们想合影留念，可列车已经进站，来不及拍照了。坐在飞驰的高铁车厢里，我的心一直平静不下来，只觉得暖暖的。这些普普通通的人，他们如此善良，那般懂得感恩，而我们受到别人的帮助，常常忘了说声"谢谢"！要知道"谢谢"这两个字，却能给予别人极大的获得感，让人觉得自己所做的事情很有价值，让人觉得有人懂我。

有时忙碌的人，身不累，心累。一句知心的话立刻会给人力量。

做好父母教好孩子（代序）

它就像一处神秘的源泉，给人解渴，令人解压，给人动力，让人看清前进的方向。

但是，在这个世界上，被孩子读懂，才是最令人幸福的。

在抗击疫情的那段特殊日子里，你还记得那个6岁的小女孩吗？妈妈战斗在抗疫一线，小女孩跟妈妈视频通话时说："妈妈，您在前方打怪兽，我会乖乖在家，妈妈加油！"只一句"懂心"的话，使妈妈瞬间泪奔！

让我最难忘的也是一个小女孩。那年，我去浙江采访。一群红领巾小记者围着我问这问那。其中一个小女孩问我："知心姐姐，你帮助我们解决烦恼，那你有烦恼时找谁呀？"我一下子抱住了她："找你呀！你是我的知心姐姐！"这个通情达理的小女孩，让我一直不能忘怀。

俗话说："良言一句三冬暖，恶语伤人六月寒。"在人际交往中，语言是十分重要的。要学会与人沟通，首先要学会好好说话。说话不容易，相互懂得更不容易，你要想把话说到别人心坎里，帮别人要想帮到别人最需要处，就需要先理解别人在想什么、真正需要什么，这样你的帮助才能起到事半功倍的效果。

当青春期和更年期碰撞在一起时，家庭中则"战火"不断，冲突连连。为缓解亲子间的矛盾，我曾送给父母和孩子三句话：

面对冲突，如果对方是火山，你要化为大海，因为大海能包容火山。

面对冲突，如果对方是冰山，你就变为太阳，因为太阳能融化冰雪。

面对冲突，如果对方是沙漠，你就化作一片柠条，因为它能保持水土、防风固沙，让沙漠变为绿洲。

在一次冬令营课程中，我把这三句话送给了小营员们。闭营式上，有一位妈妈主动上台分享收获，她的女儿上一年级，这位妈妈深有体会地说：昨天晚上，我又忍不住和女儿发脾气了。女儿立刻说："妈妈，您现在是火山,我要化为大海,我要包容你。"听了这话,我当时就哭了!女儿多懂事啊,我都不如一个7岁的孩子!

还有一次,有个参加夏令营的初中男孩,因为总和父母发生冲突,于是来问我怎么办。我告诉他,和父母发生冲突时,可以使用"缓冲三部曲":

第一曲,忍着不说。这表现你的气度和修养。

第二曲,想好再说。亲子之间有话要说出来,但是要想好再说。

第三曲,好话好说。宽容大度,你说的话,别人听了才悦耳。

这位男生回到家就很神秘地跟他妈妈说:"这回,我可有了对付您的办法!"此后一直没有跟父母发脾气。他的母亲很奇怪,就打电话问我:"你告诉他什么秘诀了?"我把"缓冲三部曲"告诉了妈妈,让她也照样做。后来,我了解到,这对母子从那以后相处得很好。

《小王子》书中有一句话:"世界上最有征服力的武器是语言。一句话可以让一个人心情跌入低谷,一句话也可以让一个人重振力量。"只有读懂对方,说话才不会伤人。父母的语言,决定孩子的出路;孩子的语言,决定家庭的温度。人与人之间,多一点理解、安慰,就会少许多抱怨、争吵,世界也会变得和谐安宁。

由于不懂孩子,现在很多父母对孩子的爱,变成了对孩子的伤害。我认为其中最普遍的五种爱是害。

第一种是溺爱。溺爱,让孩子变得无情。

第二种是替爱。替爱,让孩子变得无能。

第三种是骂爱。骂爱,让孩子变得自卑。

第四种是霸爱。霸爱,让孩子变得卑微。

第五种是乞爱。乞爱,让孩子失去自尊。

正如本书作者所析:为什么有的家长一片苦心,孩子却不领情?往往就在于家长习惯于用自己的眼睛看世界,而不是用孩子的眼睛看世界。结果家长喜欢用大人的标准要求孩子，用成人的眼光看孩子，所以不能理解孩子，孩子当然就不会理解家长了。尊重、信任、理解，是每一个孩子精神生活所必需的阳光、空气和水，是孩子心灵健康成长的必要条件。家长只有真正做到尊重孩子、信任孩子，充分理解孩子的精神需求，孩子才能得到心灵的满足，才会处于舒展状态，家长才能走进孩子的心灵，从而走向成功。

那么，如何做到懂孩子呢？作者总结了三句话，我认为很到位，即尊重与倾听、理解与共情、换位思考。

讲到共情，对青春期的孩子尤其重要。

有个男生因为父亲把他的手机扔了，就一跃从楼上跳下去，这是为什么呢？这个父亲不知道的是，未满 24 岁的孩子，大脑前额叶尚未完全成熟，他不会全面考虑问题，在他的脑子里，手机就是他的全部世界，是他的命。你扔了他的手机，就等于扔了他的命，于是父亲的举动便成了压倒骆驼的最后一根稻草。如果这位父亲懂孩子，就不会用这样激烈的方法对待孩子了。

所以我对青春期孩子的父母说，对青春期的孩子有一个秘诀："有求必应，无事不扰。"给予他足够的空间和尊重。

那对于身患抑郁、不想上学、躺平摆烂的孩子，该怎么办呢？作者在书中讲了一个非常有趣的故事，这个故事告诉我们父母应如何与孩子共情。

有一个病人以为自己是一只蘑菇，于是他每天撑着一把伞，蹲在房间的角落里，不吃也不喝，像一只真正的蘑菇一样。心理医生想了一个办法。有一天，心理医生也撑了一把伞，蹲在了病人的旁边。病人很奇怪地问：你是谁呀？医生回答：我也是一只蘑菇呀！病人点点头，继续做他的蘑菇。过了一会儿，医生站起来，在房间里走来走去。病人就问他：你不是蘑菇吗？怎么可以走来走去？医生回答说：蘑菇当然可以走来走去啦！病人觉得有道理，就也站起来走来走去。又过了一会儿，医生拿出一个汉堡开始吃。病人又问：你不是蘑菇吗？怎么可以吃东西？医生理直气壮地回答：蘑菇当然也可以吃东西啦！病人觉得很对，于是也开始吃东西。一个星期后，这个病人就可以像正常人一样生活了，虽然他还觉得自己是一只蘑菇。

"能够将共情做到如此境界的心理医生，当然不多，但对我们而言，站在孩子的立场去考虑他的问题是相对容易的。所以，我们不要总是用自己的标准来要求孩子，孩子也有自己的思维和行为方式，但孩子的想法与我们有冲突，他就成了我们眼中的蘑菇。因为孩子有时候的行为实在是让我们费解，所以家长一定要学会理解与共情。"宋国锋老师说得对，作为家长，我们常常恨铁不成钢，常常希望自己的孩子立刻改掉所有的毛病，成为优秀的人。但这一切，都不是父母用冷漠或嘲讽换来的，那是用什么换来的呢？

教育家李镇西老师曾分享过一个自己和女儿的故事：

一次，女儿因为期中考试成绩不理想而难过，觉得自己是一个差生，便对父亲说："爸爸，您的女儿没有考好，给您丢脸了。"李镇西老师很爱自己的女儿，听了女儿的话，感到心痛和不安，他不希望孩子因为一次失败而看轻自己，于是他郑重地对女儿说："孩子，爸爸允许你下次考试失败。"这样的一句话，让女儿充分感受到了爸爸的体谅与爱，决心下次考试一定全力以赴。

不仅是学习成绩，其他方面也一样。家长给孩子更多的爱与宽容，会让孩子的性格更健全，亲子关系更和谐，也会让孩子朝你期待的方向发展。从孩子的角度想问题，问题会迎刃而解。

作者在书中曾讲到一个案例：一个孩子去参加比赛，没进入决赛，孩子流泪了。该怎么和孩子说？作者分析得很好：

看到孩子眼泪的时候，我们能明白此时孩子的感受，他肯定在想，我所有的努力都白费了，我还不如不参加……相信我们很多家长也有类似这样的感受，但我们要引导孩子改变思维方式，换个角度思考，让孩子明白，无论这件事结果如何，我都参与了这件事的过程，我得到了锻炼，我的能力得到了提升，同时我也经历了这些，一切经历都是财富。我们要让孩子明白，在人生的路上并不是所有的事情都能如我们所愿，我们要学会接纳，要学会做一做观众，这也是一种接受。所以，如果我们能先理解孩子，然后再帮孩子从不同的角度看待问题，孩子就会越来越强大。这样，他再遇到做不到的事情就不会自卑。

懂孩子，一定要懂得孩子的成长规律和年龄特点。这几年，"儿童敏感期"这个词很火热，可到底什么是敏感期呢？

"敏感期"这一称呼，是19世纪生物学家在研究蝴蝶幼虫趋光寻找食物时而提出的。后来蒙台梭利博士在教学中发现，孩子在成长过程中也会出现同样的现象，于是把这个词运用到了对儿童的教育上。

敏感期是蒙台梭利教育理论的核心理论。敏感期指的是孩子在每一个特定的时期，都会有一种特殊的感受能力。这种感受能力能够使他对环境的某种事物产生足够的兴趣，对有关的事物注意力非常集中。在敏感期内施教，事半功倍，能迅速地提取到孩子心智的一个发展。但儿童的敏感期很短暂，且仅有一次，错过了就不会再现，所以抓住孩子成长的敏感期极其重要。

一般情况下，人们谈0至6岁儿童敏感期只谈五六种，但是，为了让广大家长能够充分了解儿童敏感期，宋国锋老师竟总结出30多种敏感期：

1. 光感的敏感期0~3个月。

2. 味觉发育的敏感期4~7个月。

3. 口腔的敏感期4~12个月。

4. 手臂发育的敏感期6~12个月。

5. 大肌肉发育的敏感期 1~3 岁。

6. 对细微事物感兴趣的敏感期 1 岁半 ~4 岁。

7. 语言敏感期 1 岁半 ~2 岁半。

8. 自我意识的敏感期 1 岁 6 个月 ~3 岁。

9. 社会规范敏感期 2 岁半 ~4 岁。

10. 空间的敏感期 3~4 岁。

11. 色彩敏感期 3~4 岁。

12. 逻辑思维敏感期 3~4 岁。

13. 剪、贴、涂等动手敏感期 3~4 岁。

14. 藏和占有敏感期 3~4 岁。

15. 执拗的敏感期 3~4 岁。

16. 追求完美的敏感期 3 岁半 ~4 岁半。

17. 诅咒的敏感期 3~5 岁。

18. 打听出生敏感期 4~5 岁。

19. 人际关系敏感期 4 岁半 ~6 岁。

20. 婚姻敏感期 4~5 岁。

21. 审美敏感期 5~7 岁。

22. 身份确认敏感期 4~5 岁。

23. 性别敏感期 4~5 岁。

24. 数学概念敏感期 4 岁半 ~7 岁。

25. 认字敏感期 5~7 岁。

26. 绘画和音乐敏感期 4~7 岁。

27. 延续婚姻敏感期 5~6 岁。

28. 社会性兴趣发展的敏感期 6~7 岁。

29. 数学逻辑的敏感期 6~7 岁。

30. 动植物、科学实验、收集敏感期 6~7 岁。

31. 文化敏感期6~9岁。

这是至今为止我看到的最多的敏感期。可见宋国锋老师是多么用心，生怕广大父母错失孩子成长中最宝贵的敏感期。的确，错过了就不会再有。就拿语言敏感期来说，一般贯穿着儿童的0~5岁，从婴儿开始注视大人说话的嘴型，并发出牙牙学语的声音，这就开始了他的语言敏感期。

蒙台梭利博士说："一个人的语言能力基础，大部分在婴儿期就已经建立。"

英国一位儿童早期研究专家罗夫特博士分析指出，儿童认知发育与年龄密切相关，幼童在大多数领域的表现比稍大儿童更差，但在语言学习等方面优势很大，这个优势很大程度源于"精神可塑性"，也就是大脑根据经验形成和改变链接、路径和线路的能力。

幼童能够适应母语使用的节奏和发音，到4岁就能熟练流利地讲母语的这种能力，在5岁之前肯定可以帮助幼童轻松学习第二门或者第三门语言。

罗夫特博士表示，从出生到5岁，是儿童学习语言的关键期，在最初的这几年，幼童的大脑比常人忙碌得多，他们在不断学习、不断摸索处理和应对特定环境的最佳方式，所以罗夫特博士建议家长经常给幼童读书，不仅有助于他们学习语言，还能形成良好的亲子关系。

明白了这个道理，我们就不能错过这个语言敏感期，要高度重视幼童的语言表达能力。

儿童在妈妈的肚子里时就已经是一个小精灵。从单细胞进化成人类的大脑，用了38.6亿年，而一个胎儿从一个细胞到形成完整的大脑，仅用了9个月。

母亲良好的精神生活，能让胎儿变成一个天才；而恶劣的精神生活，能让胎儿变成畸形。所以说，好心情才能养育出好孩子。早期教育专家冯德全老先生说，他调查许多艺术家，都是从三四岁开始就对音乐等艺术感兴趣的。

如果有的父母错过了0~3岁这个重要的语言启蒙期，那当孩子上了幼儿园后，更要重视对孩子语言表达能力的培养了。

更可喜的是，作者对7~12岁儿童少年的关键期也提出了很好的建议。

7岁的关键期：开始在意别人的评价，所以要多鼓励。

8岁的关键期：道德意识开始建立，所以要让孩子分清什么是真、善、美。

9岁的关键期：9岁的孩子是老师眼中的"刺头"，需要恰当的独立空间和责任空间，喜欢哪个老师，就会喜欢哪个老师的课程，所以要给他"我喜欢你"的信号。

10岁的关键期：开始有很强的道德观，善解人意、友好亲善，所以可以"委以重任"。

11岁的关键期：处在不平衡性心理时期，爱发脾气。父母要理解、体谅、接纳孩子的"不乖"，鼓励他多交朋友。此外，他还特别重视自己在同学中的地位。

12岁的关键期：是发现自我的开始，不但关注自己的表现，也很关注别人的反应。开始对性感兴趣，尤其注意自己身体的变化，所以要给他这方面的知识，并给予他足够的空间；不要过分管教和控制，告诉他"管好自己就能飞"。

长大不容易，成长有规律。我们不必焦虑，但是我们需要学习。认真阅读宋国锋老师写的这本书，你会有很大收获。

正像法国启蒙思想家、教育家卢梭所言："教育儿童必须符合儿童身心发展的规律和年龄特征，否则会导致不良后果"，"在万物的秩序中，人类有他的地位；在人生的秩序中，童年有他的地位；应把成人当成人，把孩子当孩子"。

　　如果你想真正懂孩子，就要给予孩子一个能够展翅高飞的天空和翅膀。世界上没有后悔药，给孩子一个幸福的童年，比什么都重要。幸福的童年，能治愈一生；不幸的童年，将用一生来治愈。所以家长朋友们一定记住：做好父母才能教好孩子。

卢　勤

目录

第一章　家庭教育的重要性

关于家庭教育的重要性

　　现今社会，提起家庭教育，有些人是一知半解，有些人是款款而谈，还有的人说，我们也没学习过家庭教育，不也有吃有喝、有钱赚有钱花吗？可当人们问到，你们家庭幸福吗？内心世界丰富吗？很多诚实的人就默默低下了头，这才意识到幸福的源头在家庭，这也是很多家庭教育传播者和倡导者不遗余力去关心和改变的一个社会状态。其实家庭才是人生幸福的根本，家庭教育才是幸福生活的源头，如果源头出了问题，那何谈幸福呢？所以应将家庭幸福的源头追溯到家庭教育。家庭教育在社会、家庭中已经占有举足轻重的位置。

　　家庭教育是家庭建设的基础工程，是人生教育的第一课。习近平总书记在2015年春节团拜会上讲话时强调："不论时代发生多大的变化，不论生活格局发生多大变化，我们都要重视家庭建设，注重家庭、注重家教、注重家风。紧密结合培育和弘扬社会主义核心价值观，发扬光大中华民族传统家庭美德，促进家庭和睦，促进亲人相亲相爱，促进下一代健康成长、促进老年人老有所养，使千千万万个家庭成为国家发展、民族进步、社会和谐的重要基点。"为了造福更多的家庭，在这里，我把家庭教育一一摊开来讲，希望家长们也能从自身开始注重家庭，注重家庭教育。

　　时代在前进，观念在变化，人们对家庭教育的认识也在不断上升中，通常情况下，我们认为家庭教育是家长对其子女实施的教育，想尽一切办法来管理孩子，让孩子们听父母的话，千方百计地让孩子们顺从家长的安排。因为很多家长认为："我们都是为孩子好呀。"但实际上，家庭教育是生活中家庭成员之间相互的影响、相互的教育。大家一定要注意是"相互的"，而不是很早以前的"一言堂"了。我经常说的一句话就是"不是家长教孩子如何做孩子，而是孩子教家长如何做家长"。家庭教育的关键在于家长对待孩子的态度，其中尊重、信任、理解孩子尤为重要。平等对待、尊重孩子，尊重孩子的人格与尊严，尊重孩子的爱好与选择，尊重孩子的思想与观念。没有尊重，一切教育都会变成无源之水、无本之木。其实，孩子虽小，但也有自己独立的人格，在他们的心灵深处，时时都在呼唤平等与尊重。家长应该把孩子看成是一个社会性的人，他生来就有做人的尊严和价值。试想一个在父母羞辱中长大的孩子，常常受父母"男女单打"或"混合双打"，会有人格的尊严吗？只有在尊重中做人，才能学会自尊，进而尊重他人。

当我们尝试把自己和孩子放在这样一个相互的、平等的、尊重的家庭关系里，家庭关系突然就会融洽好多，随之而来的是孩子的变化，他真的听话了，也不那么叛逆了，也能心平气和地坐下来和你谈论自己的心思和想法了。

目前青少年网民数量持续增长，然而，由于青少年身心发展还不完全成熟，警惕性低，而网络欺诈又具有极高的迷惑性，致使近年来未成年人在网上遭受身心伤害和财产损失的案件呈上升趋势。现在家长朋友们感觉到家庭教育有多重要了吗？

有的家长也许会说我家孩子没有这方面的问题，那恭喜你，你很会教育孩子。其实我在这里举的这个例子，只是孩子教育问题中的九牛一毛罢了，有时候我们看到所谓"问题孩子"，他们所表现出来的现象只是冰山一角，而更大的根源在心里，在亲子关系里，在家庭里，在家庭教育里。

其实，现在很多父母也是非常注重孩子的家庭教育，但"不要让孩子输在起跑线上"这句话不知道害惨了多少孩子，我在讲座中经常问家长："有谁看到过这条起跑线？""它是什么颜色的？""这条起跑线有多长？"答案是显而易见的，其实教育孩子真正的起跑线，它不是名师名校，也不是才艺双全，那只是我们对孩子的要求和我们的梦想。

那到底什么才是真正的起跑线呢？首要原则是要有一对懂得家庭教育

的父母,这是重中之重。我经常说:起跑线就像我们盖房子打地基一样,如果地基是磐石,在上面建造房屋,即使房屋经过岁月的洗礼,会有破损,但根基稳固,表面上的创伤是易于修复的。如果地基是沙滩,即使暂时勉强把房子建起来了,但是当遇到风雨时会顷刻间坍塌。希望家长们经过辛苦的付出,都能给孩子们建造磐石一样的起跑线。所以说,身教重于言教,境教重于身教。父母才是孩子的起跑线,我们要对自己充满信心,努力提升自己,不懈追求自己的梦想,给孩子做好榜样。

其次,培养孩子的健全人格也可以让孩子赢在起跑线上。"培养孩子的健全人格"这个话题是我们一直关注的,但却总是被大部分家长轻易忽视。所谓人格,说得直白一点,就是决定了你成为什么样的人,它关乎一个人的性格局限,包括如何看待这个世界、如何与身边的人相处、如何追求自己的幸福。温室中培养不出参天大树,只有培养孩子健全人格,让孩子可以独立面对一切,才能让孩子真正被世界所接纳,才能不输在起跑线上。

中国孩子上学,大多是父母车接车送,所有与学习无关的事儿,父母一力承担,可以说是宠溺备至;美国父母要孩子在身无分文的情况下学会独立,学会如何谋生;瑞士父母为了让孩子多学一门语言,甘愿让孩子从小去双语区做保姆;德国法律规定,孩子必须承担相应家务,例如为全家人擦皮鞋;等等。

事实上,多数父母眼中的家庭教育是教孩子成才,这是极大的误解。当今社会上高分低能的人还少吗?成绩优异、人格残缺的人还少吗?试想,如果一个孩子缺少对生命的认知,缺乏分辨是非的能力,缺乏良知,没有梦想,不懂得保护自己,无法与别人共享,那即使成绩再好,又有什么用处呢?事实证明,学识渊博、人格残缺的人更可怕,对社会危害更大。

说了这么多,其实懂得正确运用家庭教育的父母才是孩子真正的起跑线。在家庭生活中,因为每个人的角色不同,辈分差异,教育观念各异,对孩子的教育方式和方法就会出现很多分歧,甚至是一些冲突,所以我们作为新时代的父母,一定要全面了解家庭教育的重要性,不可以掉以轻心。我们知道,人无完人,家长需要用心地去付出,去学习,但在教育孩子之前,确实有必要知道一些常识的东西,至少这样犯的错误更少,造成的影响也会更小。英国的教育思想家洛克说过:"教育上的错误和配错了药一样,第一次弄错了,绝不能指望用第二次和第三次去补救,它们的影响是终生清洗不掉的。"对于家长们常犯的错误,我简单举例说明一下:

错误一:有些家长把孩子当成自己炫耀的工具

现在的家长都喜欢将自己的孩子晒到朋友圈,并且是360度无死角晒孩子,比如女儿画画得了奖、儿子书法被展览、孩子能用外语交流等。孩子不仅活在朋友圈,更活在生活圈,父母提到孩子就滔滔不绝,孩子有了"三道杠"要宣传,孩子钢琴考级结果还没有出来,家长就对外说孩子"钢琴五级"了,喜欢炫耀的家长,总能在孩子身上找到"发光点"。记得看过一个新闻,一位南京家长跟记者说,对自己当初让女儿学习钢琴的事情后悔了,原因竟然是钢琴无法携带,错过很多能炫耀的场合。无数个孩子告诉我,他是"代表全家来考试",学习成了他的负担,父母总拿他和别人家的孩子比较。家长在炫耀孩子的同时,早就忘了一个问题:是要孩子过得幸福,还是要孩子满足你的炫耀欲?还记得传颂千年的《伤仲永》吗?自小聪慧的方仲永被父亲带着天天炫耀,最后泯然众人,让人唏嘘不已。

许多父母内心的自尊感特别低,需要靠外界的认可、羡慕来给自己增加一些自尊感,他们自身无法获得,于是就把这种期望强加到孩子身上。通过炫耀孩子,会让他们自尊感爆棚,所以,他们就把孩子逼成了自己可炫耀的资本。然而内心强大、自尊强的父母,从来不炫耀孩子,因为他们看淡名利,追求自我,自然也会让孩子去追求自我。

同理,父母喜欢炫耀,会让孩子产生攀比心理。例如,一个10岁的男孩围棋下得好,父母到处炫耀,可是孩子却说父母不配有他这么好的儿子。他嫌弃父母只开得起十几万的日产车,说钱比好成绩重要多了。他嫌弃儿童手表,却羡慕同学们的iPhone。生活在炫耀里的孩子很敏感,在父母的炫耀声中,孩子什么事情都要和同学比一个高低，于是就造成了孩子喜欢攀比的心理。这样的孩子与其说是对父母不满，不如说是对同学的羡慕和深深的自卑感。

父母在极力炫耀的时候，孩子也在相互攀比中，一旦不如意，就会失望，埋怨父母，乃至成了白眼狼。在机场弑母的留学生汪某，因为母亲拿不出高昂的生活费，就在机场捅了前来接机的母亲9刀。这样的案例在我们生活中比比皆是，希望家长们真的能够引以为戒。

中国式的攀比害死人啊，让孩子活在别人的看法里，生命没有自我价值，不仅累，甚至会扭曲三观，变得狰狞可怕。其实很多时候，在大人眼中，孩子是不具备独立个性的，很多家长自然地把孩子作为自己炫耀的工具和资本，正如老舍先生所说："摩登夫妇，教三四岁小孩识字，客来则表演一番，是以儿童为玩物，而忘了儿童的身心教育甚慢，不可助长也。"这是告诉家长们，如果父母以专制的手段把自己的心愿强加于孩子的身上，结果往往会适得其反，既扼杀了孩子的个性，又剥夺了孩子的幸福和快乐。

家长们比来比去，结果事与愿违，孩子觉得自己这也不行，那也不行，最后被比得什么信心也没了，这就是攀比成风的突出表现。比较并没有错，关键是要学会比较。比较时，有横向比较和纵向比较两种方法，当孩子表现出色、有点骄傲时，最好运用横向比较，让孩子知道"山外有山，天外有天"的道理；当孩子处于低潮、缺乏自信时，最好运用纵向比较，拿孩子的今天与昨天比，明天与今天比，即使从倒数第一变成了倒数第二，也应该肯定孩子的进步和努力。孩子从降生那一刻开始，就是一个独立的个体，他不附属于谁，我们需要陪伴他们慢慢长大，静待花开。

错误二：爱孩子的方式

我在讲座中经常问家长："你们爱你们的孩子吗？"所有人都会回答："爱呀。"是的，谁不爱自己的孩子呢？但是我们爱的方式和方法对吗？接下来我们看看这位爸爸和这位奶奶的爱吧。

案例： 一位奶奶每天都会带孙子去一家饭店吃牛肉面，这个奶奶每次都会要两碗，然后把自己碗里的牛肉都夹到孙子碗里，乐呵呵地看着孙子大口吃面。有一次，奶奶没当着孩子的面，就把牛肉夹到孙子碗里了，孩子没看见。后来，孙子嚷嚷着要奶奶把肉给他。任凭奶奶怎么解释，孩子都一口咬定奶奶把牛肉偷吃了，大喊："奶奶是骗子。"在店里撒泼大闹。最后老板出来，轰他们走，说："我不卖你们牛肉面了！"没想到第二天，这父亲带着孩子又来了，后边跟着奶奶。父亲一进门就嚷嚷："给我来三碗牛肉面！"等面都上桌后，父亲把两个碗里的肉全都夹给儿子，还把老板叫过来训话："我告诉你，我买的面，想怎么吃就怎么吃，我就乐意把肉给儿子，你管得着吗？"边说边往碗里吐了口痰，然后领着儿子"昂首挺胸"地走出了面店，可算给儿子出了口恶气。

当时看完这个故事，很多家长在评论里唏嘘，批评这个孩子的家教，心想这种事自己一定干不出来。可能有很多家长会说，这事情一般都是爷爷奶奶才会这样做，我们做父母的才不会这样溺爱孩子。其实，这个例子虽然极端，但是大部分家长都没有发现，我们在家也有过这样差不多的举动。我们的行为，跟这一家子并没有本质的区别。例如：整只鸡被端上桌，妈妈熟练地拧下两个鸡腿给孩子，自己吃鸡头和鸡爪子，家人吃着滋味和口感都稍差点的鸡胸肉，孩子慢慢长大了，鸡腿理所应当是他的，家里面的其他人看都不看一眼，更不会多问一句。如果你做过这样的事，和那位奶奶并没有区别。过分的溺爱，剥夺了孩子锻炼的机会，造成孩子缺乏自理能力。如果父母不了解科学的家庭教育知识，还是采用"奶奶式"教育方法，那么孩子就真的输在起跑线上了。

美国教育权威詹姆斯博士也一再强调："依赖本身滋生懒惰、精神松懈，不屑于独立思考，易为他人左右等弱点。处处为孩子包办代替，是个获'满分'的家长，但绝对不是一个合格的家长。他们的爱就像一把双刃剑，疼了孩子也害了孩子。"

父母在孩子的吃穿方面要量力而行，千万不要过分宠溺，否则会留下隐患的。

案例： 有一个条件不错的家庭，丈夫开了一家公司，事业做得风生水起，妻子在国企上班。他们的孩子乐乐从小就是父母手心里的宝，再加上爷爷奶奶、外公外婆的娇惯溺爱，就成了家里的一个"小皇帝"。乐乐在两三岁的时候，就是一个没规矩、不受约束的孩子。在家里，他最大的"爱好"就是在客厅的地板和墙壁上乱涂乱画。他的父母为此常常大动肝火，但是乐乐却在父母喊"停"之后，继续完成他的杰作，把父母的话完全当作耳边风。当看到父母扬起巴掌时，他迅速往爷爷奶奶或外公外婆身后一藏，躲过了一场灾难。不仅在家，乐乐在幼儿园里也是一个危险的"捣蛋分子"，因为不管是在上课时间，还是在课外活动时间，他总是闲不下来。一会儿用拳头怼小朋友，一会儿东张西望，找人聊天。还有几次往小朋友身上涂颜色，拉女同学的辫子。有时还会拿小朋友的玩具，不管别人是否允许，把玩具玩坏了，连句道歉的话都没有。

为此，乐乐的父母没少接到幼儿园老师和家长的投诉电话，不是说他不遵守课堂纪律，就是说他欺负小朋友。总之，只要幼儿园里有什么"不和谐"的事发生，总有乐乐的参与。最后，幼儿园只能通知乐乐的父母给孩子办转学手续。这时，乐乐的父母才意识到事情的严重性。

如果家长让孩子以为自己是家庭的中心，他就会以为自己是全世界的中心，所有人都得围着他转，都得看他的脸色行事，这也许能给孩子一个所谓快乐、幸福、无拘无束的童年，但你却给他未来的人生埋下了一颗定时炸弹。当孩子步入学校，步入社会，外面的人会把他当成全世界来哄着吗？当孩子受到挫折，受到打击会怎样呢？所以爱他而不宠溺他，这是我们作为父母一定要记住的。如果不忍心管教孩子，孩子只能在错误的道路上越走越远。

错误三：和孩子没有亲密接触，包括肢体的接触

著名精神分析大师弗洛伊德提过，对一个出生不久的婴儿来说，除了需要被细心地照料之外，还需要和母亲有温柔的身体接触。不要以为这是一件小事情，心理学家弗尔德对20个早产儿每天做3次、每次15分钟舒缓而有力的抚摸。10天中，接受抚摸的婴儿比没有得到抚摸的婴儿平均重47%，而且睡眠和灵敏性也都有很大改善。到第八个月末，他们的体质和智力有明显提高。最值得注意的是，接受抚摸的婴儿离开保育箱的时间比其他婴儿平均提前了6天。弗尔德说："抚摸能有规律地刺激生长激素的分泌，进而促进消化吸收功能。"实验的结果表明，缺乏和父母身体接触的儿童，长大后普遍缺乏温情和体贴，而且也往往不自信，自我评价偏低，这样的孩子总是不懂得向别人传达自己的快乐情绪，对周围的人也冷漠，没有亲和力，所以我们父母每天要至少一次拥抱我们的孩子，一定是全身心地拥抱，而不是敷衍了事。如果孩子长大了，家长可以通过拍拍孩子的肩膀等动作来建立与孩子的心理链接，而做这些动作的前提是爱，从心里发出爱，再带上动作，让孩子感受到你百分百的爱。

错误四：习惯性地责备孩子淘气

家长们想一下：孩子为什么会淘气？其原因就是他们拥有好奇心。在大人看来司空见惯的东西，在孩子眼里却是每一样都充满了吸引力，他想一个一个地弄清楚。这种淘气是建立在探索欲望上的行动，并不是坏事。父母应珍惜孩子的好奇心，宽容孩子一时的破坏行为，给孩子提供宽松、安全的环境，鼓励孩子参与各种尝试，支持孩子积极主动地去探索事物的奥秘，并在这一过程中促进心智的发展。孩子淘气并非全是坏事情，那是孩子在用自己的方式进行探索，并且能在"淘气"的过程中学会不少东西。

其实还有很多家长最常犯的错误，我就不一一列举了。我说这些不是在批评谁，也不是在抨击谁，只是想说在孩子的成长过程中，孩子和我们都会犯很多错误，这就需要我们注重家庭教育，拥有更专业的家庭教育知识，才能在孩子成长的各个阶段做出正确引导，我们要时时刻刻注意自己的言行，更加明

确家庭教育的重要性,时刻为自己充电,做一个合格智慧的新时代父母。

那么如何成为新时代父母呢?我们应该怎样做?从哪几个方面做起呢?接下来我和大家分享:

1.父母付出时间学习。就是在孩子的成长过程中,家长除了付出大量的精力和物力以外,还要付出学习的时间,学习一些教育孩子的新理念。可是有很多家长,一听到要学习,就会说,"我特别忙,没时间学习"。"忙"成了很多家长的口头禅,家长不愿意为孩子付出时间去学习,去充实,去改变自己。大家都知道"活到老学到老",学习是不能"停止"的,停止的结果不是"不前",而是倒退,父母只有经过全方位的学习,才能懂得孩子,懂得教育。父母应该按照孩子的心理规律、生理规律以及成长规律、教育规律来教育,而不是简单地照搬任何经验和理论,要懂得孩子人生中的每一个阶段需要怎样的有效陪伴和心灵养育,这才是真正爱孩子。试想一下,如果连几个小时的学习时间都不愿意付出,这是爱孩子的表现吗?

接下来,我举个例子:一个家庭里两个孩子,大的是6岁姐姐,小的是3岁弟弟。有一天,姐弟二人正在家里玩玩具,突然因为一个玩具而发生了争执。作为家长的您如何处理这件事情呢?我在线下讲座中提到过这个问题,很多家长都说"要大的让小的",这就是"奶奶式"教育方法,其实是错误的。正确的做法是,把玩具给姐姐,这样弟弟肯定会哭,家长可将弟弟抱走,安慰一下弟弟,弟弟哭完后,这件事情就过去了。为什么这么做呢?因为6岁的姐姐正处在竞争期,她需要通过在各种游戏中多次的"赢"来建立自信心。家长把玩具给姐姐,就是保护了姐姐的界线,姐姐得到了家长的认同和尊重。而3岁的弟弟正处在安全感建立期,他不一定非得要那个玩具,他需要的是父母的陪伴和安慰,所以他哭一下也不会对他的心理造成伤害。如果要大的让小的,姐姐肯定很委屈,她会觉得弟弟的到来就是让她受委屈的,就是来抢她玩具的,她抢不过弟弟,就会很自卑,就会迁怒于弟弟。其实很多二孩家庭中,如果大人不在,大的偷偷打小的。这一现象其实就是家长教育方法不当导致的，如果家长了解家庭教育知识，了解孩子所处的阶段，就知道如何运用科学的方法来解决问题，所以说，懂规律的家长才能不焦虑。

2.相信孩子，允许孩子犯错误。家长要相信自己的孩子，要用成长、发展的眼光，而不能用凝固的眼光看孩子。当孩子犯错误的时候，可能会有两种选择：一种是惩罚他；一种是认为犯错误也是孩子健康成长的宝贵财富。一个8岁的孩子打动物，没有人认为这是一件严重的事情，但是清华大学的刘某某用硫酸烧熊就会产生公愤。为什么？因为每个年龄段的人只能犯这个年龄段应该犯的错误，这是社会容许的错误。所以我们不要把孩子犯错误看成重要的事情，甚至我们可以容许孩子犯他那个年龄可以犯的错误。犯错误恰恰可以帮助孩子成长，如果父母不让孩子犯一丁点错误，那孩子就无法从错误中学习到责任。

虽然有些孩子犯错误比较严重，例如逃课，甚至打人、骂人等。即便如此，我们也要相信，积极期待，信任孩子。社会上曾经流传过这样一段顺口溜："说你行，你就行，不行也行；说你不行，就是不行，行也不行。"一个"行"字，消除了孩子的恐惧感；一个"行"字，激发了孩子的求知欲；一个"行"字，唤起了孩子对生命的挚爱；一个"行"字，让孩子找到了学习的乐趣。持之以恒地相信孩子行，是让孩子心灵舒展、快乐成长的秘诀。

信任孩子的能力。现实中，许多家长总是不相信孩子的能力，认为孩子还小，不能做这不能做那。其实孩子是具备一定能力的，只不过家长很少给孩子体验的机会，能力是在体验中积累起来的。

相信孩子的品德。不管孩子犯了多么大的错误，家长都应该无条件地让孩子相信自己是一位"有缺点的好孩子"。在这种道德自信下，孩子才有可能自觉地改正错误，只要我们方法得体，都会转化过来的。

3.换位思考，理解孩子。换位思考就是换一个角度来看问题。换到哪个角度呢？当然是换到孩子的角度，是进入孩子的内心世界，而不是站在孩子之外去推断；是用孩子的眼睛看世界，而不是猜测孩子看到了一个什么样的世界。家长只有把自己的身份、角色、价值观先搁置起来，从孩子的视角出发，才能感受童心，认知和了解孩子。正如著名教育家陶行知所说："您不可轻视小孩子的情感！他给您一块糖吃，是有汽车大王捐助一万元钱的慷慨。他做了一个纸鸢飞不上去，是有齐柏林飞船造不成功一样的踌躇。……他失手打破了一个泥娃娃，是有一个寡妇死了独生子那么悲哀。他想你抱他一会儿，而您偏去抱了别的孩子，好比是一个爱人被夺去一般的伤心。"为什么有的家长一片苦心，孩子却不领情呢？往往就在于家长习惯于用自己的眼睛看世界，而不是用孩子的眼睛看世界，喜欢用大人的标准要求孩子，用成人的眼光看待孩子，所以不能理解孩子，孩子当然也就不会理解家长了。

尊重、信任、理解，是每一个孩子精神生命所必需的阳光、空气和水，是孩子心灵健康成长的必要条件。家长只有真正做到尊重孩子、信任孩子、理解孩子，孩子的精神需求才能得到满足，心灵才会处于舒展状态，家长也才能走进孩子的心灵，从而走向成功！

4.培养孩子的兴趣。兴趣是学习最好的教师，只要有兴趣，孩子可以一夜不睡觉，观测流星雨；只要有兴趣，孩子可以假期不去玩，只在家研究植物标本。家长们要重视对孩子兴趣的培养，并对孩子的兴趣表示尊重。然而，家长们知道孩子对什么感兴趣吗？我们要给孩子提供更多的平台，因为只有经历了，才能知道孩子喜欢还是不喜欢。

其实我想说，在兴趣选择方面，千万别被"子承父业"这句话误导，陷入误区，让父母的想法取代孩子的想法，父母的感受取代孩子的感受。不要用偏执的方法去教育孩子，我们大多数父母对孩子的了解是基于我们父母教给我们的，教育孩子也是按照父母教育自己的方式来进行的。然而，时代在变迁，知识在更新，对教育也要有新的认识。

总而言之，要做好新时代的父母，首先我们要学会懂孩子，学习和了解孩子的成长规律；其次要回到教育的本质上来，懂得家庭教育的规律，潜心育人，只有这样，才能让自己的孩子更优秀，才能为社会培养合格的接班人。

第一章 家庭教育的重要性

"教"在学校,"育"在家庭

我们每个人的一生中都要接受三个方面的教育,即家庭教育、学校教育和社会教育,它贯穿于个人发展的始终。

家庭教育是教育之始,在造就人才的启蒙教育和全人生指导的终身教育中,具有无法替代的独特作用。家庭教育是学校教育、社会教育两大层面教育的基础,学校教育工作开展中,会强调学生家庭教育的落实。

家庭教育作为人生接受教育的一个起点,是影响个体时间较长的一种基本形式,在小孩的成长过程中起着十分重要的作用,是学校教育不可替代的。如今,很多家长把孩子送去最好的学校,接受最好的教育,拼尽全力给孩子创造最好的教育环境,但是他们却忽略了自己才是孩子最好的老师。对孩子来说,最好的教育就是父母的言传身教。

孩子将来会成为什么样的人?他将来怎么看待自己的工作和生活?这在很大程度上取决于家庭教育,家庭教育是决定孩子一生的教育。在家庭中,夫妻关系永远是第一位的,正因为有了牢固的夫妻关系,才有了牢固的家庭,孩子才会有一个正常的、良好的成长环境。但是,很多家长把孩子放在第一位,最后导致许多家庭矛盾的产生。另外,家长的言行也会影响孩子的一生,孩子的任何缺点和优点大都与家长有关,不了解孩子就没有成功的教育,更没有一个和谐、和睦的家庭。

创造良好的家庭环境很重要,家庭是育人的场所,在家庭中,当孩子和家人一起轻松地吃饭、亲切地聊天、开心地嬉戏,长大后,他会成为一个有爱心的人。但是一家人在一起吃饭时,家长的第一筷子菜是夹给了谁呢?

例如孩子和父母、爷爷奶奶一起吃饭，很多父母往往将第一筷子菜夹给孩子，说："宝贝快吃！这是妈妈特意给你做的。"爷爷奶奶也不示弱，纷纷夹菜到孙儿碗里："这个菜有营养，宝宝得多吃。"这样的一幕，家长是不是很熟悉？第一口菜不见得很有营养，却让孩子学会了自私，让孩子认为自己是家庭中最重要的人。于是吃饭时，父母都还没有坐到桌前，孩子已经扑上来，把喜欢的菜吃了一大半。

父母的一言一行，是孩子学习的榜样，家庭生活中的每个细节，其实都不是小节，智慧的父母一定懂得，要将第一筷子菜夹给长辈，这样孩子从小学到的是尊重和孝敬长辈，将来走上社会，才会更加受用。

很多时候，父母的一言一行，都会潜移默化地印在孩子的脑海里，会影响到孩子未来路上的关键选择和决定，最终影响到他们的命运。想要孩子成为什么样的人，父母首先就得成为什么样的人。再好的名校，都比不上父母对孩子的言传身教。

在家里，父母可以让孩子有相对独立的空间，让他有自我支配的机会，可以自由地游戏、安静地独处，孩子将成为一个独立的人；可以让孩子主动分担力所能及的家务，如整理房间、收拾碗筷，他会成为一个有责任感的人；当孩子有机会照顾生病的家人、照料宠物、端茶递饭、嘘寒问暖，可以培养他体恤他人、关爱弱小的能力；父母做家务时，让孩子打打下手、递递工具，可以培养他的团队协作精神。这些也是学校教育所达不到的。所以为了孩子的全面发展，父母要努力创造一个适于孩子的环境，家庭成员之间要和睦相处。

由于孩子的模仿力强，可塑性大，父母的一言一行都会潜移默化地影响孩子。因此，父母要善于给孩子做表率，要求孩子做到的，自己首先要做到，一流的父母作榜样，才是真正具有力量的教育。另外，父母也要重视孩子自身的学习环境，尽可能给孩子安排一个舒适、安静的小天地，尽量使孩子不受周围环境的影响。

　　学校教育相对于家庭教育、社会教育而存在，意味着在学校这个空间所进行的有目的、有计划、系统性的教育活动。学校教育是联结家庭教育、社会教育的核心所在，也是三者结合的重要枢纽。学校教育要立足学生的家庭与社会教育现状，深化学校理论与实践教育，在协调统一中客观展现学校教育功效，同时促进家庭教育与社会教育。

　　学校的根本任务在于为国家培养社会资源，即重要的人力资源，帮助年轻一代掌握社会需要的知识、技能。例如，在社会发展方面，学校便承担着培养家国认同理念的重任。学校作为教育的场所，为学生提供有利于社会化的"社会缩影"环境，对个体的社会知识、社会技能与社会情感等产生重要作用。学校也在努力成为"正统传递"，家庭将学校传递视作"标准传递"，学校作为法定授权机构，发挥着"法定传递"的影响力，传递着"法定文化"。

　　学校教育时空的有限性决定了学校教育功能的有限性。学生在学校中学习日的活动时间基本为 8 个小时，受过本科教育的学生除非从事教育类职业，其在学校的活动时间大约为 16 年，其余大部分时间将在家庭和社会中度过，学校只是个人漫长成长过程中的时空有限场所。

　　此外，在全民学习和终身学习的学习型时代和学习型社会中，学校教育在终身发展过程中，只是受教育者个体成长中"家庭—学校—社会"的活动中心位移过程的一个特定过程阶段，学校教育对个体发展的影响在时空上也是有限的。学校教育并不能替代家庭教育和社会教育，学校教育被分化成专门的教育活动后，随着学校制度的健全，地位也日益突出，日渐成为教育体系中的"轴心"。

　　社会教育是家庭教育与学校教育的延伸，也是关键性结合点，要巧借社会教育功能，在优化完善的基础上进一步延伸拓展家庭教育与学校教育，将社会教育有效融入其中，创设全新的家庭与学校教育环境，让学生在多层面教育中促进自身全面发展。

社会教育涉及的方面较多，具有多样化的形式，在家庭教育以及学校教育方面具有重要的辅助作用，其对学生思想行为、价值取向等有着深层次的影响。因此，社会教育是多方面的教育体系，这是因为社会生活中各个领域都会对学生产生不同程度的影响，社会教育需要在把握家庭教育、学校教育的基础上，以日常生活为切入点，对学生进行引导，使其学会正确辨别是非，正确看待各类社会现象，在体验社会角色中学习、掌握社会规范，在提升社会适应能力与交往能力中养成良好品质。在此过程中，社会教育对家庭教育、学校教育有着不可忽视的影响，积极有效的社会教育可以在延伸家庭教育与学校教育的基础上促进学生发展。

家庭教育是基础，学校教育是核心，社会教育是延伸。洛克指出，教育应该关注的一件大事是培养何种习惯，但他明确表明，学校教育在此过程中的作用远不及家庭教育重要。此外，学校教育中学到的知识，更多的是显性知识；又由于人类社会积累的知识日益丰富，这些知识只可能是极小部分的精简知识。那些不可言传的隐性知识和丰富庞杂的其他知识，都难以通过学校教育予以传递。教育的全部目的是使人具有活跃的智慧，而非"呆滞的思想"——那些仅被大脑所接受却没有经过实践或验证，或与其他东西进行融会贯通的知识。实际上，这也从侧面上反映，学校教育仅仅是在学校场域进行的阶段性教育活动，即便是知识，也不是学校教育一己之力能够传递完的，涉及习惯养成、道德塑造、智慧启迪等方面的内容，仍有赖于家庭教育、社会教育的群策群力，协同共育。

孩子的教育具有系统性、长期性、复杂性等特点，需要在实践探究中明确家庭、学校和社会三者的结合点，在优化完善的基础上深度衔接，促使各层次学生在良好的家庭、学校与社会教育环境氛围中不断发展综合素质，更好地成长成才。在积极家校共育的基础上，我们也要注重孩子的身心健康。

相关数据显示，我国0~14岁的儿童已超过2.5亿，其中大部分是中小学

第一章　家庭教育的重要性

生。可以说，任何社会变革都会给人群中最脆弱的群体——儿童的发展带来深刻而持久的影响，因此导致心理健康问题日益突出。积极向上的心理状态和健康强壮的身体素质，是孩子全面发展的重要保证。父母在对孩子的教育过程中，要关注孩子的思想、性格及情感上的细微变化，耐心帮助孩子解决遇到的困难。还要积极鼓励孩子锻炼身体，在饮食上也要合理搭配，不吃或少吃零食，不必要吃儿童营养品，只要每餐营养均衡即可，荤素搭配，每天吃水果、多喝水等。

另外，健全性格的培养，也是家校共育不可或缺的一部分。性格是人性中最重要、最显著的特征，它不是与生俱来的，而是在生活中逐渐形成的。对孩子来说，家庭教育起着举足轻重的作用，家庭和睦、父母勤俭，就会使孩子容易形成诚实、爱劳动、责任心强的性格。

父母过分溺爱和放纵，会使孩子任性、娇气、自私，形成不好的性格。要培养孩子健全的性格，那家长在教育孩子时不要训斥、打骂孩子。即使孩子犯了错误，也应寻找原因，才能对症下药，减轻孩子的心理压力。因为打骂会造成孩子的心理创伤，这种创伤有时候是难以弥补的。

教育孩子不能单靠老师，如果我们的孩子单靠老师，那么有很多方面都要受影响，例如：

1.写字和握笔姿势。在孩子成长的过程中，你会感悟到，孩子能写一手漂亮的钢笔字，是非常有价值的技能。把字写好，是每一个家长的责任。如果你还年轻，不知道怎么教育孩子，那就先从这一点开始吧。请你记住，一个班里有那么多学生，老师很难逐个纠正错误的握笔姿势，也不可能激励每个孩子都去练字。

2.叛逆期的冲撞。对孩子的缺点要对症下药，尤其在原则性问题上绝不能让步。譬如，关掉电脑，不允许玩游戏。请你一定记住，从五六岁开始，如果你舍不得对孩子说"不"，到了十几岁，你就不敢对孩子说"不"了。不要埋怨孩子不听话，因为你在孩子几岁的时候就埋下了隐患。老师管不了沉重的逆反心理。孩子往往怕老师，但是孩子不怕你，往往是因为你没有制定让孩子尊重并且畏惧的规矩。

3.读书的兴趣。在两三岁的时候，孩子就该看书了。此时，孩子爱不爱看书，和父母的表现有直接关系。家里的书多，孩子就读得多。家里没什么书，孩子就不喜欢读书，父母没给孩子传承爱读书的习惯，孩子怎么会爱读书呢？孩子从记事起，对父母读书就没有印象，孩子只能模仿读书以外的事情。请你记住，不要试图通过老师培养孩子读书的习惯，这个习惯应该是家长培养的。家长做出表率，孩子就会以家长为榜样。如果你总是忙于生计，没空读书，将来你的孩子在知识面上就会有缺陷，在认识能力上就会有差别，将来写文章，甚至与人沟通交流时就会出现力不从心的现象。

4.网瘾的问题。对于一个有网瘾的孩子，尤其是男孩，他形成网瘾的过程，基本上就是父母失职的过程。记住，孩子最初有网瘾，责任就在父母。父母对孩子的行为缺乏警觉，孩子一旦滑入深渊，带给父母的就是无尽的哀怨。

虽然电子设备不是洪水猛兽，但从孩子上小学开始，就要严格控制孩子玩电脑、玩游戏，当孩子哭着喊着要玩电脑的时候，你一旦迁就他，就等于给孩子喂了一口毒药。每一个沉溺游戏的学生，背后都有失职的父母。当学校老师接手管理孩子的时候，孩子的习惯已经成型了。不要指望老师关注你家孩子的缺点，老师最多只能在校园和课堂上控制你家孩子。而类似于这样的诸多劣行，都是发生在校外的。

5.磨炼孩子的意志。凡是抱怨孩子功课压力大的家长，孩子也会觉得学业多，学习累。凡是告诉孩子教育能改变命运，告诉孩子"风雨中这点痛算什么"，那孩子会更坚强，对生活充满信心。

天下的学生，要想学习好，都是一样累。作为家长，无论是老板，还是工薪阶层或普通百姓，都需要在辛苦工作中谋生。学习远比艰苦谋生容易得多，家长何必心疼孩子累呢？难道你希望孩子到了中年，比你还辛苦吗？

老师给孩子布置的作业，都是对孩子的磨砺。不要指望老师培养你孩子的意志，我们明明知道很多作业都是没用的，但是它就是学习的过程。

6.给孩子一个和谐的成长环境。孩子厌学，孩子逃学，孩子跳楼，貌似是孩子自己的事儿，但实质上，这些都是家长从小对孩子培养不到位的结果。家长们要记住，夫妻和睦、家庭幸福，孩子就不会想不开。父母吵闹、父母离婚、父母生活习惯不好，孩子成才则是奢望。这里要补充一句，不是说离婚家庭的孩子都会出问题，如果家庭结构不完整，但是家庭机能完整，孩子一样也会优秀和健康。反之，家庭结构完整，但是机能不完整，孩子一样会受伤害。

记得有一个这样的案例，某个学生因为父母吵闹着要离婚，一气之下跳楼了。孩子没了，父母一生都会懊恼。请你记住，家庭的和睦比任何教育都重要；在家里给孩子创设一个轻松的学习氛围，能抵得上一个优秀的老师。

不要在孩子面前抱怨，不要在孩子面前争吵，不要在孩子面前诋毁他人，尤其不要在孩子面前对老人说三道四，如果那样，将来的您也许就会饱受孤独之苦。

教育孩子的方法有很多，这就需要我们家长平时要有一颗爱心，还要细心、用心、耐心，我相信只要我们家长能做到这几点，再加上学校和社会的共同关心，我们的孩子将来一定能够成为一个对国家、对社会有用的人才。

南宋教育理论家朱熹认为："教人未见其趣，必不乐学。"孔子曰："知之者不如好之者，好之者不如乐之者。"这些精辟的论述都是快乐教育的重要理论依据。快乐教育是学校教育的一条重要原则，同时也是家庭教育取得成功的一个重要因素。"快乐教育"在美国是用一种愉快的环境去唤醒学生的学习欲望，激活学生情感，使学生主动获取知识的教育。

家庭教育中的"快乐教育"，它不是一个简单的概念，而是一系列完整的教育方法和理念。它是家长对孩子实施家庭教育的一个过程，体现了家长在一定阶段采取何种教养方式时的一种心态，同时，它也展现了一种家庭生活状态，它主张家长应从道德和意志品质、自信心、智力、身体、心理、情感等各方面因素考虑孩子的全方面发展，它提倡孩子在学习中享受快乐，在快乐中学会做人、学会做事、学会求知、学会与人共处。快乐教育的思想内涵及其内在的教育规则符合、适应人的发展，提供了最有利的条件和空间，满足人的个性发展需求，帮助、引导、促进人最终趋向全面发展。

快乐是人在需要得到满足之后所表现出来的心理和行为方面积极的情绪体验。在家庭中，家长应该努力为孩子营造一个愉快的学习氛围，让孩子找到学习活动的兴趣点。就快乐教育的维度来看，孩子在家庭教育中所体验到的主观快乐感，多数来源于父母给予的一些正向情感体验，如关心、尊重、理解、信任、期望等。

在家庭教育中，快乐作为一种生活状态和方式，集中体现为家长与孩子的积极的行为状态和愉悦的心理需求。家庭教育成功与否，根本在于家长的教养方式，而快乐教育在家庭中的实施，则关乎家长怎样在亲子教育中调整已有的教育心态和方法。我国家庭教育中，父母不同的教养方式及不同的生活方式呈现各异的生活状态，父母要反思自己的行为，再加以引导，让孩子从中体验到父母的殷切期望与要求，使得他们更加自尊、自重、自爱、自信，从感情上愿意接受父母的严格要求、严格训练、严格教育。

从根本上说，一个人的真正愉快、幸福，是以其全面发展为必要条件的，舍此则无愉快、幸福可言。快乐教育应该关照孩子的理性方面，培养孩子的学习兴趣和探究精神，引导孩子在复杂的认知活动中体验理性思维的乐趣。教育需要快乐，但快乐绝不是教育的最终目的。教育的最终目的应是孩子的全面、和谐发展，因此，快乐衍生为一种能够促进个体全面发展的情感追求和生活追求。快乐教育作为"快乐"这种追求的承载体，其提倡孩子在学习中享受快乐，在快乐中学会做人、学会求知、学会做事、学会与人共处。

第一章　家庭教育的重要性

英国著名哲学家、社会学家、教育理论家赫伯特·斯宾塞通过大量的社会调查和教育研究发现："孩子在快乐的状态下学习最有效。"学生的天性是天真烂漫、活泼可爱，学校需要多一点歌声，多一些快乐。

班级文化要展示园地，包含书法、绘画、剪纸、作文、小报等方面，为学生提供展示自己各方面才能的舞台；班级风采，展示班级特色、班歌、班风、班训；快乐活动园地，以板报的形式展现快乐活动的主题内容；快乐之星，有快乐生活之星、快乐学习之星、快乐礼仪之星、快乐体艺之星等。

课堂教学是教育教学的主阵地，是教学改革的主渠道，是教师施展教学艺术才能、学生快乐学习的舞台。在快乐教育的理念下，"快乐课堂"以面向全体为基本前提，以学生主动发展、全面发展以及有效学习为根本目标，力求使学生得到学习进步之乐，教师得到教学能力发展之乐。

培养自主学习能力，让学生感受成功之乐。教学文化是以学生为主体的文化。在实施快乐教学的过程中，学校注重培养学生自主学习的意识，促使学生在教学活动中自主探索、自主思考，从而达到最佳的教学效果。首先，激发学生的学习兴趣。兴趣是快乐之源，要促使学生主动学习，就必须激发和培养学生的学习兴趣。其次，积极引导学生自主学习。现代教育理论提倡以学生为中心，充分发挥其主动性、积极性和创造性，从而使学生更有效地进行学习，达到最优的教学效果。最后，通过激励、赏识等方式树立学生学习的自信心。鼓励学生获得学习上的成功，从而达到热爱学习的目的。

总之，家庭是孩子的第一所学校，父母是孩子的第一任老师，温馨的家庭是孩子丰富知识、增长见闻、学习劳动、待人处世、学习做人的基地，所以决不可低估家庭教育的重要性。有这样一句话说："教书的是老师，育人的一定是家长。"我经常说"教育"是要分开来讲的，即"教"在学校、"育"在家庭。孩子受教育的影响，60%来自于家庭，30%来自于学校，还有10%来自于社会。

在关于"教"和"育"这方面的问题上，我曾多次受邀以"家园共育"为主题进行公众演讲，而邀请方多半会说："宋老师，麻烦你多多讲一些关于家长要怎样配合学校的话题，家长不配合，我们老师再怎么付出，也起不了太好的效果呀。"也有的说："家长的问题太多了，每天到学校找我们，你得和他们讲讲，学校应该负责什么，家长应该负责什么。"我也就心领神会地点点头，在演讲结束后，台下有些家长就哭成了"泪人"，我会安排一些时间和这些"特殊家长"进行短暂的沟通，有的家长从来不知道孩子还得自己教育呢，以为有学校教育就可以了，以为自己只要负责吃饱穿暖就可以了，结果孩子的情况一团糟。而又有些家长特别迷茫，他们也知道应该"家园共育"，但一直不知道该怎么做。

　　每当看到这样的家长，我的心情很沉重，希望尽可能多地帮助他们，让他们无助的眼泪变为幸福的笑容，后面我会给家长们细化关于"教"和"育"的知识，多分享一些科学系统的家庭教育理念，让家长能积极配合学校，达到真正的家校共育。

父母在家庭教育中各有分工

自从步入社会转型期以来，我国在政治、经济、社会、文化等方面均产生深刻的变化与进步，家庭作为社会的细胞，亦由低级形态向高级转变，尤其是现代城市家庭中的夫妻，其收入、职业、思想观念等变化也影响着家庭的制度、家庭的功能以及家庭中的人际关系等。

在现代社会，女性越来越多地参与到职场中，这使得一部分父亲也不得不参与到孩子的教养中，传统的"严父慈母"形象在孩子心目中已逐渐被"严母慈父"取代，所以我们大多数人的教育理念认为，教育孩子是妈妈的事情，也有很多文章都是关于妈妈该如何教育孩子的，比如：妈妈的行为改变孩子，妈妈常说的话影响孩子等。还有的说推动摇篮的手也是推动世界的手。可是，爸爸在孩子的教育中也扮演着不可或缺的角色，而且不可代替。比如对孩子的勇敢教育，爸爸教育显然就会比妈妈教育更好一些。下面我们来看看爸爸和妈妈在家庭教育中的角色。

母亲的爱，决定孩子一生的幸福；母亲的教育，决定孩子一生的成就；母亲的三观是子女三观的来源，母亲的三观正，是一个家庭最大的财富！一个母亲的三观，的的确确陶染着家庭及子女。

喜欢读历史的人可能会察觉到，在中国历史上，诞生过无数杰出的巨人，他们或者创造历史，或者因为留下了不朽的思想和文章而名垂青史。探询他们成功的足迹，我们惊奇地发现，他们成功的背后毫无例外地站着一个聪慧、有见地、三观正确的伟大女人——母亲，例如孟母，是一位颇有见地、善于教子的贤德女性。孟子能够成为中兴儒学的"亚圣"，成为中国封建社会正统思想体系中地位仅次于孔子的人，多得力于其母亲的教育。《三字经》中有"昔孟母，择邻处；子不学，断机杼"的传诵名句，孟母的"三迁择邻""断机教子"

等脍炙人口的故事，成为千百年来中国人妇孺皆知的历史佳话，成为天下母亲教育子女的样板故事。

再例如岳母，岳母为教导儿子岳飞做忠臣，为国家效力，在其后背刺有"精忠报国"四个字，这个故事可谓家喻户晓，千古流传。

而相反的是，一个蠢妈误三代，这也不是危言耸听。有许多母亲胸无大志、碌碌无为，却要求孩子有出息；自己从不看书学习，却要求孩子名列前茅。

曾有一篇文章被疯狂转发，震撼无数父母。这篇文章是一个小学生写的作文，作文的题目叫作《我的妈妈》。她在作文中这样写道：

我的妈妈不上班，平时就喜欢打牌和看脑残的电视剧，一边看还一边骂，有时候也跟着哭。她什么事都做不好，做的饭超级难吃，家里乱七八糟的，到处都不干净。

她明明什么都做不好，一天到晚光知道玩，还天天叫累，说都是为了我。和我一起玩的同学，小青的妈妈会开车，她不会；小林的妈妈会陪着小林一起打乒乓球，她不会；小宇的妈妈会画画，她不会。我都羡慕死了，可是她什么都不会。

我觉得，我的妈妈就是个没用的中年妇女。

从这篇作文中不难看出，孩子也希望自己的父母能像别人的父母一样，有能让自己感到自豪的地方。父母自己都做不到，更没有理由要求孩子做到。自己沉迷麻将牌局，却要求孩子专心致志；自己不孝敬老人，却要求子女言听计从；自己爱玩手机，却不让孩子触碰；自己斤斤计较，却要求孩子宽容大度……父母是孩子成长路上的镜子，唯有以身作则，才能让孩子朝着更好的方向前行，收获真正的成长与美好。

案例：有一个女孩到县城里读三年级，妈妈就陪读来到县城。由于只负责孩子的起居，所以妈妈有大量的空闲时间，就常常打麻将消磨时间。一天，孩子放学回家，看到妈妈和阿姨们又在打麻将，就凑过去看。妈妈催促她说："你看什么，赶紧去写作业，不好好学习，长大以后干什么？"孩子顺口回了一句："长大和你一样啊，天天打麻将。"妈妈听完愣住了，是啊，孩子没有说错啊，妈妈马上结束了牌局。第二天，妈妈找到校长，要求到孩子的班级一起上课，校长竟然特批了，当时这件事轰动一时。几年过去了，现在这个女孩考上了重点高中。

我在这里说这个案例并不是鼓励家长们都到学校陪读，只是想告诉大家，一流的父母是榜样，二流的父母是教练，三流的父母是保姆，我们要发挥好榜样的力量，接纳、欣赏孩子是每个父母的必修课。

案例：我在线下讲课时，经常给家长们看这样一个视频《给妈妈打分》，视频中，记者分别对几位妈妈和他们的孩子进行了采访。在采访过程中，记者将孩子和妈妈分别安排在不同的房间，妈妈能看到孩子，孩子却看不到妈妈。

记者首先采访孩子的妈妈，询问她们对孩子的看法，她们有的说："我家孩子太淘气了，经常惹我生气。"还有的说："不爱干净，整天把自己弄得像小花猫。"还有的妈妈指出，孩子胆小，总是唯唯诺诺，怕这怕那。总之，孩子们被贴上了"不听话""逆反""脆弱""怕吃苦""不懂感恩""懒惰""贪玩"等各种各样的标签。然后记者请妈妈给孩子打分，满分10分，有的给孩子打6分，有的打8分，甚至还有打5分的，就是没有打满分的。

当记者去另一个房间询问孩子们对妈妈的印象时，他们歪着小脑袋，想了想，给妈妈贴上了"温柔""爱我""给我做好吃的""给我买新衣服"等标签，也有的孩子觉得妈妈太严厉了，但是大多数孩子对妈妈的印象都非常好。当记者让孩子们给妈妈打分时，满分也是10分，孩子们用手比画一个"十"字，从小嘴里说出："10分。"甚至有一个小朋友给妈妈打出一万分。在另一个房间的妈妈们一个个看得泪流满面，她们没想到，自己对孩子那么挑剔，而自己在孩子们心中的形象却是那么完美。

　　看到这里，家长没有不感动的，尽管自己对孩子有诸多不满，孩子却是在无条件地爱着自己。我们自己也有许多缺点，更何况是孩子呢？所以，无论是父亲还是母亲，都要学会尊重孩子，接纳孩子的缺点。

　　家庭中，父亲角色和母亲角色虽然分工不同，却承担着共同的责任和义务。在现实生活中，即使大量已有研究证实父亲对子女的成长有着极大的影响，但受传统性别观念等客观因素的影响，父亲在养育子女的过程中，往往是一个门外汉和局外人，父亲在孩子成长中所起到的作用一直没有受到应有的重视，父亲角色缺失的现象客观存在，主要原因有四个方面：一是受传统社会性别角色观念影响；二是社会不重视，缺乏社会政策和社会系统的支持；三是家庭系统没有达到有序运转。家庭内部子系统中，存在夫妻之间沟通方式不合理、母亲对父亲育儿的支持程度低、亲子相处模式不理想并且代际支持度低等问题；四是从父亲自身来看，父亲的受教育程度对父亲角色缺失现象的影响明显。

　　父亲角色缺失可以分为两种情况：一种为生理缺失，这种一般是由于父母离异、父亲死亡或者父亲常年不在家中所导致的父亲角色缺失现象。另一种则可以定义为心理缺失，有些父亲即使在家，但或许因为自身的问题和观念，远离孩子的生活，与孩子的感情疏远，间接导致孩子父爱的缺失。

　　正确认识父亲角色：认同理论提出，父亲角色参与家庭教育，最关键因素是父亲对父亲这一角色和父职身份的认同程度。作为一名男性，他对父亲角色的认同度越高，就越有投入教养子女活动的意愿，而且相对于其他角色而言，当角色发生冲突时，他会将父亲角色置于优先的地位。也就是说，男性对父亲角色的认同度越高，父亲角色的重要性就会越发凸显出来，因此男性也更愿意把时间和精力放在育儿活动上。

　　家庭教育中，父亲的作用和母亲的作用不同，国外研究表明，即使是仅两个月大的婴儿也能清楚地分辨出抱自己的是爸爸还是妈妈，因为妈妈更倾向于用温柔的方式照顾、呵护孩子。而在儿童的成长过程中，父亲的参与有利于儿童的体格发育。与母亲相比，父亲则更多的是通过身体运动方式、触觉、肢体运动来做游戏，当父亲靠近孩子时，孩子的呼吸和心跳都会加快，因为孩子在期待爸爸和自己玩耍，这样的刺激能促进其身体发育。

其次，父亲参与儿童的成长过程，有利于儿童的智力发展。由于父亲性格、智力等一些特点，父亲与孩子的交往方式往往具有开放性。父亲与孩子游戏时，善于变换花样，这使常与父亲相处的孩子可以从父亲那里获取更多的知识、经验，从而提升想象力和创造力。

此外，父亲参与儿童的成长，有利于培养孩子的社交能力。倘若父亲常带孩子融入社会生活中去，创造与人接触和交往的机会，就能使孩子形成较强的社会活动能力和生活工作能力。

那么，怎样才能做个好爸爸呢？父亲是孩子力量、责任、勇气等优秀品质的重要来源之一。一个好父亲对孩子的成长极其重要，谁也无法取代。孩子是父亲的影子，一个好父亲超过家庭外的上百个老师。好父亲从来不是天生的，而是不断培养的。在以前，父亲为了生计，心有余而力不足，没有太多时间管孩子，但是在孩子的成长过程中，父亲还是不能缺席。父亲一定要尽可能多花费点时间与孩子互动，毕竟有些事情，妈妈是做不到的，例如：

1.一起运动。多数妈妈都不是那么热衷运动，而爸爸的运动神经通常比较发达，也更乐意流汗，爸爸可以带着孩子在固定的时间去打球、跑步、骑自行车、一起看球赛，享受运动的快乐。不过每个孩子肌肉发展与领会运动窍门的速度不一，爸爸尽量带孩子"玩"就好，别过于求好心切，如带儿子打球时，应避免如"你投球怎么像女生一样无力"这类贬损女性的语言。

2.放松、放空。妈妈容易有"不由自主的控制感"，会产生源源不绝的"万一"与焦虑。爸爸则是可以"喊卡就卡"，也容易放下身段跟小孩打成一片，可以和妈妈互补。有一位40多岁在媒体工作的朋友说，他平时在家的时候，女儿"虐待"爸爸时最开心，两个女儿喜欢爸爸扛着她们往空中抛，直到爸爸累瘫倒地。

3.冒险。妈妈多数喜欢"保险"，不喜欢冒险，小孩不在其视线范围内，妈妈就会不由自主地焦虑。小孩3岁以后，特别需要爸爸带他们外出探索、探险。因为爸爸可以接受孩子不舒服的时间要比妈妈长，孩子受点皮肉伤，爸爸通常不会大惊小怪，孩子若遇到危险，爸爸也能及时反应，能为孩子提供安全性高的冒险环境。

4.爱妈妈。爸爸要支持妈妈"爱给小孩看"，在家里，小孩随时在观察爸爸对待妈妈的方式，这会影响孩子日后和异性的相处。若是妈妈不快乐，倒霉的是小孩。因为多数家庭还是妈妈陪伴小孩的时间长，如果妈妈是主要管教者，爸爸要支持妈妈，不要争夺管教权，而是去理解妈妈为何那样做，或适度带妈妈抽离执着的状态。比如换手照顾小孩、安排夫妻相处时间，即便是两人一起送小孩去上才艺课，也可利用等小孩的空当喝咖啡、聊聊天，帮妈妈充电。

5.建立与小孩专属不变的联结。即便是青春期的孩子，都需要父亲稳定的承诺。爸爸需要和孩子建立至少一个"不论发生什么事都不会改变"的仪式或默契，譬如：固定睡前聊天、每天送孩子上学、切水果给孩子吃等，不管阴晴圆缺，不管跟孩子有过多么激烈的争执，或孩子做了什么错事，爸爸仍会持续这项仪式。即使误会或冲突一时解不开，孩子心底仍会感受到爸爸不变的爱。

心理学家麦克·闵尼曾指出，那些每天与父亲相处超过两个小时的孩子，相比每周与父亲相处少于六个小时的孩子，人际关系更融洽。父亲的参与程度与子女的性格、幸福感、学习成绩、亲子关系及自我意识等方面密切相关，父亲参与程度越高，子女性格越开朗、成绩越好，也越容易感觉到幸福。所以在家庭教育中，父母都要明白自己的优势，这样我们的孩子才能更优秀。

家庭教育中的六大原则

卢勤老师说过：鸡蛋，从外面打破是食物，从里面打破，才能变成生命。外界产生的是压力，里面产生的才是"我要成长"的动力。现在很多家长都是未经培训就上岗当了家长的，所以要多了解一些家庭教育的原则，才能走出家庭教育的误区，使孩子少受伤害，让孩子更加优秀。

一、"爱而不溺，严而不厉"原则

教育孩子要"爱而不溺，严而不厉"，被溺爱的孩子大多都不成才，有的还出现了家长很不愿意看到的结果，这是一个个溺爱的行为长期积累起来的必然结果。在现代社会，随着生活水平的提高，作为父母，我们可能小时候吃过苦，现在觉得有条件了，就不想让自己的孩子吃苦，只要能满足孩子的，都会尽最大努力去满足。有的父母宁可自己省吃俭用，也要给孩子吃好的、穿好的，甚至买一些奢侈品满足孩子的虚荣心，殊不知这样的溺爱会害了孩子，也会害了自己。

案例：曾经发生过这样一起命案，一位老妇在自己家中被人杀害。警方经调查，所有的线索都指向老妇的养子朱某。那么，是养母对朱某不好吗？经过调查，发现事实恰恰相反。

老妇原本有一个闺女，闺女懂事孝顺，但是老妇觉得身边没有一儿伴身，总是不甘心。后来，她领养了朱某。她对朱某的宠爱甚至远胜过自己的亲生女儿，那真的是拿在手里怕掉了，含在嘴里怕化了。只要是朱某想要的东西，她都会想方设法地满足他。

如果朱某的愿望没有得到满足，朱某会哭闹撒泼，甚至会打自己的养母。

朱某慢慢养成了自私又自我的性格。养母舍不得孩子吃一点苦，受一点累。朱某嫌累，放学回家，连作业都是养母帮他做的。所以，可以想象朱某的学习成绩是什么水平。考不上学，朱某很快就待业在家。养母从来舍不得打他，但是她喜欢唠叨，而朱某非常烦自己母亲的唠叨。对于养母喋喋不休的唠叨，朱某不耐烦，很快就离开家到大城市打工去了。

养母对朱某十分放心不下，每天都在担忧，她在日记里写下了自己对儿子的牵挂，担心儿子离开她要怎么办，自己没在身边照顾，担心自己的儿子吃苦受累。可是，每次给朱某打电话，朱某都是不接听，她只能自己默默伤心落泪。

由于朱某从小就是被溺爱长大的，什么都以自我为中心，从小到大也没有什么朋友。他到了北京，找过很多工作，但是大都干得不长。其中有个小企业的老板对他印象比较深刻，因为他发现朱某和别人都不一样。别人放假一般都是和朋友出去玩，他就自己躺在宿舍睡觉，而且基本上没有朋友。

朱某经常在宿舍乱扔垃圾，从来不考虑别人的感受。有一次，老板看到他在宿舍大白天还开着灯，于是老板让他把灯关了。朱某直接回了老板一句："你自己安的灯，凭什么让我帮你关！"

后来，朱某在外面把钱花光了，就回到了家。那天养母很高兴，为他做了不少菜。可能是思子心切，也可能是长久以来的压抑，养母又开始对朱某唠叨。当时不知道说了什么话，刺激到了朱某的神经，他当时手里正好拿着刀，就冲上去捅了自己的养母。一刀捅到胸口不算，又捅了好几刀。

就这样，这个为了养子，可以说是付出了自己所有的母亲，被自己亲自抚养大的孩子捅死了。警察在问朱某为什么要杀死自己的养母时，他也没有说出原因来。然后记者问他，你养母对你不好吗？朱某自己也承认，自己的养母对自己非常好，只要能帮自己做的，养母什么都帮自己做好，好到连自己的作业都帮自己做。

从这个案例不难看出，溺爱孩子最终结果害人害己。很多父母原本以为，自己对孩子的爱，就算孩子不能回报一二，也该有感恩之心吧？结果呢，发现自己辛辛苦苦养大的是一只白眼狼。当你的能力满足不了他日益增长的需求时，换来的不是对你的体谅而是抱怨，现实生活中有太多这样的案例了。从小被娇生惯养长大的孩子，又怎么能指望他会在成年后突然就能担负起自己的责任呢？有些30岁出头的，依然是妈宝男，依然是没断奶的状态，就像一个巨婴，依然需要父母支持自己，有的是物质上的，有的是精神上的。所以，家长对孩子要做到爱而不溺，应注意以下几点：

第一，家长要正确对待孩子的要求。人都是有需求的，而且是多方面的，往往也是无止境的。对孩子的需求要具体分析，要以家庭的实际经济状况和有利于孩子身心健康为前提，不能百依百顺，有求必应。过分满足孩子的需求，容易引发孩子过高的欲望，养成越来越贪婪的恶习，一旦父母无力满足其需求时，势必引起孩子的不满，致使难以管教，尤其当孩子欲望强烈而又得不到满足时，就容易走上邪门歪道，这是每位家长需要注意的。

第二，对孩子的合理要求，在家庭经济状况允许的情况下，可尽量给予满足。如孩子要求给买一些有利于增长知识、开发智力、丰富精神生活的儿童书画及必要的生活、娱乐用品，一般应给予满足。若家长一时难以办到，应向孩子说明理由。在教育孩子时，家长既要积极为促进孩子的身心健康创造条件，也要教育孩子注意节约俭朴，防止养成挥霍浪费的不良习惯。

父母不能溺爱孩子，并不是说对孩子要特别严苛，过分严厉也是不对的。培养孩子成才不能操之过急，实践证明，操之过急是培养不出好人才的。在童年阶段，如果父母对孩子过分严格，处处要求孩子循规蹈矩，孩子做事就会非常小心谨慎，生怕做错了什么事而遭到父母的处罚，久而久之，就易养成讨好型的人格,即内心缺乏安全感、害怕犯错误、做事喜欢反复检查等,尤其当犯了错误,就容易觉得对不起别人,不能原谅自己……

案例: 有一位男青年26岁,爱啃手指,啃得两只手的指节都烂了,医生说再啃下去就要生皮肤癌了。家里人用尽了各种办法都没有用,就带他去进行心理咨询。咨询师了解到,求助者自幼就受到父母的严格要求,考试考不到第一就不准回家。有一次,求助者考了个第二名,大冬天就一个人跑到桥洞里待了一夜,不敢回家。后来有一次父亲对他进行责罚,从那以后,求助者就有了咬手指的习惯,以此来宣泄内心的焦虑……

所以,家长对孩子千万不能要求太严格,如果从小就把孩子规范得像个小大人一样,孩子就会承受不该承受之重,埋下过分追求完美的心理隐患,一旦出现了心理问题,后果会十分严重。孩子,一定要让他们像个孩子,犯点儿小错没什么,千万不能苛求他们,如此,他们才能正常地发展、成长为一个正常的人。

这里所说的严格要求是根据孩子的发展水平和年龄特点,以取得良好教育效果为前提的。但是如果"严"得出了格,就会走向反面,为此家长必须遵循以下几点:

首先,父母提出的要求是合理的,既符合孩子实际情况,又有利孩子身心健康的。例如我们要求3岁的孩子跟在父母身边走路是可以的,但要求孩子与父母走得一样快、一样远就不合理了。

其次,父母提出的要求必须是适当的,是孩子经过努力可以做到的,若要求过高,孩子即使经过努力也无法达到,就会使孩子丧失信心,也就起不到教育效果。

最后一点是,父母对孩子的要求一经提出,就要督促孩子认真做到,不能说了不算数，也不能说干也行，不干也行，而是一定要让孩子做到，否则就起不到教育效果。

二、宽严相济的管理原则

教育孩子应当"宽严相济"。要记住：批评是踩刹车，赏识是踩油门。批评孩子是为了防止再次犯同样错误，而不是为了让孩子的心情变得更糟。我们家长常常喜欢在批评时强迫孩子，说你下一次要给我考多少名，考多少分，不然就怎么怎么样，等等。家长应该知道，强迫虽然能达到您的目标，却不可能超越目标，有时甚至可能还会走向目标的反面。一味地批评孩子只会让学习的效率更低下，而适当的表扬会使孩子充满学习的信心，因此批评要与赏识相结合才能事半功倍。很多家长认为批评是教育，赏识不是教育，这是认识误区。

三、赏识努力而不是聪明的原则

要赏识孩子的努力而不是聪明，因为聪明与漂亮是先天的优势，并不是值得炫耀的资本和技能，但努力则不然，它是孩子后天的，应该予以肯定。努力不一定会成功，但成功却永远需要努力。所以，家长若想激励孩子在学习上取得更好的成绩，最好的办法不是赞扬他们聪明，而是鼓励他们刻苦学习。聪明而不努力也会一事无成，努力＋正常的智力也能成功。在日常生活中，家长就应该赏识孩子的每一个进步，赏识孩子能努力独立完成作业的态度，赏识孩子为改善学习方法而做的努力。

四、不要进行破坏式批评的原则

批评孩子时不要进行破坏式的批评，有些家长常常不注意这些，批评孩子时言语过激，甚至打骂孩子。如骂孩子"笨得像个猪""我后悔生了你""你看看人家谁谁谁"，结果伤害了孩子的自尊心，容易造成孩子的逆反心理。很多家庭里，这样的父母不在少数，在批评孩子的时候，没有建设性的意见，而是一味地指责且态度粗暴、言语苛刻。这样的破坏式批评对孩子成长极为有害,孩子的心理是简单和开放的,没有足够的经验来使他对于自己的判断有信心,家长的破坏式批评往往会彻底摧毁孩子的自信心;孩子的心灵是单纯而稚嫩的,当家长以讽刺、挖苦、嘲笑等方式对待犯错误的孩子时,会严重损伤孩子的自尊心;破坏式批评针对的是人,就会造成父母与孩子之间的情感冲突和矛盾,会彻底破坏亲子之间的关系。

五、循序渐进、量力而行的原则

循序渐进、量力而行主要指在家庭教育中必须根据孩子身心发展的实际水平,遵循由易到难、逐步提高的顺序进行。要贯彻好这一原则,需要注意以下几点:

第一,要全面了解孩子身心发展的实际水平,要做到量力而行,"跳一跳够得着"说的就是这个道理。要激励孩子学习某种知识,当这种知识与孩子已有的知识水平相差不大时,他不仅愿意学,有能力学,而且也容易引发孩子的学习兴趣。如果相差很大,甚至超过孩子的实际发展水平,他就不愿学,也学不懂,当然就提不起兴趣,甚至产生厌倦或抵触情绪。

第二,给孩子设定目标时,要将长期目标和短期目标相结合。制定短期目标要量力而行,要使孩子"伸手够不到,跳一跳摸得到"。孩子这次考了第30名,下次目标就是第28名,再下次是第25名……这样逐渐达成目标,就能持续增强孩子的自信心。倘若将目标设置得过高,孩子达不到,则会挫败孩子的自信心和积极性。孩子将一个接着一个的短期目标实现了,离长期目标也就越来越近了。有些家长经常把长、短期目标相混淆,结果反而会使孩子出现逆反的情况。

六、身教与言教统一的原则

家长在教育孩子过程中,不仅要善于运用说理的办法,同时也要以身作则成为孩子的榜样,也就是既重视言教,又要注意身教,把二者统一起来,使教育取得良好的效果。父母的思想品德和行为习惯,对孩子起着潜移默化的作用，在家庭教育中，孩子不仅听父母的教导，更会注意父母的一言一行。若父母的品德行为高尚，待人接物文明礼貌，关心爱护孩子，孩子就会对父母心生崇敬，并以父母作为榜样。如果父母给孩子讲得头头是道，而实际行动却是另一回事，孩子自然就不会信服，就难以达到教育的目的。例如，有的父母教育孩子不要说谎，可自己在生活中却对别人说谎，那么孩子对父母的教导就难以信服。孩子往往喜欢模仿成人，而与孩子接触时间最长、影响最大、模仿最多的是父母。在孩子的心目中，父母是最可信赖的人，父母的言行举止往往是孩子的行为准则和楷模，因此父母的思想品德和行为习惯，对孩子的发育成长有很大的影响。

正如有人比喻说：家庭是第一个染缸，学校是第二个染缸，社会是第三个染缸，第一个染缸是人生的第一道着色，都是在底色的基础上着色的，所以家庭这一道着色对一个人的思想品德和行为习惯的形成有着极为重要的影响，甚至会影响一个人的一生。因此，家长要把对孩子的早期教育和家庭生活的实践活动结合起来，为孩子创造一个良好的家庭教育环境，让孩子在一个和睦、文明的家庭环境中接受教育，健康成长。

总之，家庭教育的目的应该是让受教育者收获最大化，而不是让家长最大限度地发泄自己的情绪。家长应该了解孩子成长发育的一些特点，掌握一些基本的家庭教育原则，这样，家长在教育孩子时就会游刃有余，在孩子成长成才的过程中，也会收获一个和谐的家庭关系。

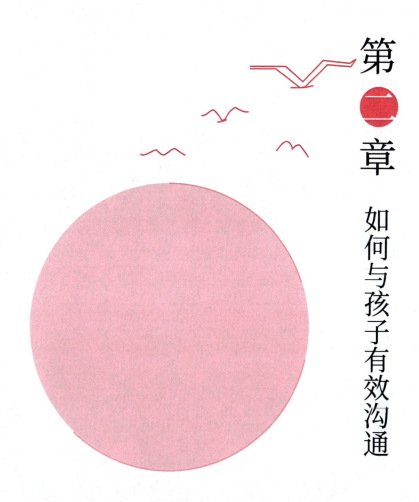

第二章 如何与孩子有效沟通

亲子关系的定义及特点

亲子关系可以说是我们生命中最特别的关系之一，是每个人来到世间的第一个人际关系，是以共同生活和血缘为基础的，父母与子女之间的相互作用所构成的社会关系和自然关系的统一体。这是法律保护下的血缘关系，是家庭关系的重要组成部分。能否维系好这份关系直接决定着我们的亲子关系能够高效且健康发展。因此，它对孩子的能力培养、智力发展和人格健全以及心理健康都产生重要的影响。

然而中国式的亲子关系，为什么总是相爱相伤？下面详细分析一下亲子关系的含义：

第一层含义：指的是我们和我们父母的关系，这个关系决定了成年后的我们和孩子的关系。

案例：小A的爸爸疑心特别重，从来不相信任何人。无论谁，对他说的任何事都必须向他出具证据，否则他会一直核实。例如有一次期末考试中，因为是和别的年级组交换判卷，老师给小A批错了试卷。小A找到老师后，老师用红油笔把分数改了过来。当小A把试卷拿回家时，他爸爸一看分数，就啪一下把试卷丢到小A脸上，说什么也不相信分数是老师改的。小A百般解释，他还是不信，最后给老师打电话核实才算平息。

在这种环境下成长起来的小A也很怕别人不相信他。小A对别人说话时，总会不由自主地加上一些附加语，比如"不光是我，某某某也看到了／听到了""不信你可以去问某某某"，等等。包括成年以后，尤其对不太熟悉的朋友，小Ａ在说话时还是会附带一些"证据"——照片、聊天截图等，以此证明他没说谎。

第二层含义：是我们和我们自己的关系。这个自己是内在孩童，是我们自己。这个关系决定了我们如何对待自己，然后如何延展开来对待别人。

每个人心里都有一个"内在孩童"，我们虽然在年龄和生理上长大了，却因小时候没有被满足的需求、没有被允许的情绪或被伤害的经验，在内心里还存留着脆弱、受伤、需要被关心的内在孩童。在儿时成长的经验中，这个内在孩童的需求没有被满足或受伤了，孩童的情绪、感受和态度，会被带到成人之后的生活中，影响身体、心理、情绪、感情、工作，甚至左右我们所做的一切，而且更多的是在现实生活中制造困境和问题。

成年之后，我们所面临的问题，其实很多是内在孩童受伤的反应和映射。小时候的我们所感受到的愤怒、悲伤，对于现在已是成人的我们，早已是过去的情感，可那种情感太强烈，以至于深深刻在我们幼小心灵的深处，所以需要通过已是成人的我们找到内在孩童，聆听他（她）对情感的倾诉，并协助他（她）长大。

内在孩童是我们的自我、天生人格、天赋、本能、直觉力和情感。当我们想要成为一名具有爱心的父母，为自己和家庭负起责任时，我们就有责任先爱我们的"内在孩童"。如果我们老是认为自己很懦弱、笨拙、相貌丑陋、没有魅力、没有能力、没有聪明才智，那么，我们会同样去看待我们的孩子和伴侣，挑剔他们，指责他们，试图改造他们。

因此，真正成为具有爱心的父母意味着首先改变我们对自己的看法。现在，我们必须以正常的眼光看待自己，从为内在孩童增加爱的空间开始，没有批评，没有遗弃，没有恐吓，也没有羞辱，只有爱、接纳、关怀、尊重、慈悲，疗愈内在孩童的创伤，支持、滋养他（她）长大，接受和褒扬我们的本性，就像我们爱自己真正的孩子一样。当我们在感情路上磕磕绊绊的时候,首先需要做功课的地方,不是我们与伴侣的关系,而是我们和父母以及内在孩童的和解之路。如果我们不爱我们自己的内在孩童,那我们就没有能力爱孩子和伴侣。

第三层含义:是我们和我们孩子的关系

心理学家弗洛伊德说:"一个人六岁以后就没有什么新鲜的了,总是在重复着六岁以前的生活!"这句话其实主要强调"重复"的是一种人际关系——亲子关系,也就是我们成人后的人际关系模式一直在重复着早期亲子关系模式。

案例:明明的父亲是个私企老板,经常在外面应酬,母亲天天沉溺于打麻将,他们对孩子放任自流,要钱拿去,其他的不管。有一次,孩子拿一张画给正在打麻将的妈妈看,妈妈却说:"看什么看,你没看我正忙着吗?"因为爸爸妈妈的态度冷淡,明明变得自闭又自卑,在他的心里,他多想爸爸能常常在家,多想妈妈高兴了就亲亲他、抱抱他。

这种类型的亲子关系属于只养不教,在孩子心中,父母不像父母,反而像一个"路人甲"。这种亲子关系对孩子的心理伤害是极大的,在孩子成长的重要阶段(0~12岁),如果我们没有办法完全、深切地让孩子感受到父爱和母爱,或者我们没有得到充分的、无条件的爱,我们的自我价值感就会出问题,我们的亲密关系、身心健康、事业、孩子都会受到影响。

作为新时代的父母,我们要了解亲子关系的发展阶段:少儿期,亲子关系成为婴幼儿最主要的,同时也是对其影响最大的人际关系;青少年时期,亲子关系相对个体的影响将会减弱,但仍然占主导地位;成年时期,个体和父母的关系将会比较温和与稳定,子女对父母会更多表现出义务和责任,父母会表现出对孩子的依恋。

因此，在教养孩子的过程中，父母自己要先成长，释放自己的负面情绪，接触到内心中和父母真实的关系。身为父母的我们，一个小小的改变会使自己的孩子有大大的不同，我们经常说："父母进步1%，孩子进步100%。"父母引导孩子成长的高度，只能到达自己成长的高度。所以，无论我们作为何种角色(孩子、父母、别人的伴侣)，无论我们遇到什么样的情绪困扰，比如恐惧、焦虑、愤怒、悲伤、无力感，如果我们不再用"内在父母"去批评它，抗拒它，不去合理化它，不去投射它，而是接纳和觉察它，将最大、最多的爱给自己，那么改变和康复就开始了。

一、亲子关系的特点

1.不可替代性。亲子关系是在人出生时就确定了的，是以血缘关系为基础的关系，这种关系是与生俱来的，具有不可替代性。一旦确定就不可更改，孩子不能随意选择父母。与其他关系有着显著不同的是，不论孩子是否满意，都必须接受这种不可选择的确定的关系。

2.不平等性。这表现在家长处于支配和主导地位，孩子处于被支配、被主导地位。由于孩子年龄小，判断力不强，自我意识不明确，对于成年人来说，孩子处于弱势，孩子需要被教育，因此亲子关系是教导与被教导的关系。

3.稳定性。亲子关系是建立在血缘伦理基础上的，从一出生就存在，并延续一生。这种关系不可能被人为地终结，只要亲子双方存在，就不可回避。它对人的影响是必然的，也是稳定的。

4.变化性。亲子关系的建立是在不断变化的，即随着孩子年龄的增长而变化。虽然由父母主导，但随着年龄增长，孩子会对亲子关系有一定的反应。这种反应反过来还会影响亲子关系，任何家长都不可能以同一种方式来对待不同年龄阶段的孩子。

亲子关系的确定性、稳定性告诉我们，父母和孩子之间的关系是断不了的，不论以什么形式存在，不论关系好与坏，都客观存在着。既然客观存在于家庭环境中，就会给孩子带来正面或负面的影响。

人在年轻的时候，千万不能因为工作忙、生意忙、应酬忙、家务忙等而忽略了对孩子的教育。当我们年老的时候，一切荣华富贵、一切应酬和圈子都是过眼烟云，而一个不成器的甚至是败家的孩子，足以让我们晚景惨淡凄凉；但一个成功的，哪怕是仅能自食其力、孝顺的孩子，足以让我们幸福快乐，且安度晚年。有这样一句话：无论你的一生有多成功，如果教育孩子失败，那么你是失败的；无论你的一生有多平凡，如果教育孩子成功，那么你是成功的。

亲子关系的不平等性，从有利方面讲，有利于父母利用自身的权威来教育孩子，让孩子顺从父母的教导，从而引导孩子健康成长；从不利方面来讲，家长容易滥用权威，专制，摆家长作风，忽视孩子作为独立个体的存在，不尊重孩子，使得家庭没有民主气氛。而亲子关系的变化性，说明了家长在不同的阶段应及时转换角色，调整好自己和孩子的角色位置，以适应孩子的成长。尤其到了青春期，孩子的自我意识在增强，自我形象要树立，希望父母能把孩子当大人看待。这时家长应该重新审视亲子之间的关系，及时调整心态和教育方法，使孩子在家长的引导下实现自我成长，完成"社会人"的转变。

二、建立和谐亲子关系的措施

近几年，青少年教育中存在的诸多问题大都可以追溯到不良的亲子关系，甚至可以说有的问题就是因为童年拥有不健康的亲子关系而导致的。由此看来，如果家长与孩子之间的关系是正常的，即家长与孩子相互信任、相互理解、相互关爱、相互支持，那么孩子的行为表现正常，他的外在表现为对人有礼貌、听家长和老师的话、好学上进、体贴关爱他人等。

如果家长与孩子相互猜忌、缺乏信任、相互敌视、彼此误解，那么孩子的行为就一定会扭曲，外在表现可能是不听话、上课说话、对家长的批评指正有逆反心理、与老师顶撞、上网吧、经常与同学打架等。

亲子关系中首先要明白，亲子关系不仅仅是生命的一种次序关系，更是内在生命能量传导的一种关系。亲在前，子在后。父母是根基，决定着子女的能量获取通道大小和成长高度的上限。对于子女而言，父母的智慧程度(世界观、人生观、价值观)将直接决定着孩子的生命模式。

孩子会遵从生命系统的法则，百分之百地学习和复制父母的生命模式。父母的婚姻模式、事业态度、人际交往、思维模式等都是会被孩子直接复制并传承，而且这种复制与传承是在潜意识层面自发自动完成的。所以，父母的高度就直接决定了孩子人生的走向。还是那句话，想让孩子好，与其给他们报各种培训班，不如父母自己踏踏实实教育孩子，给孩子有质量的陪伴。

1.建立牢固的夫妻关系。亲子关系中，父母大都处于主导地位，一个家庭中有两种关系：夫妻关系和亲子关系。二者中，亲子关系是浓浓的血缘关系，是最牢固的；而夫妻关系最脆弱，是最需要下功夫去维持的。构建亲密夫妻关系，需要夫妻二人共同成长。夫妻二人还要真诚地关心对方。好男人，从来不委屈自己的妻子；好女人，从来不难为自己的丈夫。

2.父母的态度影响亲子关系的好坏。父母态度的好坏决定亲子关系的质量，进而影响孩子的心理健康，不良的亲子关系往往是由于父母对子女的异常态度造成的。因为态度中包含明显的情感成分，这关系到双方在情感上满意的程度和亲疏关系。如果孩子的行为表现与父母的态度不一致，给家长带来不愉快、憎恶、讨厌等内心感受，这势必影响和谐亲子关系的建立，不利于孩子的健康成长。

科学研究证明，孩子10岁前，与家长关系最亲密，同时这一时期也是最佳教育期。孩子就如橡皮泥一样，是被塑造成雄狮、猛虎，还是被捏成癞蛤蟆、狗熊，在很大程度上取决于孩子的父母是何种层次的人，取决于孩子在早期成长过程中受到何种层次的家庭教育。

3.良好的沟通是建立良性亲子关系的关键。好的沟通才能有好的亲子关系，反过来，亲子关系的好坏也能从沟通上体现出来。会沟通，善于沟通，才能让孩子愿意接受教导，因此，父母应该注重沟通的技巧，要学会观察孩子、倾听孩子，理解孩子的感受，疏导孩子情绪等。要真心爱自己的孩子，关注孩子的精神世界，加强亲子间的互动；要保持良好的沟通，取得孩子的信任，孩子才能打开心扉，我们家长才能走进孩子的心里。

4.亲子关系是孩子人际交往的范本。研究表明，亲子关系和早期家庭教育是孩子社会化的核心和动因，对孩子的成长有着决定性的影响。亲子关系本身的形成和发展状况会影响孩子社会化，它是孩子处理人际关系的最早范例。父母与孩子的相处模式以及处理争端的方式，会影响到孩子与同伴、师长的交往风格及其在相互关系中的地位。当今社会，随着科技的迅猛发展、社会文化的急速变迁，青少年与父辈之间存在的代沟差异日益明显，亲子关系中存在的问题已严重影响到合格人才的培养。因此，只有建立和谐、积极的亲子关系，才能有助于塑造孩子的健康人格，培养优秀的情商，提高综合素质。

5.孩子的强大源于父母强大的基因。成长型父母是孩子最大的福气，亲子关系应该建立在共同成长的同一目标上，那么，既然是共同成长，我们就应该彼此以"同修"的身份来面对对方。圣人云："三人行必有我师。"那么在亲子共育的过程中，我们更应该看到孩子身上最值得我们学习的地方。

如今，很多家长在辅导孩子学习时常常感到力不从心，总觉得孩子懒惰、不上进，甚至厌恶学习，其实很重要的一点就是父母没有和孩子建立统一的成长目标，也就是没有在梦想层面和孩子共同探索与成长，这个成长目标不是以一个简单的学习成绩为衡量标准，学习成绩只是一个结果，是在共同成长的前提下自然而然产生的结果。在孩子的成长过程中，如果父母能通过梦想的确立，让孩子明白为什么而学习，那么孩子自然就有学习的内驱力了，有了内驱力，一切想要的成绩也就自然而然地产生了。同样的情况，父母能清楚地知道自己为什么而工作和生活吗？

有了共同的成长目标，亲子自然就有了统一战线，亲子不再是割裂的个体。智慧就是在不同中发现相同，以相同的目标来完成统一战线，进而共同进步。好的亲子关系就是在和谐统一的共同目标的前提下完成的。

另外，亲子中还需要具有打破常规的思维深度，就是父母要明白，孩子来到我们身边不是让我们来教育的，而是给了我们一次机会，让我们重新梳理自己的人生，好和孩子一起成长。

关于亲子沟通的问题

　　亲子沟通是令许多父母很头疼的事,我经常遇到家长们这样的提问——"我的孩子特别磨蹭,干什么都拖拖拉拉的""我的孩子特别倔强,我给他讲道理也没用""我家小孩在大人眼里一点都不听话,什么不能玩,他就偏去玩,要什么东西就要我马上兑现,不买的话就大哭大闹,很是头疼"等。我们先来看这样一个故事:

　　案例:小丽是一名三年级的学生,最近半年来和母亲冲突不断,在妈妈看来,小丽变得越来越不听话了。妈妈给小丽定了一些规矩,希望以此约束小丽的顽劣,小丽却总是不听。而小丽呢,则认为妈妈管得太多,简直太烦人了。

　　有一天,妈妈发现小丽又在玩手机游戏,她立即规定以后每天只能玩20分钟游戏,因为她知道手机屏幕的强光对孩子的眼睛有很大伤害。但是,小丽不理解,他对妈妈的这项规定非常恼火,便冲妈妈喊道:"20分钟不行,我每天最少要玩1个小时。"妈妈说:"不行,只能玩20分钟,或者干脆别玩手机,你自己看着办吧!"小丽据理力争,说道:"为什么您和爸爸每天看那么长时间的手机,却不让我玩?"听了小丽的话,妈妈非常伤心:"我们看手机,还不是为了工作。你以为我们愿意天天盯着手机吗?"就这样,小丽和妈妈越吵越凶,最后,妈妈一气之下打了小丽。

　　晚上,小丽的爸爸下班回家,看到小丽和妈妈的表情,就知道她们两人又吵架了。问清楚事情的来龙去脉后,小丽爸爸对妈妈说:"别生气了,有什么事情不能和孩子好好沟通,你给她讲清楚道理,她肯定会听的,和孩子生这么大的气根本不值当。"

第二天,小丽的妈妈找了一个合适的机会,和小丽讲了长时间看手机对眼睛的伤害,小丽这才接受妈妈"每天玩20分钟手机游戏"的建议。她对妈妈说:"妈妈,您昨天为什么不和我说这些呢?您要是像现在这样心平气和地和我讲道理,我肯定会听您的。"妈妈对昨天的言行也很内疚,她对孩子说:"对不起,昨天是妈妈不好,妈妈太着急了。以后,妈妈会注意的,有什么问题妈妈会耐心和你交流的。"小丽和妈妈就这样和解了。

其实,类似这样的问题都是由于缺乏良性的亲子沟通而造成的。沟通是人与人之间最重要的交往方式,无论是朋友、同事,还是家人,都需要有良好的沟通。而许多父母却掌握不好与孩子沟通的原则和方法,频频发生亲子大战。

如果你想测试一下你与孩子的关系,不妨试试这个方法:例如当孩子在写作业时,你拿把椅子悄悄坐在他的旁边,如果孩子表现得局促不安,很不舒服或者想让你离开,这说明你们的亲子关系是有问题的,你要好好反思一下;如果孩子表现得很自然,和你抱抱或者随便交流几句,那恭喜你,你们亲子关系是良好的。那么我们如何建立良性的亲子关系呢?

一、要从平等的地位出发,不摆家长的架子

在心情好的时候要这样做,但在心情不佳或被顶撞的时候,家长更要注意态度,与孩子沟通时不要说贬低孩子的话。孩子的世界与想法和大人是不同的,尤其当孩子很认真地告诉你什么事情的时候,你表现出轻蔑或不相信的态度,会伤到孩子,而且孩子以后可能也不会再跟你交谈了,严重者还会对孩子自信心的培养产生消极影响,且童年形成的自我价值将会延续到成年。从小缺乏自信心,将会使孩子的人格无法朝健康而完整的方向发展。

案例：王女士在女儿很小的时候，就没把她当成孩子看待，当家里有什么事需要做出决定时，王女士都会征求女儿的意见，虽然很多时候孩子的想法天马行空，但有时候女儿的想法也帮了王女士很多忙。王女士说，要想赢得孩子尊重和信任，最简单、最管用的方法就是帮孩子守住秘密，这样孩子就会把守住秘密的人当朋友。

其实像王女士这样的家长是以人为本的，他们爱自己的孩子，并用语言、行动让孩子知道。他们尊重孩子的人格，不随意打骂孩子，也会为孩子设定明确的标准与目标，而在设定的过程中允许孩子参与讨论。他们懂得倾听孩子，并与他们沟通，营造一个快乐的家庭。

遇到一些问题时，孩子不一定能很快理解，家长要耐心帮助孩子慢慢认识。对于饶舌孩子没完没了的讲述，家长也不要随意打断，应适当引导，使孩子逐渐提高语言表达能力。总之，只要家长掌握与孩子交谈的艺术，放下自己的架子，就一定能取得好的效果。

二、要以孩子的思想为中心

以孩子关心和感兴趣的话题进行交谈，最主要的是要和孩子同频。有这样一个小故事：

案例：一位妈妈是幼儿园的老师，她特别重视孩子的早期教育，当孩子出生后，她每天都在学习家庭教育知识，就是为了能够科学应对孩子成长中的每一个关键期。

当孩子上到幼儿园中班时，有一天放学回家问妈妈："妈妈，我能问您一个问题吗？""当然可以啊！"妈妈不假思索地回答。"妈妈，我是从哪里来的？"妈妈一听是这个问题，非常开心。因为为了能够准确回答这个问题，妈妈从孩子一出生时就为这一刻的到来而做准备了。妈妈把孩子抱到沙发上，并坐好，说："宝贝，你好好听着啊，妈妈给你仔细讲讲。"妈妈就从一个受精卵讲到孩子出生，大概讲了有5分钟。讲完后，妈妈问孩子："宝贝，你听明白了吗？"孩子一脸茫然地看着妈妈说："妈妈，我们班的琪琪是从天津来的，我想知道我是从哪里来的？"妈妈听完差点哭了。

这就是不同频的沟通交流，所以，和孩子同频沟通是第一步，其次如果有家长和孩子都感兴趣的话题就更好，以这类话题交谈最容易产生沟通的兴趣，也便于掌握孩子的思想动向。

三、蹲下来跟孩子说话

"蹲下来"是了解孩子的一个途径，因为只有"蹲下来"，我们才能更清楚地听到孩子说的每一句话，才能更好地看到孩子的表情，从而做出准确的回应。父母在和孩子平视的状态下，更能了解孩子的内心感受，同时也能感觉到自己与孩子之间是平等的。当我们和一个成年人对话的时候，看着对方的眼睛很重要，因为从眼睛中能读到许多言语之外的东西。对孩子也是这个道理，了解是沟通的前提，"蹲下来"是了解孩子、进行良性亲子沟通的第一步。

"蹲下来"虽只是一个肢体动作，但它却需要父母把自己的姿态从心里放下来，这才是最难做到的。新时代的孩子跟我们小时候确实不一样了，他们好像天生就对尊重、平等有着更强烈的要求。也许我们也曾经有过这样的心理需求，只不过那个时候家家都信奉"不打不成材"，在这样的大环境下，我们的心理需求还没来得及发芽就被泯灭了。可是，如果现在还想用上一代对待我们的那一套来对待我们的孩子，摆起大家长的架子，那么亲子冲突势必难免。

其实，"蹲下来"本身可以帮助父母放下自己。父母不再是自上而下地俯视孩子，在平视的状态下，父母也能体会到平等，语气可能就会缓和下来，心态也不再那么居高临下，与孩子的交流会更加顺畅。

四、己所不欲，勿施于人

在人际交往中，我们总会遇到一些令人不愉快的事情，比如被领导在全员大会上批评、被迫做自己不愿意做的事……这些不愉快都是我们最不愿意遇到的倒霉事，会使我们心烦气躁或者神情抑郁。那么，我们再回过头来想想，这些我们所认为的"倒霉"事，是不是会经常不由自主地带给孩子？

父母对孩子的批评往往是劈头盖脸式的，并且还很有心理优势——我这是在教育他！是为了他好！没有人否认父母的良好初衷，只不过方法值得商榷。当我们被领导批评的时候，即使真的认为自己错了，也会顾及面子，想方设法给自己找个台阶下。同样，孩子的自尊心也很强，教育方法不当，就会激发孩子的逆反心理，所以，教育不但无效，还有可能爆发亲子冲突。而这个时候，父母也激动起来，很生气地做出结论：这孩子就是这么不听话！

我曾经碰到一位爸爸，他坚信儿子必须要靠爸爸来培养，才能成为真正的男子汉。于是，他对儿子采取了"军事化管理"，比如晚上八点半就要去洗漱，不管儿子正在进行什么活动，都必须立刻停止。结果，每天晚上一到八点半，全家人都精神紧张，因为父子大战即将上演。儿子也够倔，对老爸的管理方式极不买账，一直坚持进行抗争，即使在老爸的武力威胁下抽抽搭搭地刷牙洗脸，第二天还是要继续抗争，平日对老爸也没个好脸儿，好像真应了那句话：父子天生是敌人。

这位爸爸看到自己的教育方式颇有些挫折，感觉很失落。我问他："你老板会强制性地命令你吗？"他回答："他要这样，谁愿意跟他干。"我笑了："对呀，你这不是很明白嘛！你自己都不乐意接受的事，凭什么你儿子就应该心甘情愿地接受？他也是个有独立人格的人啊！为什么不换种方式，用一种平和的态度？而且让孩子接受一个命令是需要过程的，你可以从八点二十开始提醒他，给他和你自己一个心理期限，你回家试试，看灵不灵。"

五、设身处地站在孩子的立场，学会换位思考

换位思考，在处理人际关系上是一个非常有效的方法。换位思考，也是一种理解。孩子的每一步成长，都需要他自己的努力，有时候并不是他们调皮捣蛋做错事，而是因为他们的能力实在有限，实在做不好。父母首先要有一颗宽容的心，成长总是要付出代价的，如果这代价只是一个易碎的花瓶，那就少一些唠叨吧，或者把你的心疼、可惜之情暂存在心里。换了你，也不想打碎花瓶。当孩子和你讲述在幼儿园里遇到的不开心的事时，即使在你听来似乎很幼稚，也不要简单地认为没什么，而是要站在孩子的角度，这样才会更好理解孩子的感受。

六、学会接纳孩子

有专家表示，心理学上把接纳视为沟通的先锋。父母在和孩子交流的时候，应该接受、接纳、解读孩子所传达的信息，并根据所得的信息为孩子做出最妥当的回答，而不是随随便便听，然后随随便便回答，或是干脆不听不回答，这都是不好的行为。当孩子向你倾诉一些不开心的事情时，你可以尝试这样回答："宝贝，我很理解你现在的心情。"另外父母也可以通过一些身体语言去鼓励孩子，以此来表明你已经接纳了他们的信息，表达对孩子无条件的爱，让孩子清楚明确地了解到你是接纳、关心和爱他的！而这份爱和他是一个听话的乖孩子，还是一个经常受到老师批评的孩子、惹祸的孩子无关。

家长在与孩子沟通时，需要讲究技巧，例如：

不要骂孩子"笨"。孩子的自我形象是在幼年时与别人互动时建立起来的，常常被人说笨、丑、不乖的孩子，自然就会展现出笨、丑、不乖的特质，更糟糕的是，孩子就这样认定自己是这样的人了。

不要在别人面前批评孩子。常被大人在大庭广众中批评的孩子，有的会产生退却行为，从而使孩子的人际应对进退技巧不容易朝正向发展，一旦形成"不好相处"的特质，会对孩子日后人际关系的发展带来很大的阻碍。

认真专注地倾听孩子说话，而且最好是"立刻"。因为当孩子主动与你沟通时，你一边看电视剧一边听或者一边看手机一边听，一次、两次、三次……这样持续下去，你就会给孩子传递这样的信息：我的妈妈或爸爸并不太在意我说的是什么。试想一下，如果你不关注别人说的什么，那么他为什么要关注你说了什么呢？久而久之，他们便会慢慢地失去和你沟通的兴趣。因此，在孩子和你谈话时，你不能分散注意力，要专注倾听，如果能够及时提问，效果会更好。因为孩子会觉得自己受到了关注，而且感受到了自己的价值。

沟通中，停止喋喋不休的说教和和尚念经般的重复。沟通不是说教，父母在与孩子沟通时，不要总是说教。纽约一所大学的家庭教育专家多瑞恩·米勒这样说："在学校和家里，学龄期的孩子们都已经厌倦了集中注意力去听你对他的谆谆教导，他们更愿意自己决定该听些什么。"所以父母在与孩子沟通时，要仔细思考该如何把你想要传递的信息传递给他，从而避免你们之间的无效交流，也防止孩子对你的话"置若罔闻"。

再喜欢吃的东西，总吃也会腻，所以父母在沟通中还要减少重复。不停地重复同样的话，只会让孩子感到厌烦，而且，这样的孩子会习惯于直到你说到一定的遍数时才对你的话有所回应。所以，即使同样的话，也要改变你说话时的语气和态度，只有这样，孩子才会有可能愿意听你说的话，并且按照你的话去做。

沟通中，父母应主动分享自己的感受。全家一起到外面吃饭回来，或者一起逛街一起回来，或者到一个地方游玩回来，父母不妨主动与孩子分享自己的心情、感受，以及对某事情的看法，这样孩子当然也就会毫无拘束地说出自己的心里话，会向你诉说自己的心情、感受与看法。

以上所述，其实都是我们在人际交往中所熟知的。但是，在进行亲子沟通的时候，作为家长的我们往往因为血缘关系而不自觉地忽略了这些常用的沟通方式。如果家长能把亲子关系看成是两个相对独立的个体之间的关系，而不是隶属关系，用尊重、信任、理解的心态来对待孩子，那么亲子沟通就会顺畅很多。而良好有效的亲子沟通，能使亲子间的感情更为融洽，也更有利于孩子的成长。

家长该怎样与老师有效沟通

孩子是家庭的希望,也是民族的未来。每个孩子都肩负着家长和老师的希望,家长和老师希望他们既是个"好孩子",又是个"好学生"。反过来说,每个孩子能不能长成参天大树,能不能成为家庭的荣耀,需要学校和家长的共同努力,需要家长与学校、教师的协作配合。

可是,合作的基础是什么呢?是沟通,家长与老师的沟通尤为重要。学生、家长、教师三者之间构成了三种关系,即家长与学生之间的亲子关系、教师与学生之间的师生关系、家长与教师之间的亲师关系。

良好和谐的亲子关系、师生关系和亲师关系能为学生提供一个轻松的环境,可助力孩子健康成长。但是在现实生活中,这三种关系在不同程度上仍存在很多问题。

家长除了要和孩子有良好的沟通以外,还要与老师进行有效沟通。关于家长与老师沟通的内容,可以侧重以下几个方面:

一、家长态度的几种类型

1.主动沟通型:主动与老师沟通,了解孩子在学校的表现,希望通过与老师的沟通,能更好配合学校做好家庭教育。一些学习优秀的孩子家长主动与老师沟通次数较多,希望孩子更优秀;经常爱惹点小事的孩子家长也会主动与老师沟通,了解孩子的表现,希望孩子在把控自己的同时能有所进步。

2.消极陌生型:一些孩子在学习及生活等方面没有让老师和家长太操心的地方,老师不会和家长反映孩子的事情,家长也只是按照要求完成任务,如老师布置的作业、参加家长会等,但基本不主动与老师沟通。在学习及班级活动等方面表现中等的学生,老师较少表扬,也极少批评,这大概是因为家长不怎么主动与老师沟通,家长和老师之间比较陌生。还有一些工作比较忙,或者对孩子学习关心不够的家长也属于此类。这类家长一般常说:"不知道和老师说什么,老师不找我,我也不找老师。"

3.强势说教型:由于一些家长在家庭和社会上习惯强势或者自身的说话方式,所以在与老师沟通过程中往往会带有强势,甚至有些家长用说教的方式与老师沟通,导致亲师之间不愉快。当然,老师对学生日常一些事情的安排和处理,家长可以表达自己的观点,但态度不能太强势。

4.推卸责任型:有些家长在和老师沟通时常说:"孩子就交给你了,不好好学,该打就打,该骂就骂。"或者与老师沟通孩子的一些问题时,家长会说:"孩子交给你了,你是老师,你就该管。"老师不能代替家长,学校教育也不能替代家庭教育,这些家长看似对老师很信任,实则是推卸家庭教育的责任,给老师带来了无形的压力。

二、关于沟通的障碍

(一)家长应该问自己几个问题

1."我爱自己的孩子吗?"有些家长可能会说,我怎么会不爱自己的孩子呢?是的,每一位父母非常爱自己的孩子,而实际上,许多家长给予孩子的爱大都是错误的爱。有些家长因为工作忙,无法有效陪伴孩子,孩子感受不到父母的爱;有些家长对孩子是"捧在手上怕掉了,含在口里怕化了";有些家长会根据自己的情绪,当孩子符合自己的期望时,满心欢喜,当没有达到自己要求,则怒容满面,这是有条件的爱,是一种冷热不均的爱。以上种种都是错误的爱,对孩子是一种伤害。因此,作为家长,光有爱孩子的心还不够,还要会爱孩子,要有爱孩子的能力。

2."我对自己孩子的学习是否有高期望、高要求?对孩子生活是否总包办代替,或是否总不满意?"有些家长对孩子学习期望过高,孩子无论怎样努力都达不到父母的标准时，会陷入"习得性无助"的心理状态，导致孩子失去自信心和上进心。在生活上喜欢包办代替，使孩子失去德行和责任心。

3."我对孩子的教育方式、观念正确吗？"好多家长凭感觉进行，只重视孩子的身体健康而忽视孩子的心理健康。其实，身体是否健康，大家都能看到，而心理健康往往会被忽略。家长更关注学习成绩，而忽略了性格、习惯、人格、受挫能力、团队意识、规则意识等孩子成长中必备的品质。家长往往只重视"教"和"学"，而忽视"育"和"习"。什么是"育"和"习"呢？就是让孩子多经历、多实践，可家长只强调"学"和"教"，把"玩"给忽略了，其实，玩也是一种能力，玩的过程也是学习的过程。学就学个踏实，玩就玩个痛快，二者并不矛盾。因此，家长要问问自己，我的教育方式、观念正确吗？

（二）家长要了解自己的孩子

家长要了解孩子在不同年龄阶段的特征，如小学生的注意力、思维及同伴交往发展的特点；了解自己的孩子喜欢什么样的老师，不喜欢什么样的老师；了解孩子与老师之间的关系；了解孩子在学校遇到的困难和问题，等等。因为孩子的学习成绩与学习方法、专注力、意志力和抗挫折能力有关系。同时，师生关系还会直接影响孩子的学习成绩，孩子是否喜欢老师，与其成绩的相关度达到27%，特别是在小学阶段。

（三）家长要了解老师

有人说，老师都是一样的。其实不一样，老师也是普通人，有自己的家庭，也有七情六欲。老师每天的工作不仅仅是上课、备课和改作业，学生的生活、安全也是老师的工作，所以老师内心也需要被理解、被尊重，特别需要被小学生家长尊重、理解。

三、家长该怎样与老师有效沟通？

家校合作，沟通第一。家庭教育与学校教育的原则是连续性、一致性、坚持性与系统性，当学校教育与家庭教育不一致时，对孩子的成长是有影响的。

例如家里没有规矩，而学校有规矩，当孩子到了学校时就容易出问题，特别是幼小衔接时容易出问题。因此家庭、学校一定要配合，必须要沟通。

家长和老师教育孩子时，有三个方面的不同。首先家长与老师的接触点不一样。家长教育孩子，是单兵教练，而老师是把学生放在一个坐标系里，横看长短，将他(她)与班里四五十个孩子进行比较，纵向与往届学生相比。第二，教育目标不一样。每个家长都希望自己的孩子在班里考第一名或前十名。可老师不一样，老师把学生搁在班里，自己跟自己比，这次与上次比，所以老师对孩子的学习能力、学习方法比较清楚。第三，关注度不一样。孩子在家长眼里是一棵树，而在老师眼里是一片林，浇灌一棵树和浇灌一片林的方法是不一样的。既然不同，就需要家长和教师密切配合，及时沟通。

老师是帮助家长了解学生在学校情况的最佳人选。有些孩子说："妈妈，我喜欢数学。""妈妈，我喜欢语文。"等，孩子喜欢哪一科，往往是从喜欢哪一科的老师开始的，喜欢老师，才会喜欢这门功课，对此，家长应予以关注。小学生还具有很强的向师性，老师在小学生心目中是有敬畏感的，老师说一句话，能顶家长十句话，因此，家长们有什么问题，要及时与老师沟通，这样才能获得老师的帮助。

四、有效沟通从细节开始

学生家长要尊重老师的人格，有的家长把老师当"百度"，不分时间、地点，拿起电话就和老师沟通，这是不恰当的。面谈要提前预约，沟通时，家长不要一味护短，也不要当着老师的面批评孩子，更不能打孩子。家长当着老师的面批评孩子、打孩子，是不尊重孩子的表现。荣誉、进步要共享，当孩子取得学业上的成就，家长要表达对老师的谢意，肯定老师的辛勤付出。

学生家长要主动与老师沟通联系，但是要适时适度，通常来讲，老师不喜欢这样的家长：从来不和老师沟通联系的家长；和老师联系太频繁的家长；拿校长说事的家长，芝麻大的事都去找校长；对老师提出无理要求，如一定要自己的孩子坐中间或第一排、每天都要提问自己的孩子,等等。如果是上述类型的家长,就需要改进。

另外要避免不恰当的沟通态度,家长与老师沟通时,对老师一定要有一种敬畏感。有的家长以命令式的语气要求老师必须这样,必须那样,这是非常不妥的。有些家长自尊心强,遇到问题坚决不让步。恰当的处理方式应该是退一步,与老师进行必要的协商。有的家长防备心理严重,不愿意吐露真实的家庭情况,这样容易导致老师不能有针对性地教育和引导学生。有的家长可能是一位非常优秀的领导或员工,在老师面前总会表现出高傲的态度,这样就关闭了沟通的大门。在其他领域,你可能很有成就,但未必是一位优秀的家长、合格的家长、智慧的家长。

家长和老师都是孩子人生路上的引路人,孩子的健康成长需要家长和老师共同努力,家长经常与老师沟通,才能了解孩子在家在校的表现,才能更好地引导、教育好孩子。老师应该与家长沟通,但家长更应该重视与老师的沟通,主动与老师沟通,不能认为"老师不找我,说明孩子在学校没问题,我也不用找老师"。

家长要依赖老师,尊重老师,体谅老师。老师一个人要带几十个孩子,学生多,工作量大,必然有顾不过来的情况,可能对孩子关心照顾不够,对于孩子回家抱怨老师,家长要理解,比如孩子说:"老师偏心眼,给别的同学辅导作业,却不管我。""我今天英语课文背诵得也很好,老师表扬别人却不表扬我。"等。孩子反映的事情,家长要客观分析,要理解老师的工作。因为老师自身水平和能力有限,家长可能不太满意老师对一些事情的处理方式,但家长可以和老师交换意见,心平气和地解决问题。家长和老师约定好的一些事情,老师可能有忘记的时候,家长在理解老师的同时,应该再和老师联系。家长们想一想,两个人、四个人或者六个人管一个孩子都觉得很辛苦,那一个老师管这么多孩子,是不是更辛苦?所以当老师没有关注到自己孩子时,家长要体凉老师，尤其当老师在教育孩子方面有情绪时，要理解老师，相信老师是爱学生的。如果家长能和老师积极沟通，老师会更加有针对性地关注和教育孩子，同时还会感受到被尊重、被需要，孩子也会有健康成长的心理氛围。

不管家长什么地位、什么性格，在和老师沟通时，要尊重老师。家长尊重老师，才会教育孩子尊重老师，孩子尊重老师、喜欢老师，才会喜欢老师的课程。我们家长都有经验，小时候上学，喜欢数学老师就喜欢数学课，喜欢语文老师就喜欢语文课，在填报高考志愿时，往往会选择与自己喜欢的学科相关的方向。当然，尊重老师并不是一味地对老师唯命是听，有时候老师安排的一些不合理的事情或者说的不恰当的话语，我们家长可以与老师协商，老师一般也会接纳家长的意见。

家长在与老师沟通时，要注意自己的情绪，因为沟通的成败在于情绪的管理。当老师请家长或打电话告状的时候，一些学生家长就着急了，有的时候是为孩子着急，有的时候觉得自己丢了面子，因为有的家长在单位是领导、公务员，却没想到会被老师批评一顿，所以家长一定要管好自己的情绪。如果今天工作上遇到了问题，又加上孩子的问题，可以和老师打个招呼，说家里或单位有事，约个其他时间再交流，尽量做到有情绪不沟通。当老师反映自己孩子的问题时，父母的态度要冷静，理智对待。

五、家长和学校及老师应沟通的问题

1.学习跟不上的问题。有些家长说孩子每天做作业磨蹭，实际上孩子的学习可能已经跟不上了，老是靠拼时间是不可以的。老师有多年的教学经验，可以帮助分析问题，从而提高成绩。

2.涉及到安全问题时，一定要与老师沟通。

3.夫妻吵架、离异或其他重大变故时，一定要和老师沟通。因为这些事件对孩子的学习、心理状态都会有影响，因此家长应及时与老师沟通，得到老师的帮助与安抚。

4.转学、换老师时，家长都应及时把孩子的情况反馈给老师。做好家校配合才能使孩子更优秀，所以家长要成为老师与孩子之间的桥梁。若家长不会和孩子沟通，那和老师的沟通都是无效。通过调查发现，高达36%的孩子不喜欢开家长会，为什么呢？因为开完家长会后，家长回去就开批斗会，结果有11%的孩子与老师产生了隔阂，认为老师跟家长告状了，故不喜欢老师，甚至厌学。因此，家长要善做老师与孩子之间的桥梁。

老师也是普通人，不是完人。当家长数落老师的不是时，就会直接影响到孩子对老师的印象。尤其是小学生的价值观是可以传递的，你的看法会影响孩子，所以，即便老师有些地方做得不妥，夫妻双方可以背着孩子讨论如何与老师协商解决问题。千万不要当着孩子的面数落老师，要多鼓励孩子的进步，而不是指责他的不足；多肯定孩子的努力，而不是强调她的聪明；多说说老师对她的鼓励，而不是强调老师对她的不满。

在开家长会时，老师经常会表扬一些孩子，也会批评一些孩子，有的家长开完会回到家就立刻数落孩子，如"老师说你不遵守课堂纪律""老师说你上课不认真听讲"等，这是非常不妥的，要进行信息加工，化消极为积极。家长可以采用先顺后带的方式与孩子进行沟通，例如"老师今天表扬你了，但老师也有点为你担忧，说你上课注意力不集中，还问妈妈家里是不是有什么事，还是身体不舒服""老师真的关心你、爱你，老师平时不敢表扬你，怕你骄傲，但是今天开家长会老师表扬你了"等。

家长要和孩子一起成长。孩子的问题本质上是家长的问题，家长的问题本质上是自我成长的问题。家庭教育是一个综合值，不是看家长的学历和文凭的高低，主要看家长对孩子教育的重视程度、教育观念、个人修养等。如果把孩子的成长比喻为一棵树，家庭教育是树干，学校教育是树枝，社会教育是树叶，孩子的成就是果实，只有树干粗壮，才能枝繁叶茂，才能果实累累，然而这棵大树的根是家长自身的成长。父母是生物学概念，家长是社会学概念，高尔基说过，"爱孩子是连母鸡都会的事，但教育孩子则是一门艺术"。

孩子要接受学校教育、家庭教育和社会教育，学校教育是言教，家庭教育是身教，社会教育是境教。家庭教育和学校教育要配合，家长与老师要配合，共同教育培养孩子。一些孩子在学校的一些问题，比如上课自控力差、自己不学习还影响别人、和同学打架等问题，家长可能会被老师请到学校商议解决办法，家长要从自己身上找问题，如是不是自己的日常言行被孩子模仿，是不是自己对孩子关心鼓励不够等，要认识自己的问题，改变自己，提高自己。同时与老师一起探讨家校配合的方法，帮助孩子改掉坏毛病，鼓励孩子树立远大理想，努力学习，争取好成绩。

良好的亲子关系从沟通开始

　　说到沟通，我想请各位家长想一想，你平时都是什么时候会和孩子聊天？和孩子沟通的时候，是不是都带有目的性。当发现孩子有问题的时候，我们就会去找孩子谈一谈，沟通一下，而这个沟通发生的时候，带有非常强烈的目的性，久而久之，孩子就知道，你只要一开口就是要我改变，就是要提出我的缺点，就是告诉我，我不行，我还不够好，我还需要努力。所以随着孩子年龄的增长，你还没有开口，他就已经知道你要讲什么，他潜意识已经关闭了倾听的通道，甚至会说："你好烦，我早知道了。"那么孩子学到的是只有有需求、有目的的时候才会找家长沟通。

　　这样的沟通是无法了解孩子内在发生了什么事情，而且如果沟通不到位，他就会不高兴，什么也不说，因为他内在有个声音告诉自己，反正你也不懂，就会冤枉我，告诉你也没用。

　　所以说，父母与孩子之间的沟通非常重要，但在这种沟通中，家长还要注意的一点就是：少说多听。我给大家举一个例子：一位母亲有一天得了喉炎，嗓子哑了。儿子放学回来后说："妈妈，老师批评我了。"接着就诉说老师怎么怎么不对。当时，这位母亲特别想批评儿子：你错了，老师是对的。可是因为嗓子哑，说不出话，就只好瞪着眼睛看着儿子，听着儿子说。等儿子终于说完了以后，突然又说了　句："妈妈，我谢谢您。"妈妈当时一愣，不知儿子是什么意思。儿子又说："谢谢您今天听我说了这么多话。"第二天，儿子又对妈妈说："妈妈，你昨天虽然什么都没说，但是我已经明白了，我错怪了老师。"这就是倾听的力量，不需要你去评论，孩子在说的过程中，自己就醒悟了。人与人之间需要沟通，但是不要认为沟通需要用嘴去说，其实有时候沟通更需要用耳、用心去听。可以说，倾听有时候是最好的沟通。

还有就是闲聊，当你不带任何目的性地进行聊天的时候，孩子会非常轻松。你可以从一张画开始，聊到天南海北，当他的思路开阔起来的时候，就会告诉你很多他经历的事情，这个时候你可以听出一些事情，并在轻松愉悦的环境下给予一些建议和指导。例如，如果我是你，我可能会这样说、这样做，你觉得呢？当孩子听到并愿意思考的时候，教育和影响自然发生。这样的方式，比我们遇到问题给出指导、评价要高效得多。当问题出现的时候，你在情绪中，孩子在痛苦中，教育的效果为0，而且还会互相伤害。当你和孩子聊天的时候，哪怕事情很小，你都要表现出很感兴趣的样子，他内心就会很愉悦，因为他发现自己很重要，自己做的所有事情妈妈都关注到，你看到了我，我在这里。这样的感觉对孩子来说非常重要，情感的流动也在这里发生，爱就在聊天中升华了。在聊天的过程中可能会涉及很多的知识点、兴趣点，家长可以适当地给予补充，孩子也就学会了和同学沟通。孩子就在解决一个个问题中度过，沟通就是语言的表达，就是情感的交流。当孩子真正学会了沟通，他一定会非常幸福。

但是很多家长不太会跟孩子聊天。例如"你今天在学校做了什么啊？""你在学校乖不乖？"这两个问题，小朋友一般会这样回答："没什么啊！就跟平常一样啊！""乖啊！"还有很多大人根本不懂得怎么和小朋友聊天。大人跟小孩之间的对话永远都是："作业写完了没？""琴练了没？""今天考了多少分？"等，这种状况比较像是质问，并不是轻松聊天，因为家长通常都是以问句始，以斥责终。现实生活中的许多家庭里，少有其乐融融的晚餐时间、睡前时间及聊天时间。于是乎，你会发现，孩子在你面前几乎都是"哑巴"，不但话少，你就是问几句话也问不出个所以然，久而久之，你对孩子也越来越陌生。所以，家长在与孩子说话时，准确地向孩子传达出内心的想法、愿望，使孩子能够感觉到父母在批评、教育的同时也包含了关爱和善意，这是非常重要的，可以减少由于父母"言辞不妥"而引发孩子的抵触情绪。

案例：有一天，小美在该回家的时候还没有回家。家长开始想：这孩子又贪玩了。继而是愤怒：都什么时候了，人影子都不见！不等她，我们先吃饭！心里想：等她回来，我非得好好教育她一顿不可！晚饭后七八点，家长越来越焦虑：这孩子不会出什么事吧？越想越害怕，开始一个一个打电话询问女儿的同学。正在此时，门铃响了，母亲迫不及待地去开门，看到是小美，就劈头盖脸地一阵责骂："你死哪里去了？害得我们差一点没去报案……"女儿试图解释，但母亲此刻哪里能听得进去女儿的解释，劈脸又是一个巴掌，打得女儿捂着脸跑进自己的房间，呜呜地哭了起来。

这位家长用责骂和巴掌传达了自己对女儿的那一份刻骨铭心的关爱。其实只要我们家长掌握一些小技巧，效果就大不一样了，例如：

一、问"小"不问"大"

孩子跟大人不一样，他们很难理解抽象的问题，也很难回答。因此，想要了解孩子在学校的情况，要尽量避开"抽象""大范围"的问题。不妨改问一些很简单、有答案的问题，也可以从细节开始。不要问"你今天在学校过得如何？""你今天在学校做了什么？"等这些问题，孩子很难回答，或只会简单回答："还好。""没做什么！"这样会让聊天很难持续下去。你可以改问："你今天在学校上了哪些课？"当孩子说数学、音乐、语文的时候，你可以逮住机会接着问："哦！那语文课今天教了什么？"孩子可能会接着回答你的问题："老师让我们背古文，无聊死了！""哦！那音乐课有没有轻松一点儿？"这样你就可以借机了解孩子今天做了些什么，并持续交谈下去。我孩子刚上幼儿园时，我跟孩子聊天时，开头常常是："今天的营养午餐（或点心）有哪些呀？""你们班上谁吃得最多？谁吃得最慢？""你今天早上去学校跟谁玩了？""早晨到幼儿园你们先做些什么呢？""画画课画些什么呢？""你们班最受人喜欢的小朋友是谁啊？你喜欢谁呢？"家长可以借由一些生活小事打开话匣子，问一些简单易懂的问题，孩子通常都会争先恐后地回答，不会感觉到压力。

二、从别人的事谈起

例如孩子刚入学时，家长想要知道她在学校的状况，可以用一点迂回法。在聊天过程中，先问她："你们班上最调皮的是谁？"她说了一个名字。"他做了些什么事惹老师生气呢？"孩子如数家珍地说："上课讲话啊！还有昨天用东西打同学的头！""那老师怎么做的？""老师罚他站啊！""站多久？""站到下课啊！超惨的！""啊！真的啊！好可怜哦。都不能坐下，脚一定很酸。""对啊，下课也不能出去玩！""哇！你们老师这么凶啊？""还好啦！有一点凶。""那你有没有被老师凶过？""没有！我很乖。""哦！好险！所以你都没有被老师罚过站喽？"她迟疑了一下。我赶紧说："你也被罚过站啊？好可怜。你有没有哭？"她摇摇头说："没有。"我接着问："啊！老师这么凶，你都没有哭啊，很勇敢。""不是啦！我不是被这个老师罚的，我是被体育老师罚的。""哦！也是因为讲话吗？""是啊。不过还好，只罚站一下下而已！"于是从这样的一段对话中，得知孩子对老师的观感、上课的情形，以及老师对于孩子的调皮行为如何处置等。从别人的事谈起，是一个很好的聊天方法，比方说，孩子会告诉我们班上吃饭谁吃得最慢、谁最常被罚、谁功课最棒、今天谁又打了谁等。这样在聊天过程中，我们就能窥见出他处于什么样的位置、对同学的行为有什么样的看法，然后了解孩子在我们看不见的时候是用什么样的身心状态去为人处世。

三、不要"否定"，只要"同理"

大人跟孩子聊天，很容易发生的一个状况，就是大人常常喜欢否定孩子，忽略孩子的感受。比方说，孩子说："自然课无聊死了。"我们绝对不能反驳说："自然课不无聊啊！天气、气象是很有趣的……"，相信我，只要你这么一说，这个话题就聊不下去了！因为当孩子觉得你并不认同他说的话时，那孩子后面想说的话很容易就被咽了回去。比较好的方式是回答："哦，自然课很无聊啊，你可以告诉我是什么让你觉得很无聊吗？""因为我本来以为自然课可以做实验、看酒精灯之类的，结果是坐在教室里上课！无聊死了！"家长保持中立的语调、同理感受他的感受，往往可以让你知道孩子更多的想法，了解他的需求，进而帮助他解决困境。前阵子有个妈妈告诉我，孩子跟她抱怨："啊！功课好难、好多！我都考不好。"妈妈明明很温柔地回答他："考不好有什么关系？成绩不是那么重要啊！"结果儿子却气得说妈妈不了解他，拒绝再跟她说话，这让她很难过。事实上，孩子当下需要的不是"否定"他心情的回答，而是"了解"他心情的回答。所以，如果妈妈说："啊！考不好心情一定很不好，你现在一定很难过，你要不要说说你的苦恼？"这样她儿子的心情一定会好许多，也会继续把心事和妈妈说出来。

四、只要"倾听"，不要"说教"

很多时候，聊天只是一种发泄。例如生活中有几个女人坐在一起骂老公，骂给别人听，其实不一定要别人帮她们解决问题，只是纯聊天而已。让聊天回到聊天，想要孩子诚实地说出感受，其中很重要的一个点就是只要"倾听"，不要"说教"。和孩子聊天，最忌讳的就是说教。任何一种话题的聊天，只要沦落到说教与听训，那就没趣到极点了！所以，聊天时可以对对方、对话题保持高度的兴趣，多询问、少评论，多说"你"，少说"我"，这样就很容易让话题源源不绝地继续下去。比如，孩子说："妈，XXX今天打我。""哦，为什么？""因为我要玩恐龙，他不准我拿。""那你怎么办？""我就去玩别的了。""你怎么不告老师呢？我不是教过你吗？人家欺侮你，你就去告诉老师，你也可以跟他说，公用的东西大家都可以玩啊！妈妈不是跟你说过吗？"如果采取这样的聊天方式，那么话题肯定就此戛然而止。孩子最后一定是紧闭双唇，不再多说一句。此时不妨继续询问："哦，那你心里有没有觉得很不舒服？"或者问："那你还想玩恐龙的话，怎么办呢？"这时，你就会听到孩子真正的想法："还好啦！他先玩也没关系，等他玩完了，我再玩就好了啊！"或者"我很生气啊！所以我就跟他说：'我不跟你玩了！'"要让孩子放心地说出心里话，家长一定要学会不评价、不说教，只要你做到这两点，孩子通常都愿意说出心里话。而且，说出心中的话，对孩子来说，是很大的疏解及快乐。

五、注意肢体语言

聊天时，肢体语言也很重要。适当的肢体语言，会让孩子觉得你重视他，想要认真地和他聊天。我在和孩子聊天时，都尽量以平行的目光注视着他。如果孩子还小，那就蹲下来；如果是个大孩子，那就拉着他的手一起坐下来。即使你在忙着叠衣服、洗碗，在跟孩子讲话时，也必须要时时转头看他的表情。因为注视孩子、专心倾听孩子，就表示你很在乎他说的话。孩子对于肢体语言很敏感，一边跟别人谈话一边敷衍地说着"嗯""啊""哦"，或是眼睛一边盯着手机一边听他说话，这都不是好好聊天的方式。家长如果这样做，孩子一定会抗议："妈妈，你都没有在专心听！"另外，大部分的孩子都喜欢亲密的接触，如握握他的手、摸摸他的头、搂搂他的肩、搓搓他的颈背、顺顺他的头发、拍拍他的背等。通常在聊天时，对有一定熟识度的孩子适当地使用一些肢体语言，也会产生非常正面的效果。在辅导孩子时，跟孩子坐在同一边，比坐在相对位置好些；躺在地上讲话时，比坐在地上好。让孩子一边画黑板一边聊，他们往往容易卸下心理防御。另外，和年幼孩子对谈的时候，不要随意发笑，不论他的话多么幼稚、多么奇怪，你都要保持诚恳，要一本正经地听孩子说话，否则孩子很容易觉得大人在嘲笑他，就不愿意继续聊下去。

需要提醒大家的是，在跟孩子聊天时，有时孩子一时说出一些令你惊讶、反感的事时，切记要"不动声色"，声调要平常，假装毫不在意，在尚未明白事情真相或者尚未想出应对之策时，先保持朋友般的倾听，这是很重要的！跟孩子"说教"或"讲道理"的时候，最好跟聊天分开，这才能够让孩子畅所欲言、无所不谈！

在教育孩子的过程中，懂规律才能不焦虑。有多少父母是"满嘴是爱，但面目狰狞"的，原本出于"爱和善意"的管教，常常被这种不当的方式所遮掩。当父母责骂孩子的时候，父母的"爱心"往往被淹没在"粗暴的管教行为"之中。许多父母在责骂孩子的同时，不时声称"我是为你好"，但孩子听到的却是如雷贯耳的训斥和责骂声，很难感受到父母的"爱心和善意"。

做父母的往往认为自己的出发点完全是"为了孩子好"而一意孤行，根本没有想过孩子怎么看自己。事情结果纵然如此，可是我们的管教如果建立在孩子当时的对立情绪上，又如何能"真正生效"？我们为什么不从一开始就让孩子感觉到我们对他的关心和疼爱呢？国内外都有研究表明：父母过于严厉、缺乏温情的养育方式与过分保护、过分干涉一样，都不利于孩子的健康成长。

作为家长，我们不应该用"打骂和训斥"来把自己的"爱心和善意"伪装、包裹起来，而应该直接、准确地把自己的感觉、想法表达出来，这样效果会更好。例如，家长可以这样对晚归的孩子说：你回来得太晚了，我们都特别担心你，我已经拨了十几个电话，还差一点要打110报案了！

"担心"是家长真正的感觉，"愤怒"则是由"担心"而产生的。家长应直接、坦诚地把自己的"担心"告诉孩子，不管是正当原因还是不正当原因而晚归，孩子听到这样的话，多半都会感受到父母的深切关心，并且产生内疚感。若以此良好的沟通为基础，那接下来的"教育"，孩子就容易接受了。

比如当你的孩子对你说："老师偏心，别人讲话不批评，就批评我。"你的反应是什么？第一步应积极倾听。"儿子怎么啦？发生什么事情啦？"家长倾听，孩子会觉得被关注。第二步表明感受。"我看到你特别生气，特别难过。"第三步积极反馈。"你现在是不是特别委屈啊？"最后才是解决问题。"你认为老师是偏心了，觉得不公平？但我想，也许老师是没有看见别人说话。再说，你讲话也是事实，批评你讲话这一点是没错的，是不是？"

这样你理解了孩子的感受，也把自己的想法告诉了孩子，让孩子知道自己是有错的，孩子就会心服口服。而不体谅、不理解的反应往往是："不要说老师偏心，你自己讲话难道是对的吗？不要去管别人有没有讲话，先问问你自己有没有讲话？你还好意思说老师偏心！"有的家长可能认为，这样才是对孩子的严格要求，其实，你这样否定了孩子，忽略了孩子的感受，也否定了可能的事实。结果孩子觉得连父母也不公平，不讲道理。他被这样的负向情绪困扰，再不会去考虑自己有没有错，更加认定老师批评自己是不公平的。

案例：有一个女孩30多岁了，在一家外企工作，年薪100万左右。她年轻的时候，也就是20多岁就开始很拼命地工作。到春节放假，她也不回家。等到30多岁，父母逼她结婚，她开始寻求心理支持，她说：不是我愿意那么拼命工作，我只是不愿意回家，每到春节的时候，我看到别人都回家，我也想回家。可是，我没有办法去面对我的父母，我一见到他们，就想到他们那张斥责我的表情。

后来她做了心理疗愈，终于对她的妈妈说出了心中的话：其实我也想跟别人一样，和你亲密地在一起，我也想挽着你的手，陪你去逛街，我也想像别的女儿一样和妈妈亲热，我也想扑进爸爸妈妈的怀抱。可是我没有办法，每次当我靠近你们的时候，就像隔着一堵墙，我就想起小时候你们拿着手指指责我的样子。我知道，我要孝顺你们，我要感恩你们，我要用我赚的钱，给你们买房子，给你买最好的电器。

我让你们出去旅游度假，妈妈说我们一块儿去吧，其实我也很想和你们一起去旅游，可是，我没有办法，我一想到和你们一起待那么多天，我就觉得很恐惧、很害怕，我也很难受，我很想靠近你们，可是我没有办法再靠近你们，我也想跟你们说心里话，可是我没有办法跟你们说心里话。

我这么拼命工作，人家看我什么都有，其实我特别孤独，我不想找男朋友，因为我不想和你们一样，总是争吵，我也不想像你们一样这么去打骂孩子。我能理解你们，你们不是有意的，你们也不是故意打我骂我，你们也是为我好，也是想让我好好学习，我也很感谢你们。因为有了你们的严格要求，才有了今天的成就，可是爸爸妈妈，我过得不快乐，真得很不开心，我感觉我好孤独。

看完这个案例，家长们是否感觉心情沉重呢？父母的情绪对孩子的影响是巨大的，可怕的是，我们大多数家长没有办法控制自己的情绪，控制自己的言行，总不由自主地把我们自己在原生家庭中的创伤投射到孩子身上。父母只有能安顿好我们自己的身心，使自己活在一个平和喜悦、情绪稳定的状态下，才能够带给孩子们一个平静的情绪，才能让孩子感受到喜悦、快乐，感受到家庭的温暖。所以，父母要懂得家庭教育，让更多的孩子避免受到伤害。父母的觉醒和改变，是教育的真正开始。

孩子愿意和我们谈心，愿意向我们倾诉委屈，目的是什么？不就是盼望能在我们这里得到一些鼓励、一些安慰吗？不就是希望我们同情她、理解她吗？不就是想在她不知道该怎么办的时候，让我们帮她想办法吗？

随着年龄的增长，孩子对鼓励、理解、安慰、支持等这些心理营养的需要越来越强，对批评、训斥、冷漠的感触也越来越深刻。一个三四岁的孩子用哭声表达自己的委屈，你回报他以训斥，他不会认真思考，下次有了委屈，一般说来，他还照哭不误。可一个十三四岁的孩子向你诉说他自己的委屈，而你不等她说完就批评、训斥，他就会想得很多很多，觉得说了也无用，反而挨训，不如缄口不言。这批评、训斥很可能就成了一把锁，锁住了孩子的心灵之门。

怎么打开这把心灵的锁呢？你可以和孩子一起回忆以前那些无拘无束、随随便便谈心交流的日子，还可以诚恳地和孩子一起分析交流障碍的原因，向孩子说声"对不起"。这样，孩子心灵的大门一定能重新向您敞开。父母若能打开孩子心灵的锁，那么，孩子最愿为之敞开心灵之门的第一人，肯定仍然是父母。

孩子渴望被赏识，渴望被肯定。家长们大胆为自己的孩子喝彩，翘起你的大拇指，永远不要对孩子说"你做不到"，要给孩子一个机会，让他去锻炼。家长们，请为孩子送上祝福，给予孩子更多的关爱和呵护，让孩子在温暖的环境中快乐成长！

家长不要过分担心和焦虑

在美国俄勒冈州波特兰，有一位牧师和他的太太，他们有个儿子，这儿子带给他们许多烦恼。不只如此，这儿子离家出走、断绝音讯已有三四年了。于是牧师找了一位心理咨询师，把心中的苦楚告诉对方。简单沟通之后，这位咨询师看着他说："你已经诅咒儿子多久了？"牧师十分讶异地说："你说我在诅咒我儿子，这是什么意思？"

咨询师回答："所谓诅咒的意思就是，口说与心想另一个人的不是。刚才你所说的，都在告诉我有关你儿子的不是。你这样诅咒你儿子多久了？"

这位牧师低着头说："是的，他一出生，我就开始诅咒他，一直到现在，对他，我从来都不曾说一句好话。"咨询师说："结果是无效的，对吧？"牧师回答："是的！"于是，咨询师说："我现在给你和你妻子一个挑战。在接下来的两个月里，当你们想到这个儿子时，就祝福他，而不是想到他的不好之处。我要你们祷告，求上天赐福给他。当你们一说起儿子时，我要你们记得他好的一面，只说他的好话。"

牧师回家后，把这个事情告诉太太，他们同意咨询师的意见，也愿意这么做。当他们为这儿子祷告时，他们求上天赐福予他；当他们谈起儿子时，他们尝试着记起并谈论儿子的优点。

他们每天都这么做，大约到了第十天，牧师正在书房念书，电话响了。是的，电话的另一端竟然是儿子！儿子说："爸爸，我真得不确定为何会给你打电话，我只想告诉你，在过去一个多星期，我一直想到你和妈妈，还有我们的其他家人，所以我心里很想打电话给你，看看你们最近好不好。"

这位父亲激动地说："儿子啊！我真的很高兴你打电话来。"他们在电话中聊了几分钟，然后父亲问："我不知道你心里怎么想，但周六我们要不要一起吃个午餐呀？"儿子欣然答应。

周末午餐时间，这对父子见面了。这位儿子穿着很破旧的衣服，留着一头又乱又长的头发。过去，父亲肯定会严厉苛责儿子，然而这次，父亲以接纳的态度面对儿子，在心里祝福他。他问儿子问题后，他就听儿子的回答。儿子说到一些对的地方，他给予肯定。午餐快结束时，儿子望着父亲说："爸爸！我不知道发生了什么事，不过今天能和你一起吃饭，我很开心。"父亲回应说："儿子，我也很开心啊！"儿子说："嗯！爸爸，我今晚想在家里过夜，好吗？就今晚而已，我想看看妈妈和家人，还有我那张旧旧的床。"父亲说："当然可以啊！很高兴你能和我们在一起。"

那天晚上，当儿子躺在他自己的床上时，父亲来到儿子房间，坐下来对儿子说："孩子，过去这么多年来，我对你很不好，你愿意原谅我吗？"儿子说："爸爸，我当然原谅你啊！"然后他拥抱了父亲，他们父子二人从此和好了。

然而，他们和好的关系是从什么时候开始的呢？是从这对父母开始为儿子祝福时开始的。这个世界的本质就是"因果"：我们种的是什么就收成什么。如果我们撒下诅咒的种子，我们收获的就是诅咒的；若我们撒下祝福的种子，我们的收成就是祝福。这里说的"诅咒"指的是：对孩子的担心和不满、给孩子贴标签、向孩子伸出你的食指等。

所以，如果你越信任你的孩子，戒掉焦虑，那么他就越优秀。《麦兜的故事》里，麦太对麦兜说过一句话："全世界的人不爱你，我都只爱你；全世界的人不信你，我都只信你；我爱你爱到心肝里，我信你信到脚趾头里。"可是我们有多少人能做到像麦太一样呢？我们是孩子最信任的人吗？

绝大多数父母都深爱着自己的孩子，但不是所有的爱，孩子都能感受得到，我们应该经常用语言、动作、表情和姿态让孩子体会到父母的爱，再加上适当的表扬，孩子的变化就会非常大。

我们把孩子引领到这个世界上，就一定要拥有引领孩子的能力。而教育孩子是一个循序渐进的过程，大家永远记住一句话：聪明的家长三个月能培养出一个非常优秀的孩子，一辈子都会省心；愚蠢的家长就是一辈子为孩子担惊受怕，而从来不想着去花三个月的时间改变孩子。例如你想让你家的孩子勇敢，一个没有自信的孩子、恐惧的孩子、害怕的孩子、不敢和外界接触的孩子、不敢主动的孩子，人们一看就知道是胆小不自信，这都是因为不勇敢。有些家长习惯性大声呵斥孩子、批评孩子。你想，孩子还小，你批评他干什么呢？你应该引导他，启发他，鼓励他，帮助他建立勇气。勇气是一种面对任何事情的坚定的力量，有了它，你就不会再害怕，不再不安。家长要用自己的一言一行去影响孩子，家长在孩子面前，无论遇到多么糟心的事，都不要表现出太过担心和害怕，因为孩子很敏感，善于捕捉情绪。很多孩子都是被家长吓坏的，孩子被吓得什么都不敢，家长还抱怨孩子：你怎么一点勇气、一点自信都没有呢？

那我们怎样培养孩子的勇气呢？就是鼓励孩子去做事情，带孩子体验一些他认为做不到的事情。比如说有些孩子和家长一起去爬山，孩子觉得他能坚持爬完，但有些家长就觉得孩子会累，不让他爬，认为孩子这么小，正是长身体的时候……其实"累"怕什么呢？你应该让他多爬一点台阶，比如说，孩子爬累了，想让你抱抱，你说："宝贝能不能再爬两个台阶，你要相信自己！"孩子就慢慢地被你带动起来了。记得前些年，在我家大宝放暑假的时候，我带他去爬泰山，当孩子看到巍峨的泰山，就认真地和我说："爸爸，我肯定爬不上去。"我当时并没有反驳孩子，而是附和着说："爸爸也够呛。"我又说："咱们先休息，养精蓄锐，到晚上再说。"吃过晚饭，精力很充沛，我鼓励孩子夜爬泰山，因为夜里视线不好，只能看到几十米甚至十几米的距离。当孩子累的时候，我就不断地鼓励他，我们用了将近两个小时的时间登到山顶。当天晚上，孩子没有什么感觉，等第二天早上看完日出，孩子朝山下一看，顿时激动地手舞足蹈，大声喊道："爸爸，我自己爬上了泰山，我要告诉我们全班同学，我自己爬上来了……"

其实，孩子的能量是超乎我们想象的，我们家长少一些担心、焦虑，多一些信任、鼓励，你会收获不一样的孩子。

所有的方式方法在运用之前必须做一件事情，那就是你必须要接纳你的孩子，无论你的孩子犯了多少错误，无论你有多么挑剔他，从现在开始，你都要接纳他，你要告诉孩子："我爱你！"态度要好，要让孩子接纳你，但如果孩子反感，讨厌和你对话，这是不可取的，只能彼此接纳再去改变孩子。

说孩子没有自信，没有自信的原因不就是因为孩子不敢、害怕吗？所以挑战一些事情不就解决了孩子缺乏自信心的问题吗？让他永远相信自己是行的。多带孩子做一些自己认为做不了的事情，这会让孩子更加自信，会更加勇敢面对未来挑战。平时呢，多讲一些小故事给他听，如名人传记里的小故事，将这样的故事讲给孩子，会让孩子明白大人物小时候原来也很平凡，都是从平凡走向成功的。让孩子知道，所有大人物、成功者小时候和普通人一样，都是通过后天努力才成功的，要让孩子相信自己，才能走向成功！如果孩子不相信自己，那就是不自信，所以首先要让孩子相信自己，这是建立自信的最好方式。

另外，改善沟通方式，也可以减少误解和冲突，可帮助家长自己管理焦虑。如果孩子老是和你吵架，老是脾气暴躁，这是什么原因造成的呢？这是因为你的坏情绪在告诉他，原来只有发火、吵架、焦虑，才是处理问题的最好方式。那从今天开始，你要告诉自己一件事情，处理问题还有更好的方式，就是不要发火、不要有情绪，让孩子相信原来平和一些也可以处理问题的。在我们和孩子一起体验和以往不一样的生活方式的时候，你会发现你在改变，孩子也在改变；你的家庭环境变了，孩子也是有变化的。例如在孩子遇到困难和挫折的时候，把你的手放在孩子肩上，注视着他的眼睛，对他说："不管发生什么，你对我们来说都是最重要的，我知道你能行！"家长的信任和肯定，能给孩子无限的力量。

此外，家长们还可以尝试和孩子耳语，耳语要比正常表达更令人信服，更容易打动人，因为仅就耳语的姿态而言，就已经表明两人之间的一种特殊的亲密关系了。我们还可以用拥抱、握手、头顶头、搂肩膀、拍拍头或后背、轻捋头发等方式给予孩子安慰与鼓励。

各位家长要永远记住一件事情：孩子身上不好的习惯都是跟你学的，都是你告诉他的。所以，你想让他改变，就必须做一件事情，那就是接纳他，让他永远知道你是爱他的，而不是过分焦虑和不安，甚至厌恶他，所以，从现在开始，你要让他感觉你很爱他，带他去体验和以前不一样的生活方式，否则，你未来做任何事情都是无效的。

很多家长总觉得自己家孩子没有形成好的习惯，这说明你在生活当中可能也没有形成好习惯，大家想一想是不是这个道理呢？比如说你想让孩子看书，那你就少看会电视，陪孩子也看看书，每天陪他10分钟或20分钟，一直到孩子养成了阅读习惯，并让他坚持下去。

18周岁以下的孩子，任何不好的行为都是可以改变的，关键在于父母怎么改变，尤其如何有效地管理情绪和减轻焦虑。父母应该从当下开始，成为一个有觉知、有觉察力、有思想的家长，而不是过度杞人忧天，要通过自我成长去影响孩子。

第二章

正确认识孩子的每个关键期和敏感期

什么是敏感期

儿童敏感期是指儿童受内在生命力的驱使，在某个时间段内，专心吸收环境中某一事物的特质，在这期间内，孩子对某一种知识或技巧有着非常的感觉，会出现大量的、有意识性的活动，并不断重复实践。顺利通过一个敏感期后，儿童的心智水平便从一个层面上升到另一个层面。把握和运用孩子的敏感期，帮助敏感期的孩子健康成长，在敏感期内施教，可起到事半功倍的效果，促进孩子心智的发展。

我们在幼儿园里经常看到诸多这样的场景：有的小朋友爱吃手；有的总喜欢抓住什么都往嘴里塞；有的不断扔掉手里的东西，你捡起来递给他，他还会再扔掉；有的总喜欢往桌子下面钻……孩子的这些行为举止就是敏感期在"作祟"。

儿童敏感期很短暂，并且在这特定的敏感期中，只对一种特定的知识或技能感兴趣，然后经过这个时期就会消失，不会再出现在同一个时期，不会再对相同的兴趣点有同样强烈的兴趣感。

当敏感期来临时，要有相应的活动来搭配或培养他们，使得这种能力真正发展起来，例如绘画。如果绘画敏感期到来，孩子喜欢用彩笔涂涂画画，但大多数大人会从洁净的角度出发，不计他们乱涂乱画，看到孩子在墙上乱涂乱画，就会训斥孩子，其实可以引导孩子在别的地方画而不是阻止他们。毕竟如果过了这个时期，让孩子再涂画也没什么兴趣了。

孩子成长过程中的某些时间范围内，他会只对环境中的某一项特质专心，而拒绝接受其他特征的事物；他不需要特定的理由而对某种行为产生强烈的兴趣,只会不厌其烦地重复,直到突然爆发出某种新的动机为止。

下面,我们来看一下孩子成长过程中有哪些主要的敏感期。由于每个孩子的发育状况不同,敏感期时间会有所差异。但是如果家庭环境比较宽松,没有压抑或者特殊经历的孩子,其敏感期通常会在以下这些年龄阶段内。

光感的敏感期(0~3个月)

特点:刚出生的宝宝对光感非常敏感,这时宝宝需要适应白天和晚上的光线差异,所以白天要拉开窗帘,晚上要关灯睡觉,让宝宝适应自然的光线变化。

建议:可以给宝宝多看黑白图。

味觉发育的敏感期(4~7个月)

特点:宝宝自己的口腔可以感觉到甜、咸、酸等味觉。

建议:添加辅食时,一定要严格按照饮食清单,保护好宝宝味觉的敏感程度。

口腔的敏感期(4~12个月)

特点:这时宝宝喜欢吃手,他在用口进行尝试,甚至是一些抽象的概念。

建议:请妈妈们给宝宝口腔发育的机会,让宝宝吃个够,不要无情地把宝宝的手从他嘴里拿开。

手臂发育的敏感期(6~12个月)

特点:这个时候,孩子喜欢扔东西,正是手眼协调能力发育的关键时期。

建议:请看护者不要管制宝宝这个行为,让他扔个够。

肌肉发育的敏感期(小肌肉:1~2岁;大肌肉:1.5~3岁)

特点:喜欢扶、站,努力行走。

建议:两岁的孩子已经会走路,是活泼好动的时期,此时给予他充分的空间,在保证安全的前提下,让他熟悉更多的肢体动作,和他一起做许多游戏运动,使各种肌肉得到训练,可增进亲子关系,还能使左右脑均衡发展。在动作敏感期,精细动作的训练不仅有助于养成良好的动作习惯,还可以增长智力。

对细微事物感兴趣的敏感期(1岁半～4岁)

特点:忙碌的大人常会忽略周围环境的微小事物,但是孩子却能常常捕捉到其中的奥秘。他常常会做出一些我们无法理解的细小动作,比如捏起一片掉落的叶子,不停地往花盆里插;或是摆弄着花手绢,怎么弄也不烦。我们不明白,但孩子却能从中看到更多的奥秘。

建议:此时正是培养孩子细节观察力的好时机,让孩子带着疑问和想法去认知世界。

语言敏感期(1岁半～2.5岁)

特点:语言的启蒙始终伴随着婴幼儿,甚至是胎儿期,婴儿的咿呀学语就是语言敏感期开始的表现。

建议:大自然赋予了孩子这种能力,从观察爸爸妈妈说话的口型,直到突然开口说话,这个过程就是语言敏感期积攒的力量。有些孩子说话晚,如果不是病症,那么就有可能是受环境影响,不管他会不会说话,我们都要不断给他注入"养分",多和他说话、讲故事,当他需要表达自我感受时,自然就会开口说话了。同样,良好的语言教育会增强幼儿的表达能力,学会与人交往。

自我意识的敏感期(1岁6个月～3岁)

特点:区分"我的"和"你的"、我和你的界限。主要表现:从开始说"我的",说"不",到开始打人、咬人,再到模仿他人,渐渐地,孩子有了自我意识。这时候,孩子出现的最多的现象是划分"我的",以便清楚"你的",同时说"不",认为"我说了算"是最重要的,如果发生不符合他心意的事情,就会大哭大闹,孩子的表现是完全以自我为中心。

建议:当孩子打人咬人的时候,我们只需制止孩子的行为,对孩子来说,"打死你"只是排除的意思,不要去谴责,也不要去说教,因为那不是粗野的行为,我们可以让孩子在不违反规则的情况下使用他的"自我"。

自我意识是儿童所有敏感期中最重要的,因为孩子将来要成为什么样的人,他未来是否强大,是否具备一个强大的能力,首先就来自自我意识敏感期的形成。所以保护好孩子自我意识敏感期,为孩子将来人格强大以及在社会上有立足的能力提供保障。

社会规范敏感期(2岁半~4岁)

特点:开始喜欢结交朋友,喜欢参加群体活动,这就说明孩子开始进入了社会规范敏感期。

建议:社会规范敏感期的教养有助于孩子学会遵守社会规则、生活规范以及日常礼节。抓住这个时机教养,有利于孩子将来遵守社会规范,拥有自律的生活,和他人轻松交往。家长可以让自己的孩子和更多的孩子接触。一般2岁半的孩子就可以准备入园了,幼儿园可以为孩子提供良好的交友环境。

空间的敏感期(3~4岁)

特点:喜欢垒高高、三维、钻箱子等

建议:这个时期,可以多给孩子提供类似玩具,同时还可以让孩子学习各种几何图形,培养对几何学的兴趣,为日后学习几何学奠定基础。

色彩敏感期(3~4岁)

特点:开始对色彩产生感觉和认知,开始在生活中不断寻找不同的色彩。人类认知的发展正是从感觉训练开始的。

建议:给孩子提供多彩的颜料及相关书籍,培养对绘画的兴趣。

逻辑思维敏感期(3~4岁)

特点:不断追问"为什么?""天为什么黑了?""为什么会下雨?""小朋友为什么要上幼儿园?"等。这些问题总是让家长感到应接不暇,可是孩子却不管不顾地打破砂锅问到底。当我们一次一次地给孩子解答时,孩子就开始出现了逻辑思维。孩子正是通过这样一问一答,在认识客观世界的同时发展了思维能力。

建议:保护好孩子这份珍贵的好奇心,如果家长不能回答孩子的问题,可以和孩子一起学习。这时家里有一套百科全书是非常重要的,这样容易取得事半功倍的效果。

剪、贴、涂等动手敏感期(3~4岁)

特点:孩子从这个时期开始真正有意识地使用工具,这也是大多数孩子建构专注品格的最好机会。无论在教室里还是在家里,只要有充足的工具及材料,孩子都非常乐意选择剪、贴、涂等这些工作。从身体发展的角度来看,这也是孩子训练小手肌肉和发展手眼协调能力的一项重要工作。

建议:家长要做的,就是给孩子提供所需的材料,并尽量不要打扰正在专心工作的孩子。

藏、占有敏感期(3~4岁)

特点:开始强烈地感觉到占有、支配自己所属之物的快乐。孩子只有在完全拥有物质并可以自由支配时,才可能去探索物质背后的精神,才可能超越于对物质的占有。而当这些物品的所有权完全属于孩子自己时,交换就开始了,与此同时,也就拉开了人际关系的序幕。

建议:给孩子提供一个独立的空间,比如一个属于孩子自己的房间或者区域。在你进入他的房间或者区域时,一定要征得孩子的同意,要尊重孩子的空间。

执拗的敏感期(3~4岁)

特点:3~4岁的幼儿进入执拗的敏感期,也有些孩子在快3岁的时候就进入这一敏感期,表现为事事得依他的想法和意图去办,否则情绪就会出现较大的变化,或发脾气或哭闹。这时家长和老师要给孩子足够的耐心和关照,也要学会一些安抚的技巧。

儿童执拗的敏感期,可能来源于秩序感。在建构秩序感这一特殊品质时,儿童的过分需求常常被认为是"任性"和"胡闹"。儿童在这一时期常常难以变通，有时会到不可理喻的地步。我们并不知道它的真正原因，但我们能确切知道，儿童的心理活动一定是有秩序的，当他没有超越这种秩序时，就会严格地去执行它。

建议：解决儿童的执拗问题，一是要理解，二是要变通。理解不是特别难，但变通需要智慧和技巧。只有变通得好，才能成功解决问题，才能有快乐。要注意的是，幼儿对秩序的要求，起初并未达到执拗的程度，一开始他会不安、哭闹，随着自我的逐渐形成，他将这一秩序上升到意识层面，才开始变得执拗、不妥协。

追求完美的敏感期(3岁半~4岁半)

特点：孩子做事情要求完美，端水时洒出一滴就很痛苦、吃的苹果上面不能有斑点、白色的便盆不能有任何黄渍、衣服不能少扣子等。接着又上升到对规则的要求，如我遵守规则你也必须遵守，人人都要遵守；香蕉皮必须扔到垃圾桶里，没有垃圾桶就必须拿着；红灯亮了，即使马路上没有一辆车、一个人，也不能过马路。

建议：依然是尊重孩子！比如孩子想吃掉整个饼子，这时不要在意孩子是否能吃掉，也不必担心他会养成浪费的习惯，不要扩大化孩子的问题，要懂得在什么时间做什么事。

诅咒的敏感期(3~5岁)

特点："臭屁股蛋""屎巴巴""打死你""把你踢出去"，这些听上去既不文明又有些可怕的言辞，竟会从这个年龄段的孩子的嘴里听到。因为孩子在这时发现语言是有力量的，而最能表现力量的话语就是诅咒，并且家长反应越强烈，孩子就越喜欢说。

建议：忽略、淡化！不要在意孩子的言辞，这并不是他真正想表达的，慢慢教育孩子，等待这个阶段过去。

打听出生的敏感期(4~5岁)

特点:孩子往往会在这个时期开始询问自己从何处来,并且会一遍又一遍地问。家长回答时不能有一丝马虎,因为这是孩子安全感最早的来源,也是人类最古老的一个哲学问题。

建议:请家长们拿出百科全书,将生命形成的全部过程认真地讲给孩子听。

人际关系敏感期(4岁半~6岁)

特点:从一对一交换玩具和食物开始,到寻找相同情趣的伙伴,并开始相互依恋;从和许多小朋友玩,到只和一两个小朋友交往,这个时期,孩子自己正在经历人际交往的全过程,而这种交往智能是与生俱来的。

建议:家长可以帮助孩子建立健康、积极的人际关系,为他们的未来发展打下坚实基础。

婚姻敏感期(4~5岁)

特点:在人际关系敏感期后,孩子便真正开始了婚姻的敏感期。最早的时候,孩子会想要和爸爸、妈妈"结婚"。之后,他们就会"爱上"自己的老师或者其他成人。一直到5岁左右,他们才会"爱上"一个小伙伴,比如只给自己喜欢的孩子分享好吃的东西,而且经常在一起玩,产生矛盾时也不愿意让其他人干预,等等。总之,他们想拥有属于自己的空间。

建议:无论孩子想结多少次婚,喜欢多少朋友,家长都一定要给予孩子自由的空间。

审美敏感期(5~7岁)

特点:审美是对自己的形象有了愿望和审美标准,尤其女孩子对自己的衣着和服饰产生了浓厚的兴趣。孩子到了审美敏感期时,总是喜欢化妆。当然,在成人眼里,这些"妆"化得很离谱,但是孩子们仍热情不减,并且总在所有人面前走来走去地展示,直到得到你的夸奖,她们才会带着满足的神情离开,转身还会到别的老师面前展示。除了化妆,女孩子还喜欢漂亮的裙子和鞋子,会按照自己的想法穿着打扮。

建议:在这个时候,孩子需要的是家长的肯定,无需对美做任何评判。

身份确认敏感期(4~5岁)

特点:孩子们会给自己一个又一个身份。这种现象是因为孩子开始崇拜某一偶像,希望自己就是那个偶像。在幼儿园里,经常有穿着白雪公主服装的小朋友,你必须叫她"白雪公主",她才答应你。孩子在确认这个身份的过程中,我们可以观察到他们开始透过自己的偶像来表达自己。

建议:家长和孩子可以在家里进行角色扮演游戏,孩子会很感兴趣,说不定可以培养出一个著名演艺家呢!

性别敏感期(4~5岁)

特点:大概4岁的时候,孩子比较重视的就是谁是男孩、谁是女孩。如果有人去洗手间,他们一定要跟着去,原因是想观察到底是男孩还是女孩。

建议:孩子对身体的探索和认知来自于观察,成人在给孩子解释时,态度必须客观和科学,就如同认识自己的眼睛、鼻子、嘴一样。

数学概念敏感期(4岁半~7岁)

特点:到了4岁多的时候,孩子总是喜欢问这些问题:这是几个?现在是几点?有几个人?这是因为孩子对数名、数量、数字等产生了浓厚的兴趣。但这个时期的孩子还不能完全理解逻辑,他们只能将数名、数字、数量配上对。

建议:这是孩子数学智能的最初发展,而只有三位一体地掌握,才算掌握了数的概念。这时,家长可以让孩子帮助家里买一些日用品,通过花钱锻炼孩子的数字能力及经济能力。

认字敏感期(5~7岁)

特点:孩子第一次接触符号时,只能宏观地认识文字,也就是一个整体的形象,还不能够分解字的笔画,也不会书写。同时孩子也会对自己熟悉的某些文字感兴趣,比如他会发现自己名字里的一个字有出现在别的地方。

建议:家长可以帮助孩子买一些文字卡片,让孩子把动作和看到的文字配合起来,去认识文字。

绘画和音乐敏感期(4~7岁)

特点:这是人生来具有的智能。绘画是孩子最会使用的一种语言,他们最先从涂鸦开始,一直到可以表达自己的感受,整个过程都是一种自然的展现。而孩子在妈妈肚子里的时候,听觉器官就开始发育了,1岁多的孩子就能够跟着音乐的节奏扭动自己的身体,音乐是人类的语言,孩子天生就具有最高级的艺术欣赏能力。

建议:在这个敏感期的发展过程中,我们只需要给孩子提供一个高品质的艺术环境,就可以帮助孩子培养艺术细胞。

延续婚姻敏感期(5~6岁)

特点:这个敏感期是前一个婚姻敏感期的延续。这个时候孩子选择伙伴的倾向性非常明显,并且知道了一些简单的婚姻规则,比如只有相爱的人才能结婚等。

建议:孩子想要结婚是个正常的现象,但是如果家长能在这个时期对孩子的婚姻观、爱情观加以引导,这对孩子未来的情感生活会有很大的帮助。

社会性兴趣发展的敏感期(6~7岁)

特点:0~6岁是一个人宏观发展的微观缩影,到了6岁,孩子就开始积极了解自己和他人的基本权利,喜欢共同建立规则并遵守,形成合作意识。比如选举班长,实现自我管理,监督上课的时候谁没有进教室,吃饭前谁没有洗手,谁没有遵守幼儿园的规则……这些都是他们十分关心的事情。

建议:可以让孩子多参加一些社会活动,包括公益性的活动,比如捡垃圾活动、手工义卖捐助活动等,这些活动可以培养孩子的社会责任感和成就感。

数学逻辑的敏感期(6~7岁)

特点：数学逻辑的敏感期和数学概念的敏感期是有区别的。孩子们在完成对数字、数名、数量的认识之后，就开始对数的序列、概念以及概念间的关系产生兴趣。

建议：家长可以利用蒙台梭利的数学教具，让孩子学习加减乘除法，这种方法学习的是数学的逻辑，而不是简单的记忆。

动植物、科学实验、收集敏感期(6~7岁)

特点：这个时期，孩子开始热烈地吸收一切来自自然界的知识。孩子们对自然的探索兴趣比我们想象的要强烈得多。在6岁前，孩子总能保持好学、好奇的品质。

建议：多给孩子创造观察、亲近大自然的机会。

文化敏感期(6~9岁)

特点：幼儿对文化学习的兴趣，起于3岁，而到了6~9岁则出现了探究事物奥秘的强烈需求，因此在这个时期，孩子的心智就像一块肥沃的土地，准备接受大量的文化播种。

建议：此时家长可以为孩子提供丰富的文化资讯，以本土文化为基础，延展至关怀世界的大胸怀。

孩子最重要的3~6岁

3~6岁的孩子精力旺盛,身体的一切机能都生机勃勃地向各方面开始发展。他们喜欢与人亲近,喜欢接触社交生活,只不过他们富有傲慢、自信和独立的反抗意识,容易被人认为喜欢反抗。对他们来说,这个世界上很多事仍然多半是陌生的,为了能了解,他们会不厌其烦地去追究,有一股穷追不舍的精神。

案例:龙龙4岁了,精力非常旺盛,还特别淘气,在幼儿园总喜欢欺负同学,还经常把同学的玩具弄坏,老师拿他一点办法也没有。在家里更是调皮得很,乱扔各种东西,看到父母生气了,他还变本加厉。父母跟他讲过很多道理,他就是不听,严肃批评也起不了多大作用。

其实很多父母看到孩子淘气就会加以阻止,还经常教训孩子,说淘气就不是好孩子、不是乖孩子等。其实这样是不对的,三四岁的孩子,体能发展迅速,他们有能力到处跑、到处走动,还喜欢碰碰这个、摸摸那个,淘气是很正常的。淘气不淘气不是评价孩子好坏的唯一标准,可目前不少爸爸妈妈评判孩子的好坏只看孩子是否听话。为了孩子的安全,父母往往是一发现孩子的淘气行为,就马上予以制止,可是愈制止,愈引起孩子的好奇心。因为这个阶段的孩子对什么都充满好奇心,在大人看来司空见惯的东西,在孩子眼里却是每一样都充满了吸引力,并想一个一个地弄清楚。在好奇心的驱使下,孩子渴望了解更多的事物,也希望自己能摸摸、能试试,往往家长越不让看、越不让做的事情,孩子偏偏要看要做,家长则视为"淘气"。这种淘气是建立在探索欲望上的行为,并不是坏事。

总之,3~6岁的孩子已具有整个人格的缩影,迅速成长所导致的偏差和混乱,已普遍地出现在孩子身上。因此,家长在进行家庭教育时,必须注意以下几点:

一、不要嫌烦

首先父母一定要接受幼儿此阶段的多话现象。语言的发达必须经过"听与说"的阶段才能完成,所以大人应为小孩确立正确的说话典范,同时也要当幼儿的忠实听众。尤其不要抑制幼儿说话的欲望,对他们说的话要表示关切,多制造些愉快气氛,例如"啰嗦!""闭嘴!"等禁止小孩说话的态度是最不应该的。如果家中有客人,大人担心孩子会影响谈话时,可先告诉他:"等一下再听你说好不好?"让他养成耐心等待的习惯。以上的说法并非要父母随时陪在孩子身旁,只要每天抽出三四十分钟耐心陪他就够了,其余时间,爸爸妈妈可以一面工作,一面应和说:"原来这样呀!"同时要注视他的眼睛,让他知道你对他的话是有反应的,这虽然只是非常简单的反应,但对孩子来说,已经相当满足了。此外,当母亲为晚餐忙碌时,由父亲代为陪伴孩子也是个好方法,这个时候父亲不妨把外界有趣的见闻告诉孩子,更能满足小孩子的好奇心,还能增进父子(女)间的情感。话再多的孩子,在外面就可能不像在家里那么健谈了,尤其在面对陌生环境时,这种倾向就更加明显,大人这时候也许会急躁地说:"在家不是讲得很好吗?现在怎么搞的?"这种现象,与其说是孩子本身存在语言问题,不如说是社会性的问题。只要让孩子习惯不同的人和环境,自然就可以慢慢克服这种障碍了。宝宝的社交生活一旦顺利进行,粗话或令人不能接受的字眼就会经常脱口而出,这个时候大人不要太在意,若因此而干涉宝宝和同伴交往,就等于禁止了他们的生活。当宝宝第一次说粗话时,父母不妨对他说:"这句话不好听,不应该这么说哦!"然后教导他正确的说法。如果以后再听到孩子说粗话，父母可以故意闷不吭声，让他自己认为这种话是不好的，孩子自然而然就会改掉这个毛病了，如果大人因此大惊小怪，那效果反而不好。幼儿是不断在学习新词汇的，只要家人使用正确的语言方法，粗话的新鲜感很容易就消失了。

二、正确对待孩子的自言自语

案例：宝宝一个人在玩乐高，边玩边自言自语地说："这个是城墙……这个是防御炮……这是河……河上边应该搭座桥，桥搭这儿……桥搭成了，河水在桥下边慢慢流……这是船……"宝宝有时候也会独自安静地躺在床上或坐在桌前，津津有味、专心致志地自言自语，似乎在讲什么特别有趣的故事。

孩子自言自语的情况，相信每一个父母都遇到过。父母也都知道，这种自言自语是孩子心理发展过程中的一种正常现象，这种现象又被称为"自我中心言语"，是孩子语言发展过程中的一个重要阶段。平时我们用于交流的话被称作外部语言，而不出声的、在头脑中用以思考的话则是内部语言。对于孩子来说，他们已具备了一定的外部语言，但还没有形成内部语言，所以当他们思考问题时，往往要借助外部动作或语言。

自言自语是孩子的思维工具，也是孩子思维的有声表现。孩子的自言自语现象是他们社会经历积累的体现。国外学者发现，最富社会性的孩子自言自语最多，聪明的孩子在独立解决问题时比其他孩子更早出现自言自语现象。

因此，家长可以积极地引导孩子思考，平时多和孩子聊天，随时随地地教孩子一些常识：这是什么，那是什么，是干什么用的，这些能够给孩子的自言自语提供思考素材。

自言自语是孩子从外部语言向内部语言过渡的形式。孩子在游戏时，一边做动作，一边说话，用语言补充行动，用语言指导行动。孩子自言自语时，往往不需要别人回答，当他们想出办法时，还会自言自语地说出来。因此，当大人听到孩子自言自语时，大可不必担心，也不要厌烦，更不要阻止。随着年龄的增长，孩子的自言自语现象将逐渐消失。

家长也可以适当地问一些简单的问题，让孩子尝试自己思考并作出回答，家长不必执着于答案是否正确，应该鼓励孩子要发散思维，创新思考，毕竟有些问题没有所谓的正确和错误之分，只要言之有理即可。当孩子能独立战胜困难时，家长还要给予鼓励，这样才能使他们更好地向内部语言发展，为学会独立思维创设更有利的条件。

三、让孩子从小接受音乐教育

让孩子从小就接受音乐教育，并非是让他们将来都成为歌唱家或演奏家，其目的是让孩子在音乐的陪伴下，能够快乐、健康地成长。音乐是一种美的事物，对孩子身心发展有很大好处，孩子在学习音乐中能够找到乐趣，开发智力，陶冶情操，学会发现美、感受美。在弹奏乐器时，需要孩子动手、动脑，运用多种感觉器官，这就发展了孩子的观察力、记忆力、理解力和创造力。从小接受音乐教育，对孩子是有很多好处的，如：

1.锻炼记忆力：音乐可以让孩子变得更聪明。这是因为音乐能刺激孩子大脑的发育，令他们的小脑袋变得更灵敏、更协调，不但能锻炼他们的记忆力和感受力，发展他们的空间感和时间感，而且对提高孩子的语言、数理、逻辑能力都有很大的帮助。

2.培养想象力：这个世界上恐怕很难有什么东西比音乐更抽象了，音乐虽然只是一组声音，会转瞬即逝，但它又是世界上内涵最丰富的东西，因为它留给我们的想象空间是无边无际的。所以，音乐对孩子想象力的培养是任何东西都无法比拟的。

3.培养创造力：孩子对音乐的想象不是被动的，而是融入了他对这个世界的感受和记忆,激发着他自己的创造力。

4.培养想象力:音乐对开发孩子的右脑大有好处。人的大脑分为左脑和右脑,左脑主逻辑,右脑则主导人的想象力、创造力和灵感。许多研究者认为,右脑的开发在孩子的幼年时期尤其重要,因为幼儿期是孩子创造力和空间想象力开始形成的时期,这一时期,想象力思维模式极其容易形成。所以,让孩子从小学音乐,能够有效培养孩子的想象力。

通过持之以恒的练习,还可以培养孩子良好的非智力品质,培养孩子战胜困难的勇气,培养其顽强的毅力,养成良好的学习习惯。对于孩子而言,音乐启蒙主要来自于家庭环境,家长可以为孩子创设一个音乐环境,让孩子在不知不觉中受到熏陶,如可以用丰富多彩的乐曲陪伴孩子的不同活动,轻松愉快的抒情乐曲伴随孩子起床和进餐,节奏明快的进行曲伴随孩子游戏,优美安静的摇篮曲伴随孩子入睡。

此外,还可以给孩子提供一些简单的乐器,让他们在弹奏中感受音乐美,还可常带孩子参加一些轻松活泼的演奏会或文艺晚会。总之,通过各种方式让孩子生活在一个充满音乐的环境之中,久而久之,孩子就会和音乐交上朋友,并对音乐产生浓厚的兴趣。

四、要培养孩子的耐性

很多家长反映孩子做事情没有耐性,如故事听一半就不听了,手工做到中途就扔一边了,画画画到一部分不画了,等等。其实,孩子对一切事物都感兴趣,一句话、一张图片、外界一点点新鲜的刺激都会吸引他的注意力,所以容易形成兴趣改变得快、耐性及坚持性差等习惯。一个人要想在事业上获得成功,不仅需要有聪明才智,还需要有持之以恒的毅力,因此培养孩子克服困难、坚持努力的精神是很重要的。但是培养孩子的韧性,需要家长耐心引导。父母可用亲切的语言把孩子的注意力吸引到他所做的事情上,避免分散注意力,让他坚持完成所进行的活动。

比如,孩子画画只画了一半就想离开,父母应提醒孩子:"画完后,你给我讲讲画的是什么呀?"孩子一听父母要看画画,就会坚持画完。如果父母强迫孩子画完,孩子即使完成了,但对画画失去了兴趣。培养孩子的耐性要循序渐进,孩子学习一会儿可能就烦躁不安了,这时不要强迫孩子,可以用游戏的方法吸引孩子,使他坚持下去。开始时可以短一些,等孩子对学习有兴趣了,再逐渐延长时间。父母在培养孩子的学习兴趣时,要充分考虑孩子自身的状况,不要把自己的意愿强加给孩子。让孩子做感兴趣的活动,就容易获得成功,这样孩子会有继续坚持的动力,会更加自觉地坚持下去。

五、培养孩子看图说话能力

看图说话能丰富孩子的知识,又能培养孩子的语言表达能力,是锻炼孩子语言表达的好方法。当你打算给孩子讲某一本书的内容时,最好事先把它看一遍,熟悉其中情节。可以用语言吸引孩子的兴趣,如:"你看,这儿有一本好书,你想看吗?"或者让孩子自己发现它,这时你再开始给他讲书中的故事。讲故事时,语言尽量形象、生动,可以适当加些动作,不要一次性讲太多,以免孩子失去兴趣。同一个故事可以给孩子重复讲许多遍,他们仍会听得津津有味,边讲故事,边让孩子翻页或者涂画,更便于他理解故事内容。渐渐地,孩子就能自己讲自己熟悉的故事。对于单张的图片,父母可以先让孩子观察,然后让孩子把所看到的画面用语言讲给你听,这时孩子就需要发挥他的观察力和语言表达能力了。父母可以采取提问方式,如"这幅画上有些什么?""他们在干什么?"等,孩子讲述的内容会越来越多。如果孩子讲得不好,父母不要训斥他,可以让孩子从易到难,开始讲好一两句话就行了。若孩子讲话不分先后顺序,或不断重复多余的话,如"然后、然后……",或者一句说不完就急着说下一句,父母应耐心些,给孩子做出正确的示范,让孩子模仿,提醒孩子先想好再讲。久而久之,孩子会越讲越好。

六、培养分类和对应的能力

分类是按一定标准将物品进行分组归类，是儿童掌握数、空间、规则等概念的基础。父母可以在日常生活中发展孩子的分类能力，如将买回的蔬菜、水果、干果等分类，将洗完的衬衣、内衣、外套、裤子等分类，洗碗时将碗碟分类放置，等等。这种分类活动与孩子生活接近，他们很愿意参与这种分类活动。对应就是把相关的事物进行配合，而日常生活中有许多可让儿童进行对应的活动，如一张桌子前摆一把椅子，一只碗上摆一双筷子，每双鞋的左右脚对应，等等。这些活动为孩子掌握数的概念提供了丰富的感性经验。利用日常生活中的各种情境和活动，帮助儿童学习掌握分类和对应的概念，是一种行之有效的方法。

七、保持温馨的家庭环境

房间整洁美观，舒适宜人，有利于陶冶孩子的情操，也能培养孩子良好的生活习惯，同时家人之间要和睦相处。和睦温馨的家庭环境对孩子成长有较大的影响，每个家庭成员都要自尊、自爱、自重，严格要求自己，互敬互爱，按照正确的道德规范办事，子女就能在和谐的家庭生活中学会如何做人，如何爱人，如何处理人与人之间的关系。在这种家庭中成长的孩子，一般性格比较开朗、活泼上进、心地善良，具有优良的道德品质和行为习惯。此外，大人因某些事争吵时，一定要避开孩子。

孩子7～12岁的关键期

一、7岁的关键期

7岁娃的身体状况比6岁时好很多，不太那么容易生病了，吃饭也规矩多了。睡觉呢，则两极分化。一些孩子一沾枕头就呼呼大睡，还有一些孩子却能在床上"烙饼"似的折腾一个多小时。7岁娃不是很爱幻想，而是很容易往坏处想，比如，他会把一件衣服的影子想象成一个坏蛋或者鬼怪。这时你当然不能讥笑他："你怎么比你小时候还胆小呢。"相反，父母要给予孩子更多的体谅，比如父母和孩子已经开始分床睡了，父母可以在入睡前陪陪孩子，或者给孩子留盏灯。

道德感开始萌芽：虽然道德观念的建立要到8岁才开始形成，但7岁娃已经开始出现建立道德感的萌芽。他开始在意不能去拿别人的东西（虽然偶尔还是会拿）；不能说谎、骗人，做错了什么不抵赖、推诿；会很有意愿地遵守规则，恪守无误。他也很在意公平，因此他常常会说一句埋怨的话："这不公平。"

开始在意别人的评价：7岁娃和朋友相处时，不那么在乎输赢了，不那么赖皮了，不那么容易怒发冲冠了。假如有了冲突，他更容易采取的行为是"我惹不起你，还躲不起你啊"，然后退到一边去，因此打架或者惹是生非的情况肯定少了很多。7岁娃能做到上学不迟到，能养成按时完成作业、自己的东西自己收的好习惯。

这是因为，孩子从这时候开始，懂得在意别人怎么评价他了。准确地说，他开始很在意老师怎么看待他，开始有心想做个让老师满意的好学生。此外，他的心智已经成熟到需要自己的空间了，这就是他喜欢把自己的东西收到自己的地方的原因。如果能够，这个时期的孩子需要自己的桌子、自己的抽屉、自己的箱子、自己的床了。

不过，假如孩子太担心上学会不会迟到之类的，父母需要帮助孩子减轻其心理压力，舒缓他的焦虑。比如和他一起记录和计算时间，让他确信只要闹钟在几点响，就肯定有充足的时间穿衣服和吃饭。父母还可以在头天晚上和孩子一起把早上要穿的衣服收拾好，把书包收拾好。

和7岁娃相处的黄金法则：因为7岁娃的心思总是在他自己的世界里，因此你会觉得你的娃反应很慢，有时磨磨蹭蹭，这会很考验我们的耐心，也很需要我们有充分的耐心。发脾气、教训，都不会见效，孩子并不会因为你脾气发得足够大，就能从7岁年龄的特点里跳出来，这很违反孩子成长的自然规律。

所以呢，如果你的孩子已经7岁了，那你们要注意了，你最需要具备的第一条黄金律是耐心。蹲下来，看着他的眼睛，说完后请他重复一下。然后，你需要提醒他、再提醒他、再再提醒他，切记千万别发火。

二、8岁的关键期

8岁孩子的健康状况比7岁时更强壮了，因为生病而缺课的状况也很少了。不过需要特别注意的是，因为8岁娃太勇往直前，也太着迷于探索探险，受伤的比例是所有年龄层中比较高的。这个时期，父母需要对孩子的安全予以足够的关注。

8岁的孩子对善、恶、是、非已经有十分清楚的概念，具有评价事物的能力。也就是说，道德意识的建立从此开始，开始思考比较抽象的观念。他向往成为好孩子，努力去达到自己的目标，努力达到父母的标准。

8岁娃喜欢往外跑，行动敏捷，能迅速地完成父母和老师交代的事情，甚至喜欢飞快地做完，以博得父母和老师的称赞。他还能对自己完成的事加以总结和评价，找出自己的不足之处，进行自我批评。

这个阶段的孩子和妈妈的关系很是亲密。6岁娃会和妈妈顶嘴,7岁娃会埋怨妈妈,8岁娃则喜欢黏着妈妈,察言观色地取悦妈妈,甚至可能做些自己并不喜欢的事来讨好妈妈,因此,这时的他深受妈妈的影响。只要妈妈能维持舒畅的亲子关系,给予孩子足够的关怀,那么与8岁娃相处是非常容易的。妈妈往往只要看孩子一眼,就足以遏止孩子调皮捣蛋的行为,不需要任何说教。

这时父子(女)关系比母子(女)关系要轻松些,因为8岁娃对爸爸没有什么"占有欲",反而很喜欢和爸爸一起玩,而且很崇拜他。在孩子7~8岁这个阶段,应是建立良好父子关系的黄金期,爸爸应该尽情享受这美好的时光。当孩子对妈妈"索要过度"而让妈妈精疲力竭的时候,爸爸的介入可以让大家都好好透一口气。8岁娃的第一个"招牌特质",是性格外向、开朗,这和7岁娃的沉郁退缩完全相反。8岁娃充满活力,特别能跑能跳能折腾,喜欢冲上去挑战一切困难。不仅如此,浑身充满活力的8岁娃做起事来很爽快,这也和7岁娃磨了又磨、拖了又拖的性格截然相反。另外,和7岁娃性格完全相反的是,8岁娃忽然变成话匣子了。他变得很能侃,也很能夸张,讲他的经历或故事时,语气、表情、用词等都很戏剧化。

这个时期的孩子也很在意别人的评价。7岁娃喜欢退出外在世界而进入自己的内心世界,他的困扰大多来自他对"自我"的感受和评价。相反,8岁娃喜欢把这个"自我"放到外部世界中去,热切地感受其中的一切,因此他的困扰则多来自于他的"自我"及周围环境之间的碰撞。他不再以自我感受评价自己,而是以他认为的成人的要求来评判自己,因此他会刻意要求自己满足成人的要求,甚至曲意讨好。

8岁娃很在乎"自己的"东西,喜欢获取、交换、处理自己的东西。因为对钱的喜爱,可能会驱使他去拿家里的钱,或者甘愿为父母做事来赚钱,因此钱对于8岁娃来说,是一个不错的行为诱因。典型的8岁娃通常朝着理性、良善的道德意识去发展。不过，毕竟是孩子，父母应该接纳他们一些小的过失。

三、9岁的关键期

9岁娃的行为太变幻莫测，今天是一个样儿，明天很可能彻底反过来；一分钟以前还敏感纤细得要命，一分钟以后却可以胆大包天；刚才还心潮汹涌澎湃，转眼就静如止水。

如果你觉得9岁娃经常跟你过不去，那么你要赶紧反思一下，"我给了他恰当的独立空间了吗？""我给了他恰当的责任空间了吗？"有时他变得更深沉了，这是因为他更成熟了。和8岁娃相反，9岁娃不再满天飞，不再什么都风风火火的，而且信心满满。9岁娃的顾虑多了起来，速度慢了下来，信心度也保守了起来。此外，他的观察能力和动手能力更细致、更细腻、更细微。

9岁娃的时间观念比较强，可以有意识地利用时间表和闹钟来制定计划了，如果家长会引导，他们会把自己一整天的时间安排得满满的。

这个阶段的亲子关系，孩子和爸爸的关系非常重要，尤其是男孩子，男孩子的成长往往与父亲的参与有着密不可分的关系。爸爸在9岁娃心目中的形象非常高大，日益受到孩子的敬重。孩子会为爸爸的工作、职业而感到骄傲，甚至为自己是这个爸爸的娃而感到骄傲。他们越来越在意爸爸对自己的评价，也越来越愿意和爸爸在一起，跟爸爸一起做事情、一起玩耍。尽管这个阶段的孩子对来自父母双方的指令都有抗拒倾向，不过相对而言，爸爸的话似乎要比妈妈的话更中听一些。

还有，这个阶段的孩子对父母的依赖与对自立的追求同时存在。父母要做好角色调整，并不是让你一下子彻底放手，孩子仍然需要你的爱，需要你的关注。

9岁娃应该在上四年级。四年级的功课，知识的难度和广度都有了一个大的飞跃，需要死记硬背的东西更少了，需要动脑筋思考的更多了。有些孩子会不太适应这一变化,容易造成成绩下降。9岁娃不但在家里追求独立,在学校也一样,因此,老师们也会觉得这个阶段的孩子中,"刺头"很多。9岁娃既然很在乎自己是最好的,那么,他们当然很在乎分数,喜欢和别人攀比,和别人竞争。另外,9岁娃从喜欢一个老师而对某堂课感兴趣,转变为因为对某项学科感兴趣而喜欢上那个老师的课了。

四、10岁的关键期

从7岁道德感开始萌芽,8岁道德感逐步建立,到10岁时,孩子已经有了很强的道德观。这道德观的标准不但来源于父母及师长的教诲,也来自于孩子自我内心的判断。这个阶段的孩子比较诚实,在乎公平,他认为偷窃和说谎是很让人不屑的事情。

此阶段的孩子最大特点是善解人意、友好亲善。他们敬爱和佩服父母,与朋友也会和睦相处。在这个年龄阶段,他对事物的感受多半是平和而美好的,通常很快乐的,因为他拥有自我肯定感。他已经十分了解自己的优缺点,愿意表现出自己最好的一面。

从10岁开始,"家庭"对孩子有了真正的意义。这时,妈妈的地位又回到了5岁光景,成为孩子世界的中心。10岁娃不但依赖妈妈,而且尊敬、崇拜妈妈。他特别希望妈妈能随时在自己身边,愿意和妈妈聊聊学校的事情,聊聊朋友之间的事情。他很能接受妈妈对他的期望,也乐意表达对妈妈的感情。此阶段,爸爸对于孩子也是非常重要的,爸爸的地位有时候甚至会超过妈妈。妈妈要做孩子的朋友,爸爸也可以成为孩子的偶像。由爸爸带着一起打球、旅游,或者随意逛逛,这些应该都是他最喜欢的家庭活动。

女孩子一般会喜欢编织、剪裁、缝纫,男孩子喜欢做各种小模型、小实验。不过,要想善始善终地完成某项作品,仍然需要父母的鼓励和督导。10岁娃对穿着有了自己的讲究,不愿意标新立异,引人注目。他情愿穿大家都熟悉了的旧衣服,而不愿意穿新衣服,因此买衣服时,父母应该让孩子参与意见。

在做家务上，10岁娃多半三分钟热情，因此父母对孩子的要求标准要保持适当的松弛度。而且，如果能让孩子和趣味相投的成人一起劳作，效果会更好。

五、11岁的关键期

11岁的孩子，首先请大家牢记一个很重要的观念：孩子的成长，并不是必然会一直"进步"。他们的进步是呈螺旋式的，有时候可能会"倒退"，原本平衡的心态和发展会间或变得不平衡，甚至会出现极端的转变，包括性格的走向都会在开朗或者内敛之间转换。大体上，在孩子成长的过程中，2岁左右、6岁左右、11岁左右，正处于不平衡性心理时期，而且这个阶段的孩子自己也很烦恼，这其实是因为身体和心理的变化给他们带来了严重的不平衡，而他们年龄幼小，驾驭不了这些不平衡。父母如果能明白叛逆期的孩子实际上是挣扎在他们自己成长的不平衡中，就容易理解、体谅孩子，并接纳孩子的"不乖"了，也就能够正确对待自己和孩子之间的矛盾与冲突了。

11岁是烦恼最多、害怕的东西也最多的年龄。和10岁孩子一样，他们最烦恼的事情仍是上学、写家庭作业。其次，妈妈的生活、自己的身体发育也是11岁娃烦恼的事情。他们与家人以外的人相处还好，和妈妈就矛盾重重。哪怕和朋友玩的时候，为了争东西或者争输赢也会有欺瞒的行为，包括拿别人的东西。

在学校里，虽然老师会认为11岁娃在合作和人际关系方面都不如10岁的时候，不过与在家里相比，那仍然是好很多，因为他很强烈地重视自己在同学中的地位，在这个阶段，朋友间的友谊对他也非常重要。

11岁娃的情绪来得快，去得也快。他发脾气时如暴风骤雨，不过转眼就烟消雾散。其实，包括他的生理状况都这样迅速变化，一会儿觉得浑身冒汗，一会儿又觉得好冷。他像个永动机一样，一刻也不消停，哪怕他坐在那里，手脚也停不下来，实在不需要动时，他也要把腿抖动个不停。其实这是孩子受到内在生理改变以及活跃的生理现象所致。

11岁娃过分旺盛的精力、极端的自我中心、对家人的百般挑剔等，让不少父母头疼，但如果我们把孩子这些讨厌的动作、讨厌的话、讨厌的事情统统作为他在这个年龄段的"天性"来看待，我们的心态就会平和多了。

11岁娃的父母常常感到焦虑，因为孩子各方面都波动蛮大，让人捉摸不定。当孩子情绪很是纷乱，甚至大发雷霆时，父母常常会失去冷静和理智，这时孩子很需要精神支柱，即在他情绪低落时能完全接纳、可以依靠的人，所以在孩子情绪低落时，妈妈一定要记住这一点。

六、12岁的关键期

11岁是寻找自我的开始，12岁是发现自我的开始；11岁孩子总喜欢挑剔、好争辩、好持反对意见，而12岁孩子能表现出更自在、更有安全感的特质，同时也会自我包容、自我管理、自我依赖。

12岁娃从自我中心中走了出来，开始注意到他与别人的共同之处，懂得每个人都有不同的成长经历和困难。他已经能够一定程度地接纳自己和别人的不完美，包括容纳父母的情绪失控或小错误。宽容、富有同情心、友善，是12岁娃的首要特点。

12岁娃另一个成熟的特质是：他不但在意自己的表现，还在意别人的反应，在意别人怎么做、怎么想。他已经比较能体会别人的感受和情绪，也开始懂得尊重别人的心情，在别人不开心的时候，总会格外小心一些。

12岁娃能接受批评，懂得自己做错了事应该受到责罚，但是他很强调公平。如果手足或朋友被误会，他会努力替他们辩白。和父母争辩时，他会坚持自己的想法，同时也会注意对父母保持礼貌。

12岁娃可以保持长久的注意力，可以认真听讲较长时间的课程，遇到喜欢的事情,他可以做得非常投入,甚至达到忘我的境界。他不喜欢被紧张的流程约束,愿意享有更多的世界供他支配,因此父母给他安排任务时,时间限制要宽松些,让孩子可以从容地完成。他不喜欢严厉和控制,遇到困难时,温和而明确的解说就可以帮他解决问题。

12岁的孩子愿意帮妈妈做些家务,也愿意看妈妈做家务。妈妈也可以顺便教导孩子做家务。如果你叫孩子做家务,而他说:"等一下。"请你不要责怪、生气,最好的做法是规定时限,然后离开,给他时间完成。其实他也知道,该做的事情早晚还得做,不过需要父母提醒罢了。如果父母能考虑给一些奖励,孩子的意愿则会更强。

这个阶段的孩子和朋友相处时,喜欢听取伙伴的想法,愿意遵从大家的规则,有时候也愿意跟着大家无所事事地晃来晃去。在读书方面,他可能喜欢读侦探小说或者探险小说。对于电影,他会很挑剔,一定要先知道故事内容,而且还会从朋友口中求证电影是否好评如潮,否则他不会愿意看。

12岁娃开始对性感兴趣,不再把性想象成不洁的事,而且希望得到清楚而正确的性知识,父母应该帮孩子借阅这类的书籍。很多女孩子此时开始出现第二性征,对胸部的发育不再像11岁时那样躲躲闪闪。少数女孩在经期之前稍显暴躁,不过大多数12岁少女尚未经历经期前的情绪波动。男孩出现第二性征的时间则快慢不一,他并不关心成人的性行为,倒是一心一意研究自己的变化。父母应平实地告诉孩子可能发生的事,以免孩子在不知情的情况下受到伤害。当然,不要夸大其词,以免吓着孩子。

12岁娃害怕的东西大大减少,但这不表示他已经不再怕黑,父母仍然最好在孩子伸手可及的地方安放床头灯。12岁娃早上起床时,很少再有"起床气",比11岁时大有改进。大多数孩子喜欢早点起床,做些自己喜欢的事,比如读书、画画等。

饮食方面,12岁娃好像有个永远也填不饱的胃,哪怕饱餐一顿,半小时之后,他又可能会去厨房搜索食物。针对此情况,父母可以让孩子在课间吃些食物,同时不影响三顿正餐。

我们要做好新时代的父母,要了解孩子成长过程中的每一个关键期,这样就能够正确应对一切问题,让孩子能够健康快乐成长。

逆商的重要性

何为逆商？逆商是指人们面对逆境时的反应方式，即面对挫折、摆脱困境和超越困难的能力。具备了这一能力，孩子无论面对怎样的困境，都能安之若素，甚至以苦为乐，朝着既定的目标奋勇前进。

有人说，孩子永远是家庭的核心。现在很多家庭中，几乎都是几个大人围着一个孩子转，孩子过着衣来伸手、饭来张口的生活。这样的孩子一般生活环境优越，遭受挫折的概率也比较小，一直顺风顺水，养尊处优，被宠溺得像个"小皇帝"或"小公主"。有的孩子在成年后自己不断成长，顺利度过一生，但也有的孩子因为家庭的过分保护，导致他们在面对困境时变得脆弱而不堪一击。

有这样一句话："过于幸福的童年，往往会造成不幸的成年。"可见小时候不对孩子进行逆商教育，孩子长大后会因不适应社会激烈的竞争及复杂多变的环境而深感痛苦，这样不仅不利于孩子的健康成长，而且家长的期望以及孩子的人生理想也都将化为泡影。

案例： 某派出所民警接到报警：一个10岁的小女孩，因为暑假作业没写完而被父亲责备了几句，一时冲动选择了离家出走。接到报警后，派出所民警立即赶往现场，分析了女孩的性格特点后，民警与闻讯赶来的村民一起打着手电筒，在女孩家附近的空宅子以及林地进行地毯式搜寻。经过一个多小时的细致搜索，大伙儿在林子里成功找到正在哭泣的小女孩。民警随后对小女孩进行耐心细致的劝解，并将其送回家中。据了解，孩子性格懦弱内向，在校缺乏人际关系，不太合群，再加上父母忙于工作，疏于沟通。所以女孩暑假作业没写完，被父亲责备了几句后，又无人倾诉，就选择了离家出走。

近年来，孩子因担心挨骂挨打而选择出走的事件时有发生。孩子之所以会离家出走，很大程度上与家庭教育方式不当有关，孩子的逆商能力太差。现在有人把智商、情商、逆商称为获取成功的三大法宝，其中逆商更为重要一些。家长要充分了解自己孩子的性格特点，选择合适的教育方式，培养孩子坚毅、勇敢的性格，让孩子健康成长。

培养孩子的逆商能力是一件非常重要的事情。现在孩子的学习压力和社会压力非常大，尤其每年中考和高考后，学生自杀率非常高，当考试成了孩子人生中唯一的信念，也就失去了自己的人生价值，那是多么可怕的事情。社会压力让很多创业者都扛不住，如果我们的孩子没有养成面对困境的能力，未来走上社会也很难成为一个快乐的人。

现今的教育中，"逆商"一词还是比较陌生，逆商不够，也就是我们常说的受挫力太差，孩子就会表现出很多问题。例如：孩子提出要求时，却得不到满足，就乱发脾气、哭闹；受不了一点批评，只爱听表扬的话；好面子，承受不了失败；害怕困难，遇到一点问题就退缩了；还有的孩子特别娇气，做错了事，家长一说就哭；做错事情不敢承认，老是用哭来推卸责任；等等。

有些孩子遇到一点困难就愁眉苦脸，不是想找大人帮忙就是想放弃，或怨天尤人，根本没想过自己努力一下。究其原因，在孩子成长过程中，家长不会科学地进行鼓励和引导，例如，家长们可以不要夸奖孩子聪明，而要夸奖孩子很努力。有这样一个研究：研究者给几百名学生出了十道题，学生的成绩都很不错。他们将孩子分为两部分，对其中一部分孩子说："你真聪明。"对另一部分孩子说："你做对了这些题，你一定很努力。"从后来的研究结果发现，被夸聪明的学生，陷入了固定思维模式，他们不敢接受暴露自己缺点的任务。而被夸努力的孩子，更乐于接受更高难度的题，因为他们并不觉得自己有什么特别天赋，所有的夸奖都源于自己的努力。

逆商低的孩子从不寻求解决困难的办法，从不分析失败的原因，如此脆弱不堪的玻璃心，让家长、老师都无所适从。父母培养孩子的逆商，比要求他考上好大学要重要得多。只有输得起的人，才能赢得漂亮。逆商低，还没跑就已经注定失败了。近几年来，常常有这样的报道：

因为爸爸不让看电视，孩子跳楼自杀；因为老师没收了手机，孩子跳楼自杀；因为被小学五年级的女生拒绝，孩子跳楼自杀；因为暑假作业没完成，被老师批评，孩子跳楼自杀……孩子自杀的事件越来越多，这都表明了孩子的抗挫能力实在太差了。

有这样一个例子：老师在表扬几个帮她打扫教室的学生时，不小心漏了一个孩子，这个孩子回家后生气绝食，三天不吃不喝。老师没办法只得到家里道歉才和解。最后老师也被弄得胆战惊心，"现在的孩子打不得骂不得，说错话了还得赔礼道歉，不然都要出人命的"。这些孩子受挫能力如此低下，将来如何能走过波折漫长的一生？都说人生不如意的事情十有八九，那这些祖国的花朵是否能茁壮成长呢？如何成为国家的栋梁呢？

李嘉诚曾说："你想过普通的生活，就会遇到普通的挫折。你想过上最好的生活，就一定会遇上最强的伤害。这世界很公平，想要最好，就一定会给你最痛。"而在我国的应试教育中，家长往往将更多的重心都放在了如何得高分、如何考名校等，而忽略了培养孩子的逆商。作为家长，我们都能体会到，我们生活在一个充满逆境的时代，学习压力、工作压力、家庭压力无处不在，所以提高孩子克服逆境的能力，是让他能圆满过好一生、走向成功的重要条件。

那么，如何培养孩子的高逆商呢？

首先要相信孩子，父母的信任是孩子自信成长的原动力。先看这样一个令人感动的小故事吧。

案例：一个家长第一次参加家长会，幼儿园的老师说："你的儿子有多动症，在板凳上连三分钟都坐不了，你最好带他去医院看一看。"回家的路上，儿子问妈妈："老师都说了些什么？"妈妈鼻子一酸，差点流下泪来。因为全班30位小朋友，只有她的儿子表现最差，惟有对他，老师表现出不屑。然而她还是告诉儿子："老师表扬你了，说宝宝原来在板凳上坐不了一分钟，现在能坐三分钟了。其他小朋友的妈妈都非常羡慕你妈妈，因为全班只有宝宝进步了。"那天晚上，她儿子破天荒地吃了两碗米饭，并且没让妈妈喂。

儿子上小学了。家长会上，老师说："全班50名同学，这次数学考试，你儿子排在第40名，我们怀疑他智力上有些障碍，你最好能带他去医院查一查。"走出教室，她流下了泪。然而，当她回到家里，对坐在桌前的儿子说："老师对你充满了信心。他说了，你并不是个笨孩子，只要能细心些，会超过你的同桌，这次你的同桌排在第21名。"说完这话时，她发现，儿子黯淡的眼神一下子充满了光亮，沮丧的脸也一下子舒展开来。她甚至发现，从这以后，儿子温顺得让她吃惊，好像长大了许多。第二天上学时，去得比平时都要早。

孩子上了初中，有一次家长会，她坐在儿子的座位上，等着老师点她儿子的名字，因为每次家长会，她儿子的名字总是在差生的行列中。然而，这次却出乎她的预料，直到家长会结束，都没听到他儿子的名字。她有些不习惯，临别时，去问了老师，老师告诉她："按你儿子现在的成绩，考重点高中有点危险。"听了这话，她惊喜地走出校门，此时，她发现儿子在等她。走在路上，她扶着儿子的肩膀，心里有一种说不出的甜蜜，她告诉儿子："班主任对你非常满意，他说了，只要你努力，很有希望考上重点高中。"

高中毕业了。第一批大学录取通知书下达时，学校打电话让她儿子到学校。她有一种预感，她儿子被第一批重点大学录取了，因为在报考时，她对儿子说过，相信他能考取重点大学。儿子从学校回来，把一封印有清华大学招生办公室的特快专递交到她的手里，突然，就转身跑到自己的房间里大哭起来，儿子边哭边说："妈妈，我知道我不是个聪明的孩子，可是，这个世界上只有你能欣赏我，尽管那是骗我的话……"听了这话，妈妈悲喜交加，再也按捺不住十几年来凝聚在心中的泪水，任它流下，打在手中的信上……

这是一个被很多人熟知的故事。除了感人之外，这个故事还告诉我们：你认定会发生的事情，总会发生，因为你相信，它才会发生，这是与"墨菲定律"同理的心理效应。在生活中，如果家长从心底相信孩子，就会给孩子传达必胜的信念，让孩子感受到最亲的人都相信他、支持他，从而使得孩子获得安全感，并能抵御一切外在的困难。

其次是延迟满足。它指一个人为了更有价值的长远利益，甘愿放弃眼前较小的即时满足，也是一种在等待中展示的自我控制能力。这个概念起源于20世纪60年代的一个著名的"棉花糖实验"。

美国心理学家Walter Mischel博士在斯坦福所属的幼儿园找来一些4~6岁的孩子，让他们单独待在一个房间里，摆上一块棉花糖，告诉他们有两个选择：第一，可以马上吃掉；第二，如果坚持15分钟不吃，就再奖励一块糖，可以吃到两块。

Walter Mischel离开房间后，一台隐藏的摄像机记录了孩子们的各种表现。有的小孩马上就把糖吃掉了；有的孩子尝试转移自己的注意力，用手捂住眼睛、踢桌子玩或是用手指戳棉花糖；还有的孩子凑上去闻一闻，舔一下，或是咬一小口，希望不会被发现。15分钟后，只有三分之一的小孩坚持了下来，并得到了奖励。

从1981年开始，Walter Mischel和研究人员坚持追踪了653名实验者在青春期、青年和中年的各种情况，发现人的自制力与成年后的各种表现有着惊人的关系。当初为了奖励而坚持、忍耐更长时间的小孩子基本都有更高的自信心和更优秀的成绩，更善于控制自己的负面情绪。进入职场后，这些人的业绩相对更好，更善于规划，能追求长期的人生目标，并能保持健康的BMI范围。进入40岁以后，Walter Mischel又用核磁共振检查了他们的大脑反应，发现两者相比，有延迟满足的人的大脑前额叶皮层（负责掌管管理性思考和自制力）更活跃。

Walter Mischel博士指出："棉花糖实验"不是为了根据5岁的表现去预测孩子的未来，而是为了发现如何从小开始通过一系列技巧和策略来培养人的自制力，把这种能力锻炼到最大化。

这项历时50年的研究实验轰动了全世界，今天，"棉花糖实验"已经成为延迟满足和自制力的代名词。的确，如果懂得延迟满足感，并有很强的自制能力，往往能决定一个人的命运。父母要善用"延迟满足"，别孩子要什么就给什么，孩子说什么就是什么，让他们从小就懂得"等待"的意义。在日常生活中，父母应尽量给孩子们提供"即时满足"和"延迟满足"的选择机会，让他们有意识地去思考和比较。父母要锻炼自己的决策能力，理解什么是孩子值得等待的，学会怎样延迟满足，让孩子在等待中获得更多。比如想吃鸡蛋就一起烧水，把鸡蛋放进去慢慢煮，煮好后，放凉了才能吃。喜欢花，就和孩子一起买种子，一起种，每日浇灌和等待，才能迎来花开。只有历经等待，才能明白一朵花开的意义。让孩子学会与困难和平相处，懂得耐心和毅力，才能获得长远的利益。

最后，要正向疏导孩子的情绪。和成人一样，孩子也会有悲伤、愤怒、无理取闹的时候，我们应该接纳孩子的负面情绪，因为负面情绪所表达出来的是孩子内心需求的不满。当孩子发脾气和哭闹时，很多家长会说："一点小事就哭，怎么一点都不坚强啊。""再哭妈妈就不喜欢你了。""你怎么这么不懂事？别闹了。"这等于否认了孩子的负面情绪，孩子就会认为有情绪是不对的，久而久之，就会慢慢把这些不良情绪压抑起来，压抑过多就可能会形成人格障碍。

其实负面情绪也有它的积极意义，比如害怕能让孩子懂得保护自己，羞愧能让孩子知道自己做事有欠缺，体验到难过的孩子，会设身处地地理解别人的悲伤。所以，我们不要压抑孩子的情绪表达，应该接纳孩子、理解孩子，有了父母的接纳，孩子就能正确面对自己的情绪，然后再帮助孩子解决其他问题。

父母首先要学会共情。共情，又称同理心，是美国著名人本主义心理学派创始人罗杰斯提出的概念。用同理心和孩子相处，学会倾听，引导孩子把情绪表达出来。当孩子有负面情绪时，家长要说："是什么让你不开心了呢？是妈妈没做好吗？""你希望怎么样才会好一些呢？"耐心倾听孩子的问题，缓解孩子情绪的同时加以正确疏导，让他理解基本的社会规则，懂得基础的是与非。

案例：一次周末，爸爸要带孩子到山上去露营，孩子问山上有什么，爸爸说路很陡，白天会有虫子，晚上可能会有蛇和大熊出没，问孩子还敢不敢去。奶奶听到后，忙制止爸爸不要去那么危险的地方，爸爸偷偷解释是瞎编的。结果孩子与爸爸露营时，晚上抱着棍子随时等待"敌人"的出现，还和爸爸设计了好几个解决方案，勇敢地度过了一个周末。

这位爸爸故意制造困境，让孩子去体验困难，增强孩子面对真正困难的信心，同时也在潜移默化地培养孩子的逆商。家长应该多鼓励孩子参加各类小竞赛，带孩子参加有强度的体能训练，比如跑步、打羽毛球、爬山等，让孩子明白挑战处处有，要抱有平常心，要强调重在参与，不论输赢。逆商的培养正是在这些生活的细枝末节里，只要家长能抓住和创造这些珍贵的教育机会，一定可以收获高逆商的孩子。

在这个富裕的时代，人脉、资源都可以积累，唯独逆商，才是孩子在成长路上真正能拼的资本和取胜的关键，而逆境是通往成功的必经之路，对此，我们家长和孩子都要做好准备。

《北京女子图鉴》中有句台词是这样说的：我们终将通过受伤来做出不受伤的选择。曾看过一个小故事，被深深触动，教育孩子面对挫折，蕴含的真理也是如此：

案例：一天，一只茧上裂开了一个小口，一个小男孩正好看到这一幕，他一直在观察着。蝴蝶艰难地将身体从那个小口中一点点地挣扎出来，几个小时过去了，蝴蝶似乎没有任何进展。小男孩看得实在心疼，决定帮助蝴蝶。他拿来一把剪刀，小心翼翼地将茧破开，蝴蝶很容易地挣脱了出来，但是它的身体很萎缩、很小，翅膀紧紧地贴着身体……

小男孩并不知道，蝴蝶从茧上的小口挣扎而出，是上天的安排，它要通过这一挤压过程，将体液从身体挤压到翅膀里，这样它才能脱茧而出，后展翅飞翔。

总之，人生挫折是人们常遭受的逆境状态与不幸感受，正确面对挫折是我们每个人一生中反复必修的一门功课。心理承受力不同，面对挫折的反应也不同，对困难缺乏理性认识，意志不坚强，并缺乏克服困难的决心，这是逆商低的表现。所以，挫折教育不容忽视，对培养孩子学会正确面对失败具有积极作用和现实意义，更是培养逆商的关键。

另外，高逆商可以化逆境为顺境。每个人在其生存发展中，有顺境，也有逆境。逆境看起来是对人的折磨和摧残，但逆境更能磨练人的意志，激励人们克服前进道路上的艰难险阻，使人奋发向上，从而取得辉煌的人生。可以说，人们对逆境不同的态度，会产生不同的人生结局。逆商高的人在面对困难时往往表现出非凡的勇气和毅力，锲而不舍地将自己塑造成一个成功的人，相反，那些逆商低的人则常常畏缩不前、半途而废，最终一败涂地。

毁孩子一生的七大坏习惯

老人们都说:三岁看大,七岁看老。著名教育家叶圣陶也曾说过:教育的目的就是培养习惯。在孩子成长过程中,因为生理和心理发育还不成熟,总会表现出一些不恰当的行为。如果我们父母听之任之,一旦这些不良行为习惯成自然,它们必将成为孩子成长的致命弱点,也会酿成无法挽回的大祸。若不想害了孩子,以下这些坏习惯一定要让孩子改掉。

一、爱耍脾气、哭闹

很多孩子有贪看电视、贪吃零食、到点不睡的行为,父母一阻止,孩子就怎么也不听,各种耍脾气,有时甚至躺在地板上打滚哭闹。对于孩子的坏脾气,父母如果妥协,孩子就会得寸进尺,反复"要挟"父母。长久以往,孩子的脾气越来越暴躁,越来越自私,劳累的却是深爱他的父母。

在孩子耍脾气时,爸爸妈妈一定要明确告诉他:"耍脾气没有用,等你不耍脾气了再来好好说话。"建议家长采用"四不原则",即不打、不骂、不说教、不走开。因为孩子情绪来的时候,你骂或者说教,他都听不进去,他闹给你看,你静静地看着他,确保他不受伤害就好,让孩子自讨没趣。等孩子冷静下来再去跟他讲道理,告诉他哭闹耍脾气是没有用的,有什么要求可以沟通试试,让他知道沟通是有效的。什么事情可以满足他们,什么事情是不可以做的,这才能帮助孩子改掉坏脾气。切忌在孩子哭闹时教育他,或和他讲道理,这往往没有任何意义。

二、不听话,叛逆、总顶嘴

孩子喜欢顶嘴,不听管教,许多父母的选择是要么哄着,要么顺着,结果越来越糟糕。孩子不但会在家里频繁地使用这个"武器",而且会把顶嘴带到学校，成为班上的问题小孩。

孩子成长中的三个叛逆期：

2~3岁时，出现的叛逆行为是人生第一个叛逆期的表现，称"宝宝叛逆期"。

6~8岁时，则来到人生第二个叛逆期，称为"儿童叛逆期"。

12~18岁时，是人生第三个叛逆期，这是大家最熟知的"青春叛逆期。

在这里要强调一点，不同叛逆期的孩子会有不同的个性发展、心理生理发育的特点，父母应对的方法也应不同。

因为孩子小的时候在父母的怀抱之中，但是随着孩子年龄的增长及接触的范围增多，等到上幼儿园的时候，孩子就开始不听话了，因为在幼儿园结识了不同的小朋友，开始接触了不同的生活氛围。等到上小学的时候，接触外界环境更加广泛，所以顶撞情绪也就更加浓厚。心理学上认为，这个时期是孩子的"心理断乳期"，爱顶嘴的孩子约占70%，这是一种正常现象。

孩子的叛逆行为不是单方面的行为，父母应当反思一下自己，每一个问题孩子背后都能反映出一个家庭的教育方式，所以在教育方式上，家长要多下些功夫。父母要懂得宽容、理解、尊重，让孩子得到应有的对待，让孩子有发泄的渠道。

顶嘴不是解决问题的好方式，一旦这个习惯养成，将来再改就比较难了。对于孩子爱顶嘴的情况，家长可以从以下几方面进行引导：

1.不要轻易责备孩子。就算父母要批评孩子，首先也要弄清缘由，不要乱批评；即使批评也要注意语气场合，批评时要循循善诱，让孩子心甘情愿地接受。

2.父母要注重言传身教。实际上孩子的模仿能力很强，对于孩子不好的行为，父母不要一味地责备，要自我反省。

3.给孩子解释的机会。如果条件允许的话，还可以让他们将功补过，想办法弥补过错，这往往是他们最乐于接受的。

4.适当处罚。无论孩子犯了多大的错，家长都不要急躁，要先问清事情的来龙去脉，再决定是否处罚，不搞连带处罚，不翻旧账。赏罚前，要讲明道理，让孩子彻底信服。

三、孩子太过依赖父母

有的孩子独立性差，穿衣吃饭、穿鞋、收拾书包等这些都要依赖爸爸妈妈，可见平时爸爸妈妈为孩子包办了一切，这就是现在人们常说的"替代式教育"，父母为孩子做好了一切。这样的孩子遇到问题不懂得思考，心里很脆弱，如果父母不在身边，他就容易有挫败心理。家长要记住"父母越能干，孩子就越无能"这句话，这是非常不利于孩子成长的。

例如，一孩子出门读大学，第一次拿到家长给的生活费，竟然连钱都不会花，也不知物价水平，被室友嘲笑，这个孩子竟然大声反驳道："从小到大，我要什么都是我爸妈去买，我哪知道！"还有一位大一的学生，每天穿哪件衣服都要妈妈给标上号。我们想一想，这不就是现在人们口中的"巨婴"吗？当他们毕业后，该如何面对社会？该如何生存？

那么，家长们不妨做个懒爸、懒妈，懒于帮孩子做事，才能让孩子学会真正独立。曾经有个家长习惯送孩子去幼儿园后就站在校门口张望，结果孩子每次都要哭闹着回家，那撕心裂肺的哭喊声真是让人心疼。可是如果家长狠心地送完孩子就离开，孩子会很容易适应校园生活。父母平时应该鼓励孩子多动脑筋、勤动手，适时给点启发即可。只有把主动权交给孩子，孩子才能更健康地成长。

四、孩子爱打人，有暴力倾向

有的孩子，特别是男孩，和同龄人玩耍时喜欢打人，甚至有推人、掐咬人等暴力行为。如果父母放任不管的话，将来长大了，这种不良行为就会影响到他的人际关系。崇尚暴力的孩子，往往内心容易孤独，很难专注于学业，这时家长要反思自己是不是平时也喜欢打骂孩子，切忌影响孩子。当孩子有攻击性行为时，家长一定要第一时间制止，并告诉孩子："打人是不对的，我们不能做这样的人。"

父母要帮助孩子正确发泄情绪，才能改变孩子打人的坏习惯，告诉孩子负面情绪并不可怕，让孩子学会自控，实际上是让孩子学会正确表达自己的负面情绪，而不是压制自己的负面情绪。当孩子不高兴要发脾气时，你可以送给他一个抱枕或沙袋，引导他用正确的方式来发泄负面情绪。如果孩子依旧犯错，可以加以小小的惩罚，但是父母一定要以身作则，潜移默化地影响孩子。

五、孩子爱说谎

有的孩子以为说谎能取悦大人，可以得到自己想要的东西；也有的孩子因为犯错害怕被惩罚而说谎逃避。如果孩子说谎了，并尝到甜头，很容易就一发不可收拾，长大后还会携带这种坏习惯，尤其进入社会后是很难被人接纳的。

家长一定要给孩子树立良好的榜样，在孩子面前言出必行，不哄骗他们，这样孩子才愿意信任家长，会模仿家长的好行为。如果发现孩子说谎，家长一定要认真地告诉他不对的地方在哪里，一定要诚实表达，再一起寻找解决办法。家长要告诉孩子一时的说谎是永远没办法解决问题的。当孩子说出真相时，家长可以表扬他说了实话，再让孩子承担责任。

六、孩子做事磨蹭，没有时间观念

有些孩子每天起床、刷牙、穿衣服、吃饭，做什么都慢吞吞的。这些小问题都在潜移默化地拖孩子的后腿，让他在学习和日常生活中都无法集中注意力。等到上了小学，这些坏习惯如果还没纠正，孩子可能完全无法适应小学生活，学习也越发吃力，甚至失去学习兴趣。那么孩子做事磨蹭、没有时间观念的成因有哪些呢？

1.孩子缺乏良好的生活习惯。孩子生活上没有规律，没有规律意识便会使孩子在做事时有很大的随意性。当孩子做事随意性持续久后，便会养成磨蹭拖拉的坏习惯。无条理的生活，很难让孩子有时间观念。如果孩子对时间观念没有清晰的认知，便对时间的长与短、多与少无从知晓，甚至根本不清楚时间对他来说意味着什么。

2.孩子缺乏做事的连续性。从孩子做事磨蹭拖拉的情况来看，几乎都是边做事边玩儿，或者一件事没有做完，就转而去做其他事，这种习惯很难让孩子保持高度集中的注意力。比如孩子写作业的时候，基本上写着写着就开始东张西望，或者玩弄手里的文具，或者起身去吃东西，或者去卫生间，或者不停地问家长这道题该怎么做，等等。可是再看看一些家长，害怕孩子不认真写作业，便陪伴在孩子身边进行监督，时间长了，孩子便养成了依赖性。家长在身边时，孩子会不动脑筋地等着要答案，家长不在身边时，孩子根本不把心思放在写作业上。

3.家长自身缺乏时间观念。通过与问题孩子家长的交流，发现家长们身上有一种普遍的现象，那就是都缺乏时间观念，甚至做事没有条理，看似每天正常饮食起居，正常上下班，但实际上家长并没有将自己的生活规律完全细化，仍然有很大的随意性，比如早晨起床这件事，家长只知道要起来给孩子做早饭，好让孩子按时去上学，并没有从责任心方面去培养孩子按时起床的习惯。

针对以上原因，家长要重视自身生活习惯的养成。良好的生活习惯是建立在秩序感基础之上的，比如家长和孩子共同制定一份作息时间表，共同执行统一作息时间，这对孩子来说非常关键。生活作息时间同步，可以带动和影响孩子逐步建立有规律的生活节奏。当然对于幼儿或者小学低年级孩子来说，在培养其生活习惯之初，家长必须要牺牲一些时间，和孩子做到同步。对于大一些的孩子，其好的生活习惯已经巩固和定格，家长和孩子可以分别执行自己的作息时间，这样一来，在家长的引导和教育下，孩子会按照自己的生活节奏进行。

家长要培养孩子的专注力。经常磨蹭和拖拉的孩子往往做事耐心不足，或者其注意力很容易被分散，导致做事的时候用时太长，效率很差。面对这种情况，家长可以结合生活习惯养成进行，抓一两件事来锻炼孩子(例如21天习惯养成计划)，引导和鼓励孩子耐心地把一件事完整做好。如果孩子缺乏做事的经验或者方法，家长可以做示范，让孩子同步模仿。通过家长的激励和带动，孩子就容易学会关注细节，逐渐增强耐心，提高自信心。

家长要利用好亲子沟通的机会来引导孩子。在与孩子相处的过程中，很多家长常常忽略细节，不会抓住教育契机，比如接送孩子的时间段就是非常不错的机会，可以了解孩子在学校的感受、在课堂上的表现、听课的效果以及对老师的看法和想法等。只有了解了这些情况，家长才能合理引导孩子，让孩子认真听课，喜欢并接纳老师，让孩子明白上课认真听讲是对老师辛苦付出的最大尊重。家长还可以利用晚上睡前的时间，与孩子进行有效沟通，可以让孩子把一天所遇到的不开心的事说出来，以便及时进行引导和安慰，让孩子化解心中的压力和郁闷，伴随着安全感轻松入睡。家长可以利用吃早餐的时间，和孩子聊聊开心的事，通过讲故事等方式来启发孩子；利用周末或者节假日外出游玩的机会，让孩子做管家，让孩子提前制定好时间、路线、食宿的具体计划，家长可以做一些辅助的完善工作，让孩子的责任心以及各方面的能力得到充分锻炼。

在教育孩子的过程中，家长是主角，但是很多家长没有演好自己的角色。家长和孩子沟通不畅，究其原因，家长每天只关注孩子的学习而不关注其心理需求。事实上，学习只是孩子生活中的一部分，如果家长把学习当成孩子的全部，必然会让孩子感觉到和父母沟通很难，觉得父母很不通情达理，从而不愿信服家长。所以，家长平时应该多静下心来，听听孩子心里想什么，需要什么，然后再合理给予。当然这种给予是建立在规则之内的相对自由，而不是完全放纵。如果家长和孩子能拥有一些共同的兴趣点，无疑会提升亲子沟通的效果，希望家长们在培养孩子兴趣与爱好的同时，也花一点时间来学习一下孩子正在关注的兴趣与爱好。

家长一定要以身作则，用言行去感染孩子，该做事时立马起身做事。家长要培养孩子的时间观念，培养孩子做事要有计划的好习惯，让他们了解时间的宝贵。

七、孩子没有礼貌、自私

我们通常所说的熊孩子，很多都是这种类型。在日常生活中，家长没有教会孩子有礼貌，那么孩子就会以为自己做任何事都是理所当然的，更没有感恩之心。这样的孩子心中只有自己，不懂分享，长大后极易变得没有公德心，成为人人讨厌的那一类人。例如：

1.外人在场时，故意和大人对着干。孩子不听话、跟大人对着干等行为，大多都是因为孩子对大人不满，不满的原因如受到了委屈、与大人观点不一致、要求没有得到满足、受到大人奚落、被大人误会、希望得到关注等。

根据责任划分来确定应对方式。父母"无理"，比如父母说话出尔反尔、言行不一致，那么父母非但不能批评孩子，还要反思自身的问题。孩子"无理"，父母一般会视无理取闹的程度，分级别采取措施。

最高级别：厉声训斥，甚至打骂孩子，进入此级别的父母基本已经失去了理性。

第二级别：以严厉的口气和态度批评孩子，告诉孩子这样做的后果是什么。

第三级别：父母采取冷处理的方式，暂时把孩子晾在一边。

第四级别：父母以柔克刚，用慈祥来化解孩子的"冲击波"。

不管家长采取哪种级别的方式处理，最后都要进入一个环节，那就是帮助孩子提高分辨是非和自我判断的能力，同时教给孩子如何在合适的场合来正确表达自己的情绪。

2.对长辈不尊重。隔代老人对孩子的溺爱往往是没有原则的，这样的孩子会不断地单方面索取祖辈对他无私的爱，觉得这一切都是应得的，不懂得珍惜。渐渐地，孩子稍有不满，就会发泄到祖辈身上，表现得很没规矩。

面对这种情况，家长首先要做好榜样，经常有意识地在孩子面前表现出对老人的尊重。其次和老人达成共识,结成统一联盟,明确必要的规矩,让老人把爱放在心里。再次利用家庭日、生日会等活动契机,让孩子有机会表达对祖辈的尊敬和关爱,进行正面引导和鼓励。

3.孩子学会讲不雅词汇、讲脏话。家长先检视家中是否有人也有类似习惯,检查给孩子观看的动画影片中是否有粗俗话语。对年纪稍小的孩子而言,接触到不雅词汇只是觉得好玩、新鲜,会引起朋友或成人注意用词,很容易互相感染。帮助孩子厘清不雅词汇的意义,是引导方式之一。

2~4岁的孩子说脏话,请家长忽略它,因为孩子喜欢尝试和探索,不断试探底线,也许有时他会不停地重复某句脏话,其实是想看看你有什么反应,你最好别有什么反应,假装没听见,孩子自觉没趣,便不会再继续说。这个时候父母不应该强行制止或者打骂孩子。

大年龄段的孩子说脏话,要具体情况具体分析。有时他们真的是在表达自己的负面情绪,家长可先探究孩子是否了解个中意义,再伺机决定用忽视、转移或说明的方式带过。同时你可以告诉孩子:"我不想和说脏话的人在一起。"然后就离开。同时,要检查一下自己或其他亲人有没有说脏话的习惯,如果有的话,要从自己做起,改掉这些习惯。

无论什么时候,爸爸妈妈一定要教会孩子有礼貌。孩子从小就该学会说"你好""谢谢""对不起""麻烦你帮我……"等一些简洁的礼貌用语。爸爸妈妈一定要以身作则,常和孩子做类似的互动,强化孩子的好习惯。

孩子在公众场合没有礼貌时,爸爸妈妈可以给他面子,但是一定要抓准时机给孩子一个制止的眼神,让他知道没有礼貌的行为不会被人喜欢。孩子在成长过程中,总会表现出一些不恰当的行为,如果父母听之任之,一旦这些不良行为习惯成自然,它们必将成为孩子成长的羁绊,正所谓:"千里之堤,溃于蚁穴。"所以,千万不要忽视孩子这些小小的坏习惯!

第四章　唤醒孩子的内在动力之四大习惯

培养孩子良好的生活习惯

　　培养孩子良好的生活习惯与孩子的学习有关系吗？如今，很多家长比较感兴趣的是孩子良好的学习习惯养成。家长们最常和老师谈的话题是：我孩子写作业很慢；我孩子总是一边写作业，一边和我聊天；我孩子经常一边写作业，一边玩……其实，这些不良学习习惯都是从不良生活习惯迁移来的，不良生活习惯还会影响很多方面。

　　案例：有一位女大学生小A，大学毕业后上了几天班，就宅在家不愿出门了，这样的情况持续了3年。父母很担心她，想和她谈谈心，小A却因此和父母大吵一架，甚至威胁谁再管她，就和谁拼命。父母着急坏了，无奈之下求助心理咨询师。

　　小A长得娇小可爱，是父母的掌上明珠，3年前，小A大学毕业，应聘到一家商场做营业员。小A的妈妈说："只做了几天，就说工作不适合她，回家了。"由于心疼女儿，就让她在家休息一段时间，再出去找工作。可没想到，这一休息，就是3年。

　　这3年来，最开始，小A在家就是上网，最近一年连网都不上了，只是睡觉。更令父母着急的是，小A没有一个朋友，没有任何娱乐，更别提出门要了。而且小A在家时，连个人卫生都不能自理，经常不洗漱，连内裤都是丢给外婆洗，吃饭也不规律，想吃就吃点，有时一天都不吃不喝。

　　小A的故事让我们想到一个词——巨婴，这是一个典型的没有养成好习惯的案例。良好的行为习惯是一个人成功的基础，亚里士多德说过，人类的美德分为两类：一是理智的，二是道德的。理智的美德由教学产生和发展，道德的美德由行为习惯而来。习惯养成的重要性，人们有很多真知灼见，"积千累万，不如养成个好习惯"。美国著名教育家曼恩说过："习惯仿佛像一根缆绳，我们每天给它缠上一股新索，要不了多久，它就会变得牢不可破。"任何行为习惯的养成，都需要训练乃至强化。

美国心理学巨匠威廉·詹姆斯有一段对习惯的经典注释："种下一个行动，收获一种行为；种下一种行为，收获一种习惯；种下一种习惯，收获一种性格；种下一种性格，收获一种命运。"某著名教育家也说过："好习惯对儿童来说是命运的主宰，是成功的轨道，是终身的财富，是人生的格调。"

有这样一个问题：一根小小的柱子，一截细细的绳子，拴得住一头千斤重的大象吗？很多人的答案是肯定的。

因为在印度和泰国，驯象人在大象小时候，就用一条铁链将它绑在水泥柱或钢柱上，无论小象怎么挣扎都无法挣脱。小象渐渐习惯了这样，不再试图挣脱，直到长成了大象，可以轻而易举地挣脱链子时，但也不挣扎。小象是被链子绑住，而大象则是被习惯绑住。

下面我们来详细解析一下什么是生活习惯，以及如何帮助孩子养成良好的生活习惯。生活习惯不良的孩子，学习习惯也不良，二者密切相关。所以家长们要想教育好孩子、培养好孩子，应该先从培养良好生活习惯入手。

生活习惯包括哪些方面呢？首先应该培养孩子的生活自理能力，例如饭前、便后、游戏后洗手；吃饭安静、节约、卫生；按时午睡，不影响他人休息；衣着整洁；节假日生活安排科学合理、有规律；物品摆放整齐有序；等等。劳动习惯、卫生习惯和生活规律习惯等都属于生活习惯。

要培养孩子做家务的习惯。父母要引导孩子洗碗盘，独立打扫自己的房间，做简单的饭，让孩子帮忙洗车、洗地擦地、清理洗手间、扫树叶、扫雪等。

事实证明，孩子养成帮助父母做家务的习惯，学习会更好。2014年，中国教育科学研究院对全国2万多名家长和2万名小学生进行了家庭教育状态调查。调查结果表明，在孩子专门负责一两项家务活的家庭里，子女成绩优秀的比例为86.92%，而认为"只要学习好，做不做家务都行"的家庭中，子女成绩优秀的比例仅为3.17%。

案例：有一次，我在电视台做节目，一位阿姨打电话进来，她打电话不是咨询而是诉苦，她说她有4个孩子，每逢过年过节都回来陪她，儿子儿媳、女儿女婿，还有孙子孙女。但是没有人帮她做饭和收拾，每次吃完饭，孩子们玩游戏、打牌，只有她一个人收拾很久，刚刚收拾完，又该做下一顿饭了。

这个故事让我们反思，是孩子太自私了吗？也不全是，是他们从小没有养成做家务的习惯，可能有人认为，不做家务专心学习，孩子的发展不是更好吗？其实不是的。

哈佛大学学者曾经做过一项长达20多年的跟踪研究，得出一个惊人的结论：爱干家务的孩子和不爱干家务的孩子，成年之后的就业率为15∶1，犯罪率是1∶10。看起来，做家务等劳动教育，对孩子的成长至关重要。

那怎样培养孩子有一个良好的生活习惯呢？习惯来源于简单的事情重复做。家长们一定要注意一个问题，我们要培养孩子养成良好习惯，并不是要这个习惯本身，而是在训练习惯的过程中能养成坚持做某一件事的良好品质。家长一定要把做家务当成一种教育过程来看待，好比说，他养成扫地的习惯，并不是非要他扫地，而是要他在这个过程中形成的良好品质——坚持、毅力。

下面我们来看看养成良好生活习惯的四个步骤：

第一步：鼓励、肯定，认同孩子长大了

比如家里的宝宝上一年级了，找一个恰当的时间和孩子聊天："爸爸问你，上了小学后感觉有什么变化啊？"他有可能会说小朋友多了很多，上课也正规了，纪律也严格了，等等。这时候家长要及时鼓励和认同，说："这就对了，我们去了更大的学校，再不是幼儿园的小朋友了，这说明我们长大了，对吧？"

如果孩子没有感觉到有什么变化，那么我们就用赞美的方式肯定孩子，比如可以说："小丽呀，妈妈发现你上小学后变得懂事了，又有礼貌了，还会关心妈妈了，这说明什么呢，说明我的姑娘长大了，对吧？"这时孩子一定会认为自己又长大了，很高兴。家长在鼓励孩子时，一定要具体，尽量避免使用空洞的词语，例如"你真棒""你好厉害"等。

那如何具体鼓励和表扬呢？不妨试试下面的黄金鼓励四步法：

1.启发式鼓励：你感觉怎么样？你是怎么做到的？

例如孩子做了一个漂亮的手工或者画了一幅不错的画，我们可以说："宝贝，这幅画这么难，你是怎么画的？"这个时候，孩子就会非常高兴地给你讲他是怎么做到的。我们家长只需要认真地听，也可以偶尔把需要改进的地方补一下。

2.描述式鼓励：我注意到你已经收拾好房间、玩具……

这种鼓励对于强化孩子好的行为习惯非常有用，例如我们想让孩子收拾自己的房间，屡次说教没有效果，就可以试试描述式鼓励。当孩子将房间收拾得还不错的时候，不要放过这个教育孩子的好机会，你可以和孩子说："宝贝，妈妈看到你今天把房间收拾得很干净，把书和玩具整理得那么整齐，你太棒了！"这时，我们还可以再强化一下，拿起电话给孩子的爸爸或者爷爷奶奶、姥姥姥爷其中的某个人打电话，电话内容要确保孩子能够听到，你可以和电话另一端的人再次描述孩子做的事情，这样做的目的是强化孩子的这种好行为。

3.感谢式鼓励：你按时完成了作业，谢谢你遵守我们的约定！

生活中，我们和孩子常常会有某些约定，例如：约定孩子听到闹钟就起床、按时写作业、自己洗袜子等。当孩子按照约定完成了某件事，我们就可以和孩子说："宝贝，感谢你遵守了我们的约定，爸爸也按约定完成了XXX事。"这样不仅强化了孩子遵守约定的习惯，而且也让孩子明白约定不是针对他自己，我们和他都在遵守。

4.赋能式鼓励：我对你有信心，我相信你的判断。

孩子的信心大部分来自家长的鼓励，所以，当孩子对某件事没有信心时，这就需要家长的赋能。例如"宝贝，爸爸相信你能行"，但需要注意的是，要学会掌握度，不要不切实际的鼓励，我们可以在鼓励孩子的同时加一些建议和方法。

第二步：商量、选择、确认，让孩子承担家务

案例：洋洋的父母都是从事家庭教育的工作者，洋洋2岁的时候，他父母就有意识地让洋洋做家务。孩子在2岁时对事物秩序很敏感，所以他们让洋洋做的第一件家务就是摆放鞋子。

"洋洋，你看爸爸妈妈每天都要出去工作，你想不想也要一份工作呀？"

"想！"洋洋异常兴奋地回答道。

"那爸爸给你一份摆放鞋子的工作，好不好？"

"好的！"

"那爸爸先教一下你怎样摆放鞋子吧。你看，两个一样的鞋子并在一起，放在鞋架上，像这样摆整齐就行了。你试一试。"

于是，洋洋也学着爸爸的样子摆鞋，而且摆得非常认真。摆放完一双后，又把旁边不整齐的鞋子摆放整齐，摆完后，孩子满脸都是非常自豪的笑容。

从那之后，洋洋的父母只是偶尔提醒他几次要完成工作，后来就不用提醒了。他总是很自觉地把乱的鞋子都摆放整齐。而且，他每次自己脱了鞋子，也会整齐地摆放在鞋架上。

其实，在孩子高兴之余，我们家长就可以和孩子商量："既然你长大了，就应该承担家里的一些事情了，自己的事情自己做，好吗？"根据年龄，可多提供几项，比如我的两个儿子，大宝12岁，负责打扫客厅、擦茶几等；二宝7岁，负责浇花和扫楼梯。有一次，他们两个干完了自己分内的家务，我当时在楼上写东西，二宝跑上来和我说："老爸，您要是下楼，能提前告诉我们一声吗？"我回答道："当然可以啊。"其实我知道他们是要给我惊喜。过了一会儿，他们叫我下楼，我下来一看，客厅整洁有序，厨房也被洗刷得干干净净（当时

收拾厨房是我分内的家务)。当时我故意表现得非常吃惊,表扬了孩子们,他们两个高兴得手舞足蹈,还说他们是"哥俩好洗碗机"。其实孩子们需要这种成就感,重要的是让孩子自己选择做哪项家务活,这样既做到了尊重,也给了孩子自由,孩子不会有压迫感,也符合孩子的心理特点。

第三步:想尽办法让孩子坚持下去,形成习惯

比如让孩子扫地,首先只是想让孩子养成这个习惯,不用考虑扫得是否干净,就是创造条件让他天天扫就行了,如果家长再做一件和他有联系的事最好,比如孩子扫完地,你再去拖地。这里需要注意的是,如果孩子没有扫干净,家长不要当着孩子的面重新扫。为了让孩子坚持下去,告诉大家一个小方法,可以奖励孩子贴画或者积分,但最好不要直接奖励钱,当贴画或积分累积到了一个数目时,就可以兑换相应的玩具,例如:20个贴画可兑换一辆小汽车玩具。要兑换孩子喜欢的玩具,这样既帮助孩子养成了良好生活习惯,又锻炼了孩子的延迟满足。

第四步:讲做法、讲要求、达到规范

等孩子愿意扫几天地之后,再探讨扫得是否干净的问题,也可以手把手地教。一定要注意的是,当孩子有了进步,就马上给予肯定和鼓励,强化孩子的好行为。

培养孩子良好生活习惯的同时,家长们需要注意的是,在家里只选一项家务让孩子做;让孩子选感兴趣的事做;先让孩子养成一个干的习惯,再让孩子养成干好的习惯。

爸爸妈妈要明白好习惯的养成不在一朝一夕,而在朝朝夕夕。好的习惯会让我们的孩子在成长中受益匪浅,也是孩子人生中取之不尽的财富。

家长应该把培养孩子的良好生活习惯作为家庭教育的着力点。大量事实充分证明,品德高尚的人,一定是具有良好生活习惯的人。良好的生活习惯一旦养成,便用不着再记忆,很容易发挥作用。因此,无论家庭教育还是学校教育,培养孩子良好的生活习惯是关键。

培养孩子良好的学习习惯

学习习惯是家长们最关心的，家长们最想要的就是孩子能有良好的学习习惯，但事与愿违。不知不觉中，孩子出现了学习方面的坏习惯，令家长们头疼不已。不良的学习习惯，不仅是孩子行为上的问题，更是孩子取得优异学习成绩的绊脚石。

不良的学习习惯有很多，例如：写作业时心不在焉、杂乱无章、得过且过，考试时抄袭作弊等。家长首先应该训练与学习有关的习惯，慢慢过渡到真正学习习惯上来。

案例：小敏是一个三年级的女孩子，自从进入三年级以后，学习总是原地踏步，没有进步。经过观察，发现她上课集中注意力时间短，经常东张西望，做小动作。有好几次，老师叫她起来回答问题，她竟然连老师提了什么问题都不知道。她有时看上去好像在听，可是眼神呆滞，老师讲的内容根本没有听进去。课后，老师找到她，问她为什么这么做时，她说："我也不知道，反正我听课以后不知不觉地就这么做了，我知道这样做是不对的，但是我也控制不住自己，总不认真听讲。"

类似情况应该很多，这些都是家长们亟待解决的问题。如何让孩子快速进入学习状态？我们首先要做的就是激发孩子的学习兴趣。例如孩子放学回到家，或者我们在接孩子放学回家的路上，如果我们能主动询问孩子在学校里发生的有意思的事情，孩子就会兴致勃勃地向我们讲述学校的学习生活。这时，家长一定要耐心倾听，并和他们讨论学习生活，这对培养他们的学习兴趣是很重要的。

当开始写作业时，我们可以将书桌变成孩子感兴趣的地方，这样就会使孩子更愿意进行。书桌要整洁，抽屉里要备有做各门功课所需的工具，这样当孩子需要时，立刻就能找到，不会因为缺少某件工具而中断作业，心生烦躁。书桌美观舒适，孩子一有时间就会坐在这里开始他的学习活动。

家长普遍希望孩子学习、学习、再学习，只要孩子端坐在书桌前，不管其效率如何，父母就感到欣慰，因而总是催促孩子"坐好，开始学习"。殊不知，这种做法很危险。无视孩子的心理特点、任意延长学习时间的做法，会使孩子把学习和游戏对立起来，厌恶学习，对学习没有兴趣，还会养成磨蹭、注意力不集中的坏习惯。因此，家长切莫目光短浅，舍本逐末，不要忘记培养孩子的学习兴趣是头等大事。

我们可以试着让孩子创造问题，增强孩子的求知欲。孩子是学习的当事人，被迫学习，被迫考试，学习处于被动状态，时间久了，孩子对学习生厌是可以理解的。家长指导孩子学习时，可以换一种方法，不要经常让孩子去解答问题，而是采取让孩子创造问题的学习方法，这不仅会改变孩子的学习态度，而且会激发孩子的学习兴趣。

热爱是最好的老师，我们要保护好孩子的学习热情和兴趣，偶尔学习上的小成功能使孩子感到满足，这是孩子愿意继续学习的一种动力。家长应根据自己孩子的具体情况，为他们制定一些容易达到的小目标，这样可以使孩子觉得能够做到，他就有信心、有动力去做，就会获得成功。当他体会到成功的乐趣时，就会有了学习的动力，就有信心去实现下一个目标。随着一个个小目标的实现，孩子就会不断取得进步，会感到满足，并愿意继续学下去。

好的学习习惯对于一个人的一辈子都显得尤为重要。可是有很多孩子不只是在小学，就是上了初中、高中，甚至到了大学都不能快速进入学习状态。当我们意识到需要纠正时已经晚了，或者很困难，甚至事倍功半。因此，家长们必须从孩子入小学时开始训练其学习习惯。

第一，孩子放学回家后，家长首先要征求孩子意见，先玩还是先写作业，大部分孩子都会选择玩，那就先规定好玩的时间和写作业的时间，例如15分钟还是20分钟，或者半小时，把时间控制在家长手中，然后坚决按照规定办。

第二，爸爸妈妈陪伴孩子学习。孩子在学习的时候，爸爸或妈妈最好可以陪孩子学习，陪伴的同时，自己也要学习，并且自己要真正快速进入学习状态。比如孩子做作业，你就静静地看书，并且是真正进入看书状态，哪怕孩子中途玩起来了，你都没有发现，仍聚精会神地看书，家长的这种状态一定会对孩子起到积极的作用。有些家长表面是在看书，实际是在监督孩子，但孩子的感觉是灵敏的，当感觉到你坐在这里不是学习，而是在看着他学习，他心里是会反感的，有时还会把精力放在研究对策上。

案例：明明刚上小学，就是不能快速写完作业，总是边写边玩，爸爸妈妈怎么督促也不行，令爸爸妈妈头疼不已。妈妈雇高考状元陪明明一起写作业，其实并不是监督明明写作业，而是各自写各自的作业。过了将近两个月，明明就可以安心地写作业了。

这是一个非常明智的家长，花钱请"榜样"，帮助孩子学会快速学习，专注学习。如果你的孩子不能快速进入学习状态，一定要想办法帮助孩子，而不是抱怨苛责。

案例：陈思超2004年赴美国莱斯大学工程学院计算与应用数学系，攻读硕士学位。他父母在他5岁的时候，合计孩子快上小学了，为了给他树立一个榜样，于是就参加了专升本的函授学习。在儿子上小学一年级或二年级的时候，每天晚饭后，妈妈就和他双双坐在同一张桌子前，儿子伏案写作业，妈妈就坐在旁边陪儿子读书。当然她读的不是儿子的书，而是读她自己所学专业的书籍。

在陈思超刚上一年级的时候，还不太习惯学习。坐在书桌前做作业的时候，有时会写着写着就抬头东望望西瞧瞧，或者玩弄手里的铅笔、尺子、文具盒等。但是，他只要看见他妈妈坐在旁边专心看书，很快就会停止小动作，重新投入学习中去。就这样过了两年，孩子的妈妈拿到了本科毕业证，儿子呢，也养成了专注学习的好习惯。他每天晚上都可以全然不顾隔壁房间的电视声和吵闹声、邻居家里面传来的打麻将的嘈杂声，而专心致志地看书、做作业。陈思超的表哥就曾经对他的妈妈说："我真佩服我表弟。他可以一整天坐在书桌前看书，我就做不到。让我坐半天，我就感觉难受。"

陈思超妈妈是不是和上面那个雇高考状元陪孩子写作业的妈妈一样呢？管理好孩子的学习，需要家长帮助孩子培养良好的学习习惯，并且做到坚持不懈。我们常说，习惯常常决定一个人的成败。从这个意义上来说，教育就是要培养好习惯。良好学习习惯的养成，是让孩子受益终身的一件大事。

第三，家长做集体良知允许的事。有些家长可能由于某种原因不想学习，也不想看书，这时也可以做别的事情，但必须做集体良知所允许的事情，也就是起正向作用的事情。比如，家长可以做晚饭，即便有声响，如切菜时叮叮当当的，但也不会影响孩子，因为孩子知道你是在给全家人做饭。集体良知所排斥的事情如家长打麻将、上网玩游戏、玩手机、看电视等，也许声音很小，孩子可能听不见，但是心能听得见，还会感觉非常委屈。

案例：有一个家庭本来在农村居住，但爸爸妈妈为了让孩子亮亮接受最好的教育，想尽办法把孩子送到大城市里的一所小学去读书，而且爸爸妈妈为了陪伴孩子也到大城市打工，一家三口租了一个30多平方米的小屋子。白天爸爸妈妈到市场买菜，晚上一家三口回到小屋里，三个人都挤在一个屋子里，各干各的。孩子在仅有的一张小书桌上写作业，爸爸妈妈就在旁边摘菜、数钱，偶尔也说话。虽然声音很小，但是该说什么就说什么。亮亮就是在这样的环境下学习，丝毫没受到任何影响。

　　读完这个故事，有的家长可能会好奇，为什么我们家房子那么大，还是一个人一个房间，书房、卧室都是分开的，房间里要什么有什么，但孩子就是不用心学习。还有的家长说，我和孩子根本不在一个房间里，孩子学习时，我在客厅里看电视，声音非常非常小，孩子根本听不见，可是孩子还是老分心呢。亮亮他们一家三口都挤在一个小屋子里，孩子还是能够好好学习，这是为什么呢？实际上就一个原因，就是看你做的事对家庭教育是否有意义。别看孩子小，其实孩子什么都懂。卖菜的家长在孩子身边一元一元地数钱，孩子会是什么心理呢。孩子心里可能会想，我的爸爸妈妈多辛苦啊，多不容易啊，就是为了供我读书，在这拼命打工赚钱。我一定要好好学习，为爸爸妈妈争光，将来让他们过上好日子。如果我不好好学习，就对不起父母。这就是孩子的心理作用，正是这种心理作用给孩子带来了力量。

　　家长都希望孩子学习好，但是想让孩子学习好是有条件的，条件之一就是孩子要主动学习。要让孩子形成主动学习的良好状态，家长要注意两点，一是不能过分督促，二是要创造适宜孩子学习的家庭氛围。

　　过分督促孩子是不妥当的。有的家长生怕孩子学习落后，动作慢了一点，忍不住要催促。孩子做作业时，忍不住要去指指点点，什么字迹不工整、粗心、磨蹭等；成绩差了几分，少不了要警告几句。家长总认为督促孩子愈多，孩子

第四章　唤醒孩子的内在动力之四大习惯

进步就会愈快，其实这样的结果往往事与愿违。因为老是被督促着学习，孩子就非常被动，时间长了，就失去了学习主动性。适当的提醒、督促是必要的，但督促最终是为了让孩子自己主动学习，所以要适当督促，而且要讲究方法。比如孩子玩得久了，家长可以问："你准备什么时候做作业呢？"提醒孩子要自己安排学习，如果家长老是命令说："该做作业了，不要玩了！"这就会使孩子失去学习主动性。

督促孩子学习时，切忌唠叨，切忌大事小事都要干涉。在家长的絮絮叨叨、指责数落中，孩子很难有积极上进的情绪，很难进行主动积极的思考。家长的唠叨、催促、训斥，会使家庭气氛变得紧张，使孩子紧张，无法获得宽松、宁静，从而影响孩子学习。家长要学会长话短说，不必要的话不说。

培养良好的生活习惯是好的学习习惯的前提，所以家长不要过分督促。如果提出要求，就要求孩子一定做到。养成习惯不在于每天催促，而是要求每天做到。有的家长会不停地催促："起来起来！快点，快点！"家长越催促，孩子越拖拉、越被动，所以家长千万不要成为孩子的"闹钟"。有的家长做得很不错，告诉孩子每天必须按时睡觉和按时起床，别的暂时不要求，让孩子感到这件事的重要性。之后，孩子有做不到的时候，家长要非常坚决地说："必须做到。"不许拖拉和讨价还价，孩子如果做到了，就给予夸奖，这样孩子的自我管理能力才能得到很好的发展。

在养成好的学习习惯时，要克服学习上的随意性，平衡学习和玩耍。什么时候做作业，什么时候玩耍，家长要用心做好安排；作业要做到什么结果才能玩，这些都要和孩子沟通好，达成共识。家长要监督、指导孩子按计划办事，让孩子自己在该学习时主动认真学习，该玩耍时放松开心地玩耍，从而使学习、玩耍两不误。也要切忌"轰轰烈烈"，注重循序渐进。由于家长对孩子寄予很高期望，会制定许多学习计划，抓住一切机会让孩子学这学那，把家庭教育搞得"轰轰烈烈"，气势很大，这是没有必要的，毕竟孩子的学习是一个持续十几年的过程,轰轰烈烈的气氛会破坏正常学习进程。以轰轰烈烈开始的家庭教育,必定以有始无终而结束。

另外,要让孩子尊敬老师,研究表明,孩子尊敬老师,师生之间关系融洽,对孩子的学习和成长都有至关重要的影响。师生关系是家校关系的缩影,师生关系是亲子关系的延伸,是影响个人社会化的基础。

如何建立良好的师生关系呢?前提就是家长和孩子一起尊重老师。不要在孩子面前诋毁老师;家长要坚决相信老师;家长要时刻教育孩子尊重老师。有的老师可能存在这样那样的问题,但个体不能代表总体,老师这个群体在各行各业中还是比较伟大、高尚的,是值得尊重的。家长一定不要在孩子面前贬低老师、挖苦老师、诋毁老师,家长要相信自己的孩子遇到的一定是一个好老师。如果遇到特殊情况,需要家长特别对待,前提也要尽量把对孩子的伤害减少到最低,且就事论事。

师生关系对孩子的学习非常重要,很多孩子因为不喜欢某个老师,最后就不喜欢这个老师所教的学科。家长要尊重老师,如果孩子和老师有了矛盾,那么家长要了解情况,帮助孩子走出阴影和误区,把影响降到最小,所以家长一定要想办法帮助孩子和老师建立良好的师生关系,让孩子时刻尊重老师。良好的师生关系,有利于孩子的学习,有利于孩子的身心健康。

学习能力是一切能力的核心,学习习惯是学习能力的基础。任何习惯的养成都不是一朝一夕的事,需要家长的耐心培养,要制定计划,勤检查、严督促,直到孩子的良好习惯逐步稳定、逐步养成。

培养孩子良好的注意力习惯

家长都非常关心孩子的专注力。专注力又称注意力，指一个人专心于某一事物或活动时的心理状态。注意力在学习过程中起着决定性的作用，注意力不集中是导致学习困难及学习成绩不好的一个关键因素。当学生在学习过程中，进入精神专注的境界后，对于学习会产生较愉悦的态度，进而能在最单纯的乐趣下获得最高的效率，捕捉更多的知识。想要进入这种持久专注的境界，最有效的方法之一就是提高学生对眼前事物的关注，集中学生的注意力。正因如此，法国生物学家乔治·居维叶说："天才，首先是注意力。"学习效率的高低，很大程度上取决于学生能否做到注意力高度集中，做到心中无杂念，不走神儿。所以，我们要特别加强培养学生持久专注的能力。

注意的稳定性也被称为注意的持久性。如果注意能长时间集中于一定的对象且没有松弛或分散的现象，表明注意有很好的稳定性。如果注意极易分散，不断地从一种事物转移到另一种事物上，这就是分心的一种表现了。一般来说，小学生的注意力能保持在25分钟左右，初中生能集中45分钟左右，高中生的注意力基本上与成人相同，能集中90分钟左右，所以每上完一节课，下课休息一会儿，活动一下身体，调整一下情绪，再进行下一节课的学习。有很多学生只能够保持很短暂的注意力，也就是说，注意力集中的时间较短，无法形成注意力的稳定性。注意力的好坏并不是先天遗传的，而是靠后天的培养和训练。要想提高注意力、培养良好的注意品质就必须进行有意识的、专业的注意力训练。

如果孩子长期注意力不集中，并且不能够及时得到改善，就一定会演变到养成不良的学习习惯，例如：上课开小差、做作业拖拉错误多、考试时粗心大意等，这些不良习惯一旦养成，不仅会影响孩子现在的学习，甚至还会影响将来的工作和生活,很难有很大的成就。同时,孩子注意力本身的水平靠自然提高是非常有限的,这就是为什么到了中学之后,很多孩子明明很想学,上课时却常常不由自主地走神,学不下去;明明非常聪明,智力非常高,学习成绩却不理想;考试题目明明会做,却常常由于粗心大意而出错。

我们都知道注意力对孩子有多重要,在训练注意力之前,我们先要了解一下注意力障碍,注意力障碍主要表现为无法将心理活动指向某一具体事物,或无法将全部精力集中到这一事物上来,同时无法抑制对无关事物的注意。造成这种情况的原因比较复杂,许多较严重的心理障碍都可以引起注意力障碍。

注意力不集中主要表现为容易分心、学习困难、活动过多、冲动任性、自控力差等。注意力分散会给孩子带来很多危害,如人际关系紧张、学校教育难约束、学习成绩差、自理能力差、自信心不足、做作业速度过慢、不愿意动脑筋、影响思维敏捷性和思维速度等。

进入小学以后,儿童的注意力有了很大的发展,主要表现在有意注意取得了很大的进步,但无意注意也占有很重要的地位。有研究表明,从小学一年级到五年级,小学生的无意注意基本处于同一水平。二年级学生的有意注意还在发展初期,水平很低,自觉控制注意的能力弱,到小学五年级,孩子的有意注意有了长足的发展,已经逐步取代无意注意。在这里,我们探讨一下怎样培养孩子的有意注意能力。

当孩子在专心干一件事时,哪怕是不太好的小事,家长尽量不要中途打断,因为打断是很粗鲁的行为,可以提前或事后给孩子讲清楚,当然有危险的事情是要立刻阻止的。例如孩子在专心地玩,妈妈给孩子拿来水果,或者端来水;孩子在外面玩得兴起,妈妈会说该回家吃晚饭了;孩子兴高采烈地在浴缸里玩水,妈妈说得洗头了赶紧出来了;孩子读书做作业时,妈妈会突然插话问问题;等等,这些都属于"粗鲁打断"的行为,不仅不利于孩子专心做事,也容易让孩子学会粗鲁打断别人。

当孩子10岁左右时,大部分妈妈也已经到了三十五六岁,情绪上容易出现问题。如果妈妈的情绪无常,那么孩子就会受到很大的影响,因为他不知道妈妈什么时候发火,会分散精力去研究妈妈,妈妈到底怎么了?是我做错什么了吗？这样，他的注意力就无法完全集中在学习上了。

这个时候，爸爸事业步入高峰期，外面的事情繁多，经常会因为忙于应酬，无意中疏远了孩子，而这个年龄段的孩子正是越来越依恋爸爸的时候，所以我一直希望父亲能参与孩子的成长中来。

培养孩子的有意注意很重要，小学低年级学生学习成绩不好，往往并非智力落后，而是由于注意力涣散，精神集中不起来。我们知道，对于学生来讲，听讲是很重要的，如果在上学初期不能形成良好的听讲习惯，那他在以后的学生生涯会遇到很大困难。因此，父母应有意地为孩子创设一些活动，如看看书、下下棋、玩玩拼图游戏，让孩子能持久地沉浸在一种有趣的活动中，从而培养孩子渐渐学会集中精力做事。

如果我们的孩子已经出现了注意力不集中的现象，那我们家长该如何训练孩子的注意力呢？下面我们详细介绍几种方法：

一、听觉注意力训练

指向性训练：比如，上床睡觉前，妈妈可以这样说："宝贝，你听左边窗户外面都有什么声音？"听完后，让孩子再听听右边窗户有什么声音，时间控制在2分钟即可，然后亲子间进行交流，这不仅锻炼了孩子的注意力，还锻炼了孩子的表达能力。

静听法：打开录音机或者收音机，把音量放低，然后再放低，把音量调到尽可能低，低到刚好能听清为止。使用这种方法时，刚开始不要时间太长，以3分钟为宜，之后再逐渐延长。

听音乐：家长和孩子闭上眼睛一起听音乐，感受音乐中的高、低、快、慢，听音乐结束后，家长和孩子还要共同来反思刚才的状态。

二、视觉注意力训练

静视法：在房间里或屋外找一样东西，比如表、自来水笔、台灯、一张椅子、一棵花草等，放置于距离孩子约60厘米的地方，然后让孩子平视前方，自然眨眼，集中注意力注视这一件物体，默数60～90下，即1～1.5分钟，在默数的同时，要专心致志地仔细观察。闭上眼睛，努力在脑海中勾勒出该物体的形象，尽可能地加以详细描述，最好用文字将其特征描述出来，然后重复细看一遍，如果有错，家长应加以纠正。熟练后，逐渐转移到更复杂的物体上，观察周围事物的特征，然后闭目回想。这样重复几次，直到都能看到每个细节。

边走边看法：家长可以和孩子一起以游戏的方式来训练，以慢速或中等速度穿过房间、教室、办公室，或者绕着房间走一圈，迅速留意尽可能多的物体，然后回想，让孩子把所看到的尽可能详细地说出来，最好写出来，然后对照补充。

舒尔特训练法：舒尔特方格是在一张方形卡片上画上25个1cm×1cm的方格，格子内任意填写阿拉伯数字1~25。训练时，要求被测者用手指按照1~25的顺序依次指出其位置，同时诵读出声。舒尔特方格不仅可用来测量儿童注意力的稳定性，而且可以用这套图表坚持天天练习一遍，那么孩子注意力水平就能得到大幅度提高，包括注意的稳定性、转移速度和广度。

三、感统训练

20世纪70年代，欧美、日本等城市化发展较早的国家，问题儿童越来越多，经数百位专家共同研究，美国南加州大学爱尔丝博士终于在1972年首先提出感觉统合理论。感觉统合就是机体在环境内有效利用自身的感官，从外界获得不同的感觉信息(视、听、嗅、味、触、前庭和本体觉等)，并将其输入大脑，大脑对输入信息进行加工处理并作出适应性反应的能力。感觉统合不足或感觉统合失调就会影响大脑各功能区、感觉器官及身体的协调发挥，引发学习、生活等方面的问题。

补课爬行：感觉统合失调的孩子有很多偏差行为，如注意力不集中、爱发脾气、做事拖拉等。如果孩子在4~10个月没有经历爬行的过程，影响了感统。那么作为父母，我们最好像做游戏一样补上这一课。这个时候家长要和孩子一起爬，比如妈妈在前，孩子在妈妈后面，爸爸在孩子后面，三口人一起爬，带着童心去爬，那么孩子就产生兴趣了。

走直线：如果孩子的平衡能力差，就要每天训练走直线，父母可以和孩子比赛，看谁走得稳、走得时间长。慢慢地，孩子的平衡能力就强了，左右脑就接通了，思维会变得活跃，注意力也就正常了。

感觉统合训练：感觉统合训练是人类最重要的感觉系统，可分为触觉、前庭平衡觉、运动感觉等项目的训练。主要有以下几种：

1.触觉训练：强化皮肤、大小肌肉关节神经感应，辨识感觉层次，调整大脑感觉神经的灵敏度。训练器材有按摩球、波波池、平衡触觉板。适应症：爱哭、胆小、情绪化、怕陌生、笨手笨脚、怕人触摸、发音不正确、偏食、挑食、注意力差、自闭、体弱多病等。

2.前庭平衡觉训练：调整前庭信息及平衡神经系统自动反应机能，促进语言组织神经健全、前庭平衡及视听能力完整程度。训练器材有圆筒、平衡踩踏车、按摩大龙球、滑梯、平衡台、晃动独木桥、袋鼠袋、圆形滑车。适应症：身体灵活度不足、姿势不正、双侧协调不佳、多动、爱惹人、语言发展迟缓、视觉空间不佳、阅读困难、自信心不足、注意力不集中、容易跌倒、方向感不明、学习能力以及习惯培养不起来。

3.弹跳训练：调整固有平衡、前庭平衡感觉神经系统，强化触觉神经、关节信息，促进左右脑健全发展。训练器材有羊角球、跳床。适应症：站坐无相、姿势不正、情绪化、身体灵活度不够、多动、注意力不集中、语言发展迟缓、阅读困难、胆小、情绪化、笨手笨脚、视觉判断不良、触觉发展不佳、关节协调能力差。

4.固有平衡训练：调整脊髓中枢神经核对地心吸力的协调，强化中耳平衡体系，协调全身神经机能，奠定大脑发展基础。训练器材有独脚椅、大陀螺、脚步器、竖抱筒。适应症：多动不安、容易跌倒、脾气急躁、好惹人、语言发展不佳、缺乏组织能力及推理能力、双侧协调不良、手脚不灵活、自信心不足。

5.本体感训练：强化固有平衡、触觉、大小肌肉双侧协调，灵活身体运动能力、健全左右脑均衡发展。训练器材有跳床、平衡木、晃动独木桥、滑板、S形垂直平衡木、S形水平平衡木、圆形平衡板。适应症：语言发展缓慢、笨手笨脚、注意力不集中、多动不安、情绪化、组织力及创造力不足。

家长要根据孩子的年龄特点训练其注意力，让孩子学会在一定时间内集中注意力。平时不要干涉孩子做自己喜欢的事情，要多给予鼓励。家长可以帮助孩子营造一个有利于集中注意力的家庭学习环境，如果能够坚持一个月，相信孩子的注意力会有明显的变化。

培养孩子良好的思维习惯

对于学生而言，养成良好的学习习惯、生活习惯、注意力习惯是非常重要的，那思维习惯是怎么回事呢？我们首先了解一下什么是思维。

思维指人们在工作、学习、生活中每逢遇到问题，总要"想一想"，这种"想"就是思维。它是通过分析、综合、概括、抽象、比较、具体化和系统化等一系列过程，对感性材料进行加工并转化为理性认识及解决问题的。

思维能力的训练是一种有目的、有计划、有系统的教育活动，对它的作用不可小觑。研究证实，人类从一出生即开始累积庞大且复杂的数据库，包括各种文字、数字、符号、味道、食物、颜色、声音等，大脑惊人的储存能力使我们累积了海量的资料。虽说人的天性对思维能力具有影响力，但后天的教育与训练对思维能力的影响更大、更深。

我们常说的概念、判断和推理是思维的基本形式，无论是学生的学习活动，还是人类的一切发明创造活动，都离不开思维，思维能力是学习能力的核心，也是智力的核心因素。人与人之间的思维能力差异很大，如能从小注意培养，将使人一生受益匪浅。

思维能力包括理解力、分析力、综合力、比较力、概括力、抽象力、推理力、论证力、判断力等能力，支配着一切智力活动。一个人聪明不聪明，有没有智慧，主要就看他的思维能力强不强。要使自己聪明起来，智慧起来，最根本的办法就是培养思维能力。

儿童思维的发展有一定的规律，由具体向抽象发展，因此，不能以大人的思维来看待孩子。但是适当的教育与训练，可以促进儿童的思维从具体向抽象发展，还可以培养良好的思维品质，如思维的深刻性、灵活性、发散性和创造性等，以提高儿童思维的能力。

例如，有位家长说孩子在暑假里参加了一个朗诵比赛，本来是可以参加决赛的，但因为一起参加朗诵比赛的孩子里面有比他演讲更好的，所以他就成了陪诵的，导致孩子心情非常糟糕。这件事对孩子来说确实是非常受伤害的，因为他觉得自己努力了，却没有得到认可。当看到孩子的眼泪的时候，我们能明白此时孩子的感受，孩子可能在想，我所有的努力都白费了，我还不如不参加……相信我们很多家长也有过类似这样的感受，但我们要引导孩子改变思维方式，换角度思考，让孩子明白无论这件事情的结果如何，重在参与，在这个过程中不仅得到了锻炼，能力也得到了提升，一切的经历都是财富。我们要让孩子明白，在人生路上并不是所有的事情都能如我们所愿，我们也要学会接纳，也要学会做一名观众，这也是一种接受。所以，如果我们能先理解孩子，然后再帮孩子从不同的角度看待问题，孩子就会越来越强大，这样他再遇到做不了的事情就不会觉得自卑。所以从现在起，所有家长要从自己的生活、自己的事情开始思考，当我们遇到任何事情，我们要从多角度思考问题，多样化处理问题。

其实我们也知道，无论遇到什么事情，我发现我可以用第一种方法解决问题，或还有第二种方法也可以试一试，甚至还有第三种解决方法。当面对一件棘手的事情，并有各种方法解决的时候，我就一点都不会担心，也不着急，这就说明我有能力掌控这件事，这就是自信。当我们解决不了一件事的时候，就会有无力感。所以同样的，我们要想培养孩子的掌控感，培养他们的自信，就要拓展孩子的思维，要让孩子的生活变得不一样，让孩子的生活变得多样性。

现代研究表明，个体智能开发的程度与三个方面的能力有关，即逻辑思维能力、口头书面表达能力和创造性思维能力。父母是孩子思维能力的启蒙老师,应该对孩子进行适时引导。现在多数家长都了解从小培养孩子大脑潜力的重要性,也会做一些简单的教学,但往往缺乏科学性,极容易错过孩子形成正确思维方式的关键期。科学思维最好从家长做起,并且把对孩子的培养渗透到日常生活实践中。下面我们详细了解一下:

一、家长要丰富儿童生活的环境

在孩子很小的时候,家长可以在摇篮的上方悬挂一些彩色的小球,或简单的色彩鲜艳的玩具,或能发出声响的东西等,供婴儿醒着的时候看和听。平时在婴儿醒着时,家长可以多逗他玩,抱、吻、抚摸他。随着孩子长大,家长不断提供合适的玩具,1岁左右的孩子能行走了,家长可以为他提供一个能活动的空间,让他自由地进行各种活动;3岁左右的孩子可以和他一起看动画片、儿童片,家长可以陪孩子一起看,一边看一边讲给他听;多带孩子到室外走走,看公园里的花草树木、动物园里的各种动物;等等。

二、家长要引导儿童提高语言能力

在孩子牙牙学语时,家长要帮助他正确发音。大人对孩子说话时不要说儿语,如不要将饼干说成"饼饼",将小狗说成"狗狗"。要让他听惯和记住日常生活中准确的常用词。要有计划地丰富孩子的语言词汇,帮助他用正确语言表达思想。比如,你可以告诉宝宝你正在做或者要做的事情:"妈妈在看书,宝宝长大以后也要多看书哦!""妈妈要去洗衣服了,宝宝要乖,要听话哦!"此外,宝宝在吃东西或者玩的时候,也可以和宝宝进行对话,问宝宝:"宝宝在喝牛奶,好喝吗?""这个玩具是兔子,宝宝是不是很喜欢呢?"这样的语言环境,有利于开拓宝宝由听到说的系统。宝宝在这一过程中,会模仿大人的语言和语调,所以父母要多给宝宝创造说话的环境,要多带宝宝到外面去走走,多鼓励孩子说话。因为外界各种各样的东西,能够激发宝宝的好奇心和求知欲。家长可以边走边和宝宝对话,把所看到的东西的名称及特点告诉他,比如告诉宝宝这是树叶,这是房子,这是花朵……让宝宝跟着说。这样几次以后，宝宝看到花朵，可能就会指着说"花"了。

语言是表达思维的工具。有了词才能对事物进行概括的、间接的反映。通过语言中的词语和语法规则，儿童才能脱离具体动作和具体形象，进行抽象逻辑思维。语言的发展对思维能力的提高能起很大的作用。

三、家长要培养孩子的积极思维

好动、好问是儿童的天性，小孩子会常问："为什么？"有时还会将玩具或家里的用具、摆设拆开来，想看看里面是什么样的。

案例：东东是一个6岁的男孩，比较喜欢汽车玩具和各类枪支玩具，但是他更喜欢"拆卸"各种物件。家里的闹钟已经被他拆了几个了，几乎将家里能够拆掉的东西全都拆了，儿童手机、闹钟以及爷爷的老花镜都成了他"拆卸"的对象。

类似东东这样的孩子，相信很多家长都遇到过，其实从儿童心理发展的过程来看，孩子将自己感兴趣的玩具或者物件拆除，这也是他们学习和探索的一个过程，他们并非真正意义上想要破坏某一样东西。当他们看到小汽车玩具会跑，就会对这个事物产生非常强烈的好奇心，想要通过自己的双手去亲身实践，"我得看看它里面装了些什么！""我拆一拆，摔一摔，看它里面的东西会不会掉出来！"

家长遇到这类问题时，千万不要错过这个教育孩子的良机。很多孩子喜欢拆卸，但是不喜欢组装，所以家长可以适当引导孩子对身边的物品进行组装，这样可以培养孩子的动手能力，也可以提升孩子的思维能力和认知能力。毫无疑问，相比拆卸，"组装"对于孩子来说，难度更大，对他们的逻辑思维也是一个挑战，所以，家长可以通过适当的引导，让孩子具备"拆装"一体的能力，帮助孩子积累更多的经验。

另外，家长对孩子拆坏东西也不要过分责备，但是要告诉孩子："你想看看东西里面是怎样的，这个想法是好的，但好东西被你拆坏了，这很可惜，以后要告诉我，我帮你解决问题。"孩子得到鼓励以后，就会更积极地去思考各种问题。对于不喜欢多提问题的孩子，家长要主动提出一些孩子能回答的问题，引导他去思考。

四、锻炼孩子的思考能力

在家庭生活中，锻炼孩子思考能力的机会有很多，只要家长在这方面做有心人，善于引导儿童去思考，就会获得丰收。玩玩具、做游戏、猜谜语、养小动物、养花、参加家务劳动等都可以使孩子积极动脑筋，去进行分析、比较、判断、推理等一系列逻辑思维活动，从而促进思维能力的发展。例如：搭积木，经常陪孩子玩搭积木的游戏，不仅能锻炼孩子大脑发育，还能锻炼眼力，对身体协调能力的平衡也是有作用的；能够让孩子充分发挥想象力，运用他的大脑思维进行空间管理，对物体进行编排。孩子在搭积木的过程中，还能对形状进行对比，识别不同形状不同构造。孩子可以构建什么样的整体，让他每一次对形状的研究都有新的体会。积木的颜色也会给他视觉上的冲击，刺激他对颜色的分辨力。再例如：拼六面图、拼七巧板等，都要动脑筋找出规律才能完成，这些游戏都能很好地锻炼孩子的思考能力。

五、教孩子掌握正确的思维方法

思维的特征是概括性、间接性和逻辑性。随着年龄的增长，儿童有了较多的感性知识和生活经验，语言发展也达到较高水平，为思维发展提供了条件和工具。但还要掌握正确的思维方法，才能更好地利用这些条件和工具，儿童一开始并不能掌握的，需要家长和老师引导，教儿童遇到问题时如何通过分析、综合、比较、概括作出判断、推理，从而使儿童掌握正确的思维方法。儿童一旦掌握了正确的思维方法，就如插上了思维发展的翅膀，抽象思维能力就能得到迅速发展和提高。

那如何培养孩子的思维能力呢？首先要培养孩子的概括思维能力。概括思维能力也称为聚合思维能力，也就是说把众多的问题综合归类，进行提炼。比如有这样一个问题，一只鸟加一条鱼等于什么？在小学数学中是无解的，因为两种动物不一样，不能相加。但我们能不能概括提炼一下，寻找他们的共同点呢？小鸟和鱼都是动物，从这个角度讲，这个问题是有解的。生活中有葡萄、苹果等，这些东西可用一个更高层次的词来概括，那就是水果。

其次，家长要注重培养孩子的发散思维能力。发散思维又称辐射思维、放射思维、扩散思维或求异思维，是指大脑在思维时呈现的一种扩散状态的思维模式，它表现为思维视野广阔，思维呈现出多维发散状，如"一题多解""一事多写""一物多用"等方式。不少心理学家认为，发散思维是创造性思维最主要的特点，是测定创造力的主要标志之一。

下面介绍一些练习的方法，希望家长们可以通过以下几个方面来引导孩子。

1.材料发散法——以某个物品为"材料"，以其为发散点，尽可能多地设想它的多种用途。例如：砖头有什么用途呢？

建筑方面：盖房子、垒墙、建桥梁、铺路、垒烟囱等。

生活方面：磨刀、垫东西、小板凳、锤子等。

艺术方面：画笔、绘画颜料、装饰等。

游戏方面：道具、球门、棋子、当积木等。

科学方面：模具、测量重力、化学实验材料等。

2.功能发散法——从某事物的功能出发，构想出获得该功能的各种可能性。

3.结构发散法——以某事物的结构为发散点，设想出利用该结构的各种可能性。

4.形态发散法——以事物的形态为发散点，设想出利用某种形态的各种可能性。

5.组合发散法——以某事物为发散点,尽可能多地把它与别的事物组合成新的事物。

6.方法发散法——以某种方法为发散点,设想出利用方法的各种可能性。

上面这六种方法并不全面,家长可以根据具体情况适当增减,我们可以给取一个好的名字,例如"头脑风暴",这样孩子就会非常爱玩,当然家长只是负责引导孩子的思维,可以适当设立一些奖项。

六、培养孩子的推理思维能力

当我们成功引导孩子培养正确的思维,接下来就要有意识培养孩子的推理思维能力。推理是由一个或几个已知的判断(前提)推出新判断(结论)的过程,有直接推理、间接推理等。在测孩子智商的时候,有一种"瑞文智力测验",即在都是图形的题目中,让孩子从中寻找他们的规律,寻找规律的过程就是测量推理能力的过程,也是训练推理能力的过程。

推理能力更加接近思维能力的核心,在家庭教育中,推理能力训练有很多方式,例如:走迷宫就是一个非常好的训练方式,可以训练孩子的观察能力。哪条路是正确的呢? 需要孩子用眼睛看,边推理边往前走。行还是不行,都需要孩子去尝试,尝试的过程就是训练的过程。如孩子丢东西了,家长就可以趁机帮助孩子来进行推理能力的训练,家长可以帮助孩子回忆:什么时候丢的? 最后一次在哪儿用的? 然后自己接着做了什么? 最简单的方式,就是让孩子把这个过程说出来。心理学认为语言是思维的外壳,也就是说,任何一个思维过程都是可以描述的。让孩子把过程说出来,会使思维过程更加条理化、系统化。

在生活中,我们可以通过下面的方法训练孩子:

1.可以让孩子听故事,听完后向他提几个关键性的问题,如果回答正确,说明他听懂了。比如:晚上,妈妈和孩子交流,可以问语文老师今天讲了什么内容,检验孩子听的能力,事实上他在听的过程中,就已经把抽象的文字转化成形象的画面。

2.比如孩子晚上和家长讲了白天学校里发生的一件事，如果我们听懂了孩子的讲述，那么就说明孩子把这件事情的形象画面转变成了抽象的语言文字，完成从形象思维到抽象思维的转化。

3.当孩子上三年级之后，让孩子进行以文字为主的阅读，减少读绘本等图画书，最好让孩子逐渐养成读小说的习惯。小说情节丰富，如孩子喜欢，证明孩子读懂了，把抽象的文字变成了画面，完成了抽象思维到形象思维的转变。

4.培养孩子写日记的习惯，好处非常多，十分有利于孩子思维的扩散。写日记就是把有意义的事物、场景或者画面用抽象的文字表达出来。家长有意引领孩子从简单开始，只要孩子能够表述清楚一件事就好，这个过程就是从形象到抽象的过程。

案例：一个小学生的爸爸是软件开发高手，在大公司已经做到了总监。儿子今年10岁了，爸爸在自己学习以及工作中，发现思维能力很重要。

晚上，孩子放学回家后，都要完成爸爸布置的作业——写一篇作文或日记，但在写之前要先口头说一遍。

这个10岁男孩的说和写的训练，就是从形象到抽象的过程。爸爸通过培养孩子写日记的习惯，提高了儿子的思维能力。孩子在班里的成绩自然好起来，语言理解能力提高了，数学理解能力也就提高了，从而提高了孩子的自信心，学语文、数学都比较轻松。

我们要培养的思维模式，就是逻辑的、推理的模式，所以这个时期的过渡就非常重要。人的一生只有一次思维飞跃时期，即小学中年级这个阶段，希望各位家长能把握住这个关键期。

第五章　正确认识孩子的偏差行为

青少年行为偏差的根源

我们应该看过很多孩子自杀的事件，大部分家长都觉得这样的事情离我们很远，当人们呼吁家长要重视孩子的心灵养育时，一些家长总说很忙，但是孩子的教育根本不可能等着我们有空闲时间来弥补，只要稍微有点忽略，孩子的成长变化会很明显。有些毛病一旦养成，会花费很多精力来改正，甚至根本无法纠正。所以不管挣了多少钱，事业发展得有多顺利，如果孩子的教育不得当，将来老了会后悔。

案例：小云的爸爸妈妈是做生意的，生意不是很大，但平时特别忙，没有多余的时间和小云在一起，更不要说给她辅导作业了，跟父母聊天交流也成了奢望。于是小云的饮食起居由爷爷奶奶负责，而学习方面则大部分交付给学校了。

小学六年级时，小云跟爸爸妈妈商量，班里大多同学都有了手机，自己也想买一个，这样不会脱离集体，和家长联系也比较方便，而且有不会的题可以用手机马上解决，不用等着第二天再去问老师，有时候积累太多就不想麻烦老师了。孩子说得头头是道，况且面临升初中这么关键的时刻，最主要的是，父母本就因为忙碌而忽略了孩子，感觉对孩子有所亏欠，所以索性花个一两千块钱，买个清净和省心，这是很多父母的做法。小云自从有了手机，跟家人的交流就更少了，整日埋头在自己房间，看似做作业，后来被发现在手机上聊天，父母是省事了，而孩子学习成绩直线下降。

这样的案例，相信我们每个人身边有很多很多，我看过一个调查，发现在手机的拥有率上，重点班远远低于普通班。有些孩子有着更强的自制力，或者说，家长在对孩子手机的管控上有着更清醒的认识，而有些家庭反倒很娇惯孩子，以致他们上课的时候不时拿出手机瞄一眼，课间争分夺秒打一局游戏，就是和老师说话的时候，眼睛仍盯着屏幕。这样的后果不言而喻，在这里，我想提醒家长的是，给孩子花钱，那不算爱；为孩子赚钱，那也不算爱。不用你多花钱，只要给孩子陪伴就够了，可以一起吃一顿精心准备的晚餐，一起读一本好书，一起看一场电影，一起去公园散散步。如果实在没时间，每天抽个十分钟或二十分钟出来，陪孩子一起度过一段快乐时光。

但是家长们要记住，陪伴孩子的时候，不要催促孩子学习，自己也不要刷手机，尽量不接应酬电话。虽然不需要我们一门心思扑在孩子身上，但是也绝对不能拿事业繁忙来作为借口。孩子在年幼时具有极强的可塑性，他们就像河水的源泉，活泼而无拘无束，一旦被导向某一方向，就能转变它的流向。在社会大环境中，为什么有的人有用，有的人无所作为，在这里起决定作用的是家庭教育。

人与人之所以不一样，主要是因为后天受到的教育方式不同。在幼年的意识中留下的某些印象，哪怕是微不足道的，都会在未来漫长的一生中发挥重要的作用。每一个人都不是他自己要出生的，父母使他们偶然来到这个世界，来到一个他们自己无法选择的家庭，有了一对永远不能变换的父母。一个孩子将来能成为什么样的人，这在很大程度上取决于父母是何种层次的人，取决于孩子在早期成长过程中受到何种层次的家庭教育。

案例：在英国有一个爱德华家庭，是真正的书香门第。老爱德华是个博学多才的哲学家，为人严谨勤勉。他的子孙中，有13位大学校长，100位教授，

80多位文学家,60多位医生,1个大使,20多个议员。

同样在英国,另一个珠克家族与之相比,则大相径庭。老珠克是远近闻名的酒鬼和赌徒,浑浑噩噩,无所事事。这个家族至今已传下八代,其子孙后代中有300多人当过乞丐和流浪汉,400多人酗酒致残或死亡,60多人犯过诈骗或盗窃罪,7个杀人犯,整个家族没有一个人有出息。

所以说孩子是父母的影子,我们都知道家长是原件,孩子才是复印件,孩子是父母的翻版。为了培养孩子的品德,父母亲要注意自己的言行,应该处处做孩子的表率。孩子好的行为及坏的行为都是父母教育影响的结果。

如果母亲爱打扮,孩子也会爱打扮的;若母亲是多舌的,孩子也不例外。同样,父亲好喝酒,孩子大概率也会喝酒;父亲说脏话、粗话,则孩子也是如此。这已成为家庭教育的定律。家长不要和孩子讲太多的道理,而是应用实际行动去影响他们,给他们做好榜样,让他们在实践中感知那些道理,这样他们才能真正地理解,并运用到自己的一言一行中。

正如有人所说,孩子的心是一块奇怪的土地,播上思想的种子,就会获得行为的收获;播上行为的种子,就会获得习惯的收获;播上习惯的种子,就会获得品德的收获;播上品德的种子,就会获得命运的收获!

孩子,是我们生的没错,但他们也是独立的个体,我们要给予他们足够的尊重。己所不欲,勿施于人,对孩子同样如此。希望孩子体格健壮,自己就不该好吃懒动;希望孩子知书达理,自己就不该野蛮粗鄙;希望孩子优秀,自己就应该更努力。父母是孩子的镜子,什么样的父母,照出来的就是什么样的孩子。人们总说:道理听了千千万,却依然过不好这一生。为何?光听道理没用,光讲道理也没用。什么才有用?行动。只有实实在在去做,才会开花结果。

教育孩子,说难也难,说简单也简单。作为父母,你只需做好榜样,当一面无比光亮美好的镜子,孩子自然能从中找到自己该有的样子。

在所有问题学生中,百分之八九十都是家庭教育缺失造成的。很多家长事业有成,在单位能够把下属修理得服服帖帖,业绩红红火火,而在家对自己的孩子却不知所措。不知道多少次听到家长说:我真的尽力了,可是孩子从小就在老家,我也管不到,也没办法啊。

造成孩子偏差行为的因素有很多,所以对偏差行为的辅导,需针对其成因对症下药,才会有事半功倍的效果。因为每个孩子行为偏差的表现不一样,成因也各有不同,所以不能一概而论。下面介绍青少年偏差行为的几种处理方式:

一、培养青少年正面的自我概念

因为自我概念发展和个人身心发展阶段紧密相关,但现今有些青少年与家人的关系很疏离,原因是许多父母忙于工作而没有时间陪孩子一同成长。

案例:小军是一个初二的男生,又高又帅,在班级里成绩却是倒数。不是他不聪明,是因为只有他成绩不好时,老师会叫家长或者给家长打电话,然后父母才能专门拿出时间来和他交流,哪怕是批评。当家长发觉孩子和他们关系紧张时,又束手无策,前来咨询。家长描述的都是孩子的不好,不懂事、叛逆,例如春节家庭大聚会,孩子也不参加,等等。现在孩子和他们基本没什么交流了,有事情就微信里说,还是用文字,也不发语音。

其实这样的结果,相信大家都知道原因,孩子想和你沟通时找不到人,等到他已经适应不和你交流了,你却受不了了,所以你此时看到的都是孩子的缺点。因此如何与家庭保持良好的关系,进而影响青少年有正面的自我概念,是不容忽视的课题。此外,也需加强父母对孩子交友方面的监控能力,以防止孩子受到不好的团体影响而产生偏差行为。

因为家长比孩子更有阅历,家长的目光肯定比孩子长远,孩子们之间能玩到一块儿,极有可能仅仅因为一件小事,而家长给孩子指定的朋友则是对孩子各个方面都会有一定帮助的人。相比孩子的选择,家长更有可能帮孩子找到一个能够互相鼓励、互相帮助、互相监督的好朋友。

《三字经》里说:"昔孟母,择邻处。"孟母三迁的故事就是在告诉我们,一个好的环境对孩子的成长是多么重要,作为家长,我们一定要起到能帮助孩子指引方向的作用。

二、家长应帮助青少年远离偏差行为

我一再强调,孩子的成长过程,家长要全程参与,特别是单亲家庭、隔代教养或因父母忙碌而疏于照顾的青少年,在品行、课业上要予以适当的辅导,才不会让青少年误入歧途,产生偏差行为。在这里,我没有歧视单亲家庭的意思,如果家庭结构不完整,而家庭机能完整,孩子也会健康快乐地成长,同样能优秀。下面介绍几种有助于和孩子建立良好关系的方法:

1.尊重与倾听:与青少年对谈时,要表现出积极倾听并专注的态度,才能深入了解其语言表达的含义,一方面要让青少年觉得受到重视和尊重,可以真诚表达,另一方面可以分析青少年的真正困扰及问题所在。

案例:故事发生在美国一个圣诞节。那天,男人为了和家人团聚,兴冲冲地从异地乘飞机往家赶,一路幻想着团聚的喜悦情景。真是天有不测风云,突然,飞机在空中遭遇猛烈的暴风雨,脱离了航线,上下左右颠簸,随时有坠毁的可能。乘客们惊恐万状,空姐镇定自若地吩咐大家写好遗嘱,并放进一个特制的口袋,做好临死前的准备。就在这万分危急的时刻,飞机在驾驶员的冷静操作下,终于平安脱险,安全着陆了。

这个男人回到家后,心有余悸的同时,更多的是心花怒放,死里逃生的经历让他又惊又喜。他不停地向妻子描述在飞机上遇到的险情,并且满屋子转着、叫着、喊着。然而,他的妻子正和孩子兴致勃勃地分享着圣诞节的愉悦,对他的惊险经历置若罔闻,没有半点兴趣。妻子满不在乎的样子令男人异常失落,他的心冷到了冰点。男人叫喊一阵子,发现没有人对他的倾诉感兴趣,于是,他死里逃生的遭遇与被冷落的心情形成了强烈的反差。当妻子把切好的蛋糕端出来时,这个男人爬到阁楼,用上吊这个古老的方式结束了从险情中捡回的宝贵生命。

这是一个真实的故事,也是一个令人非常震惊和心酸的故事。当然,这样的故事不止在这个男人身上发生过,任何地方都发生过。可悲的是,大多数时候,我们都不懂得倾听。仅仅花一点时间,仅仅说上几句贴心的话,就能挽救一个宝贵的生命。所以,多一点尊重与倾听,多一点爱心,不仅仅是对别人的尊重和理解,也能体现出自我的品质、素养和道德的底线。这里我希望所有父母都要学会尊重与倾听!

2.理解与共情:当孩子在讲述问题时,会有个人主观的认知、价值观或想法,家长首先要做的是共情,这样孩子才有继续表达的欲望,其次要尊重孩子表达自我的权利,即使不认同其意见,也要听其述说,接纳孩子的想法,我们可以直接说明不同意其某些言行,但不可将其全盘否决或加上侮辱性的标记,应让其充分表达,畅所欲言,如此这样,才能真正了解孩子。

案例:有一个病人以为自己是一只蘑菇,每天都撑着一把伞蹲在房间的墙角里,不吃也不喝,像一只真正的蘑菇一样。心理医生想了一个办法。有一天，心理医生也撑了一把伞，蹲坐在病人的旁边，病人很奇怪地问：你是谁呀？医生回答：我也是一只蘑菇呀。病人点点头，继续做他的蘑菇。

过了一会儿，医生站了起来，在房间里走来走去，病人就问他：你不是蘑菇吗？怎么可以走来走去？医生回答说：蘑菇当然可以走来走去啦！病人觉得有道理，就也站起来走走。又过了一会儿，医生拿出一个汉堡开始吃，病人又问：你不是蘑菇吗？怎么可以吃东西？医生理直气壮地回答：蘑菇当然也可以吃东西啦。病人觉得很对，于是也开始吃东西。

几个星期以后，这个病人就可以像正常人一样生活了，虽然，他还是觉得自己是一只蘑菇。

这是一个关于共情的故事，很多人把它当成一个笑话听。能够将共情做到如此境界的心理医生当然不多，对我们而言，站在孩子的立场上去考虑他的问题，是相对容易的，所以我们不要总用自己的标准来要求孩子，孩子也有自己的思维和行事方式。当孩子的想法与我们有冲突，他就成为我们眼中的"蘑菇"，因为孩子有时候的行为实在让我们费解。所以，家长一定要学会理解与共情。

3.换位思考：我们对待孩子的行为偏差问题时，要学会换位思考，例如你让一个4岁的孩子跟你走是没有问题的，但是你让他和你走得一样快，那就是你的不对了，所以家长要懂得换位思考，理解孩子每一个年龄阶段的行为。有些青少年会产生偏差行为是因为观念混淆或错误，所以在进行辅导时，要用说理和澄清的方式，最好的方法是使用换位法，使其词穷而自知理亏。在对青少年进行辅导时尽量多引导，不要直接给结果。

案例：拿破仑·希尔是世界著名的励志成功大师。有一年，他需要聘请一位秘书，于是在几家报刊上登载了一则广告，结果应聘的信件如雪片般飞来，但这些信件大都如出一辙，比如他们的第一句话几乎是一样的："我看到您在报纸上的招聘秘书的广告，我希望可以应征到这个职位，我今年××岁，毕业于某某学校，我如果能荣幸被您选中，一定兢兢业业。"拿破仑·希尔对此很失望，正琢磨着是否放弃这次招聘计划时，一封信件姗姗来迟，让拿破仑·希尔一下子惊喜不已，认定秘书人选非她莫属。

她的信是这样写的："敬启者：您所刊登的广告一定会引来成百乃至上千封求职信，而我相信您的工作一定特别繁忙，根本没有足够时间来认真阅读。因此，您只需轻轻拨一下这个电话，我很乐意过来帮助您整理信件，以节省您宝贵的时间。您丝毫不必怀疑我的工作能力与质量，因为我有15年的秘书工作经验。"

后来，拿破仑·希尔说："懂得换位思考，能真正站在他人的立场上看待问题，考虑问题，并能切实帮助他人解决问题，这个世界就是你的。"这个故事告诉我们换位思考有多重要，如果家长们学会从孩子的角度思考问题，肯定能收获良好的亲子关系。

在孩子生命初期，家长千万不要因工作忙而忽略对孩子的教育，不要等孩子有了偏差行为才后悔莫及。与其在生命之河下游抗洪救灾，不如在生命之河上游植树造林。

如何应对孩子学习动力的不足

当孩子告别幼儿园，进入小学，这是孩子生命中的一个重要转折点。幼儿园一般是以玩儿为主，而小学是以学为主，以养成良好习惯为主。可以说，孩子步入小学，将正式踏上学习的路程，因此，他们需要父母的引导和帮助。很多家长提起孩子的学习，总是把"严师出高徒""孩子有一个好老师算是运气"这样的话语挂在嘴边。但是实际上，家长只依赖教师在孩子学习上起的作用，却忽视了家庭教育所起的作用。

有些家长说："现在孩子不认真写作业，敷衍了事。""写作业拖拖拉拉，该怎么办？"等。其实家长要有一个清醒的认识，就是学习只是孩子成长、发展的方式和手段，绝不是培养孩子的最终目标。小学生的学习内容都是最基础的内容，在学习的过程中，应强调人格、品德或者习惯、是非观、身体素质、生活能力和学习能力等诸多方面的培养，这也是在为孩子的一生发展奠定坚实基础，而且学习也是一项长期的工作，不可能速成，只有长期坚持才会有好的效果。家长应帮助孩子端正学习态度，稳定他的学习情绪，分析得失，调整好学习方法，设立可行的学习目标，树立学习榜样，帮助孩子体验到成功的感觉，进而才能让孩子保持源源不断的学习动力。

其实不想学习，是许多孩子的通病，相信很多家长一定曾经或正在为此而头痛不已。下面就针对孩子不想学习的一些表现，分析其背后的原因。

一、我努力很久了，成绩就是没起色！

这样的话，相信有很多家长都听过，孩子不是天生就不爱学习，而是孩子的努力没能达到自己预期的目标，或达到家长的要求。孩子觉得自己的付出没有意义，那为什么还要继续付出呢？

案例： 有一位五年级的孩子，学习成绩不是很好，学习状态很被动。他的童年经历几乎是在溺爱和棍棒中长大，他们家中事事都以这个孩子为中心，只要孩子学习能好，家长会包办孩子的一切。而孩子的学习成绩一旦达不到家长的期望，除了非暴力语言就是动粗。在小学五年期间，孩子经常因作业问题而受到家长和老师的讽刺与体罚，导致孩子平时几乎不愿写家庭作业，去学校上课也很不积极，跟老师、同学互动性不是很大，现在在家除了玩游戏基本没有其他选择。久而久之，孩子对学习产生更强烈的抵触，成绩越落越多，最终失去动力和信心，得过且过。

当出现这种情况时，家长要先找到孩子厌学的原因。比如饥饿的时候，我们吃一口，只会让我们感觉没有那么饿了，但还没有吃饱，所以我们接着吃，一口又一口，慢慢才会觉得饱。学习和吃饭一样，知识要一点一点地学，不要着急，学到一定程度，成绩自然就会提高了。正所谓："罗马非一日建成。"家长不要操之过急，首先我们要打开的是兴趣之门，兴趣是孩子学习的主要动力，曾经有一位妈妈请教某位教授如何教育孩子："请问教授，您认为什么对孩子的学习最重要呢？"教授用两个简单的字来回答家长："兴趣。"家长追问："难道成绩不重要吗？"教授说："有了兴趣就有了一切，有了兴趣，伟大的成绩就会随之而来。"爱因斯坦曾经说过："我不是什么天才，我的成功是因为我有兴趣。"在北京奥运会上拿了8块金牌的菲尔普斯的名言是"兴趣加坚持"。兴趣的本质是什么，就是好玩，实际上爱玩是孩子的特点，每位家长都应该和孩子做朋友，和孩子一起玩，和孩子进行有思想的交流和沟通。

案例：一个女孩上小学，英语不好，她的爸爸妈妈就想请个英语教师来家里补习。有一天，妈妈回家时，看到女儿正在学着老师在作业本上批改作业，妈妈灵机一动，瞬间有了想法。于是妈妈问孩子："你能不能模仿老师给我们上上英语课呢？因为我们没学过英语。"孩子满口答应了。从此，每个周六上午，就由女儿来给爸爸妈妈上英语课，到周末，本来喜欢睡懒觉的孩子却早早起了床，摆好了板凳和黑板，把单词写在黑板上，等着爸爸妈妈来听课。每次听完课之后，父亲就故意问一些问题来为难女儿，女儿说："这个问题，等我下周六再告诉你。"为什么呢？当然是到学校去请教老师了。

所以我们父母一定要保护好孩子的学习动力，激发孩子的学习兴趣，这样孩子才能有持久的学习能力、思考能力和学习动力，让孩子能够完全轻松愉快自在地学习。

二、我真的害怕努力之后却没有结果！

说这样话的孩子，究其深层原因，就是害怕失败。孩子有这样的心态，就是因为家长一直以来对他们错误的态度和错误的鼓励方法。现在的孩子都很聪明，特别机灵，总是一点就透，一学就会。家长平时和孩子说话的时候，也总会忍不住地称赞孩子："你真聪明！你真棒。"而很少对他做事的过程做点评，比如可以说："你搭建积木真努力，我特喜欢你这样专注。"久而久之，家长错误的表扬就引起了孩子对于自己"完美"形象的警惕。当孩子有了"我不要让别人看到我努力"的意识之后，那么我们再说"你真努力"的话，反倒不好使了，这会加剧孩子对家长的反感，他心里会在想："怎么又被你们看到我努力了，我就是不要你们看到，我就是聪明。"孩子也因此变得更加容易发脾气。

我们每个人都是害怕失败的，没有人不想成功。就像做选择题，我们都想选出正确答案。为了选出正确答案，除了直接算出正确答案，我们还可以排除错误答案,达到目标的方法不是只有一种。

其实每一次的失败都帮助我们排除了错误答案,错误答案都被排除了,成功还会远吗?就像交友一样,我们每个人都希望能交到适合自己的朋友,然而事实并非如此,只有一次次的交友失败,一次次地印证自己需要的是什么样的朋友,最终才能遇到适合自己的友谊。

台湾著名励志作家刘墉,曾经与不爱学习的儿子刘轩打赌:你如果考试全部得零分,我请你吃大餐!而本来成绩没有那么差的刘轩发现:其实想全部都错,前提是自己要知道正确答案是什么,避开正确的,才会错。反之亦然,避开错的,才会对。

现实生活中,很多父母根本没有在意孩子的感受。当孩子失败了,有些父母似乎总愿意用"笨蛋""没用的东西""不争气的玩意""废物"等这些话来讽刺和挖苦孩子。很多家长看不到孩子自身的努力、进步和优点,他们两个眼睛只盯着分数。例如孩子考了双百,很高兴地回到家里告诉父母:"我这次考了双百!"我们好些父母会说:"这次确实考得不错。"正当孩子扬着小脸得意地听着爸爸妈妈表扬时,紧接着我们父母后面的话又来了:"千万不要骄傲啊,咱们一次考双百算不了什么,咱们要次次考双百呀!那才叫厉害呢。"孩子一听:"我的妈呀,我的爸爸妈妈怎么这么高的要求呢?我怎么能做得到啊!"孩子一下就没有信心了。

还有当孩子的学习成绩有了明显的进步,例如从85分提高到90分,孩子特别高兴,很得意,告诉爸爸妈妈:"我这次考试又进步了,进步了5分!"结果我们好多家长往往张口就问:"这次班里考最高的是多少啊?你就考这么点分数还值得说呀,也不嫌丢人!"孩子站在那里,一句话都说不出来,憋得脸通红。最后孩子实在听不下去了,冒出一句话来:"我们班还有不及格的,你咋不问呢?"所以,很多孩子就是在这种家庭环境当中逐渐地平庸下去了,学习的动力就是这样一次一次地被磨没了。

三、我不想学习了，可不可以放弃？

我遇到过一个初三的学生，他的成绩在班级里是最后一名。他父亲曾经找我咨询，说想让孩子复读一年，但是孩子说："即使复读，我也是最后一名。"孩子自己就想放弃，因为他看不到坚持的意义。成就感是影响学习动力的重要因素，在学习上没有体验过成就感，就容易使孩子轻易放弃。

案例：有一个小女孩，从小就非常喜欢画画，整天拿笔在本子上画，家里的墙面，她能够到的地方全部都是她的画作。她的父母也非常支持，一上幼儿园就给她报了美术培训班。然后她就一直不断地学习，学了很长时间，而且画得也很好，还参加市里的少儿组美术比赛，得了很多次奖。

但是到上初中的时候，女孩就说什么都不想再碰画笔了，别人怎么劝都不听，她的父母也很头疼，最后还是放弃了。其实，她说以前是非常喜欢画画的，画的时候也很开心，但是后来她母亲要求太严格了，一听说哪里有比赛，就给她报名，还要求她必须获奖。开始她还愿意参加，参加的次数多了，就感觉很不开心，本来画画是自己的爱好，参加比赛也是为了练习，但是如果没获奖就会面临母亲的一顿训斥，而且母亲还经常强制要求她去画一些东西，慢慢就失去了兴趣，直到最后再也不想拿画笔了。

她说当时如果母亲没有那么严格要求，说不定她还会继续画下去，因为画画，她和母亲说过很多次，还吵过架，她母亲就是不理解她的感受。后来她母亲也问她放弃画画是否后悔，她还是说不后悔。

通过这个案例，我们明白了什么？是否能引起我们家长的反思？孩子放弃学习画画，这里有没有大人的原因呢？

想想孩子小时候，是否都特别爱学习？是否对什么都感兴趣？无论是什么原因导致现在的孩子不想学习，家长都要清楚地告诉孩子："虽然你努力了很久，却没有看到成果，心里很难过，想要放弃是可以理解的，但是真的没有成果吗？量变引起质变，我们的努力并不是没有成果，而是在积累量的过程，目前我们不一定能看到结果，质变时我们才能看到结果。我们从来没有听说哪个人种下一颗种子，第二天就会长成参天大树，种子到幼苗再到参天大树，是需要生长过程的。成功也是，它也需要从小到大慢慢积累聚合的成长过程。没有谁刚刚开始努力，就会立刻成功。所以要相信，我们每一次的付出都在积累量，都在为质的突破做铺垫，再坚持一下，就会看到质变了。"另外，不妨把目标分解，让孩子体验每一次小幅度的进步，这样孩子也能体验到成功的快乐。

四、哪个都不想放弃，我该怎么选择？

当今社会外在诱惑太多，导致孩子目标过多。眼花缭乱、目不暇接的情况下，孩子根本不清楚自己到底想要什么，其深层原因是想逃避选择，什么都想要得到。

针对这种情况，家长要明确告诉孩子在学习和生活中总是要做出选择的，很多时候哪个都不想放弃，就什么也得不到。舍得，舍得，舍了才能得，两个字连在一起，没有"舍"哪来的"得"呢！就像孩子面对困难时，父母只有舍掉对孩子的担心，不去干预他，才能换来孩子的成长，学会放弃才能得到更多。而一个人只有足够强大时，才有机会去选择、去放弃。如果我们自身能力不过硬，只能等待被选择，那样的结果，或许完全不是我们最初想要的。

换一个角度，如果孩子什么都想要，那我们家长是否可以引导孩子列几个清单呢？从不同的维度，家长可以把孩子的目标都列出几个清单来，按照想要的强烈程度排序，然后进行删减，每个清单只留一个，要留哪个，或几个清单里只选一个清单，要选哪个。当然，此方案不适合年龄过小的孩子。

说了这么多，最后给家长出些思考题：孩子是不是不爱学习？是不是没有动力？是不是容易放弃？是不是想要的太多？

家庭教育，说简单一些，就是家长不断为孩子树立好榜样，默默引领。榜样足够强大，影响就足够深远，那么孩子追随榜样的动力自然就能够持续生发出来。

如何引导青春期的"爱"

案例： 小A是个活泼懂事的男孩子。进入青春期之后，他的种种变化让父母感到惊讶。他做事有些诡秘，好像有什么事瞒着父母，父母一进他房间，他总是有些慌乱。他也不像以前那样，和父母看看电视，或是聊一会儿天，而是一进家门，就把自己关在小屋里。最近几次考试，成绩也下降很快。

有一天夜里，小A妈妈起床上卫生间，习惯性地去看看儿子，竟然发现儿子不在房间里。妈妈想不出儿子这时出去干什么。小A父母赶忙给亲戚打电话，到处都找不到他。父母调动亲戚朋友一起寻找，终于在公园找到了小A，他的身边还坐着一个女孩。小A的父母发现小A早恋了，非常生气，立即没收了小A的手机，并找到了他的班主任。班主任和父母都劝小A："现在还不是谈恋爱的时候，等你上了大学再谈恋爱也不晚。"小A对大家的劝说不但不听，反而很反感，与女孩之间的来往更加频繁了。小A的父母对孩子的变化感到无能为力，不知如何是好。

这样的案例在我们生活中是常见的，如果遇到这样的情况，我们家长该怎么办呢？我们家长必须明白，凡是早恋的，或在情感上有问题的孩子，都是父母给予支持力量比较匮乏的孩子，而且反叛精神一般都很强，看父母很是不顺眼。每个家庭里都有一个非常倔强的爸爸或者妈妈，就是倔强的父母让孩子这种反叛精神越强，早恋的可能性就越大。同样的道理，父母支持越弱，那他跑出去的可能性就会越大，所以我们家长应该反思自己的脾气、交流方式。我们还应该看到早恋背后最真实的诉求，即孩子对你的渴望。孩子想表达对你的这份心，但是因为这条路不畅，爱无法在家庭内部流动，所以他到外边去了。想让孩子健康幸福地成长，我们家长就需要下定决心，从改变自己开始。

孩子早恋，还有一个原因就是眼界太窄，所以家长一定要帮助孩子开阔眼界，提升格局。不观世界，何来世界观呢？就当你持续不断地向前走，眼界越来越开阔，格局越来越高的时候，你就会站得高、看得远。所以我们需要让孩子提升格局，多带他出去走走，让他知道这个世界很大，那他就不至于在某一个当下陷入一种错误的情感状态。

例如我家大宝上六年级的时候，班级里有一个女孩子非常喜欢他，有一天就向他说了三次。孩子回来和我说的时候，我并没有紧张，也没有责怪孩子，而是问他："你喜欢这个女孩子吗？"他说："谈不上喜欢，但是也不讨厌。"我问他："你们班级有多少个女生？"他说："不到20个。"我又问："那你们一个年级组大概有多少个女生呢？"孩子想了想说："大约200人左右吧。"我接着问孩子："你说20个人中和200个人中选一个，从哪个选出来的会更优秀？"孩子不假思索地回答："那肯定是从200人中选出来的更优秀。"我说："你现在只是从20人或者200人中选择，如果你上了大学，可能就是从2000多人，甚至上万人中选择，那时候你会见到全国各地汇集在一起的非常优秀的人。你现在告诉爸爸，你是什么想法？"孩子非常肯定地说："我知道了，爸爸，我要好好学习，到大学再谈恋爱。"

我们都知道旅游需要导游，那人生更需要导师，孩子需要家长帮助他指引人生的方向，也可以给孩子物色一个德才兼备的人，成为孩子的导帅。如果我们的孩子身边没有一个良师益友能给他支持，他很容易跨越这个界限，很容易产生一段情感关系。所以我们要给他找到良师益友，给他一种正向的支持。

诗人拜伦说："没有青春的爱情有何滋味？没有爱情的青春有何意义？"

当孩子进入青春期,随着年龄的增长,他们的生理和心理在发生着变化,更加需要得到除了父母之外的其他人对自己的肯定、赞许和认同。这是人的自然属性,没有规则可循,没有道理可讲,没有性别限制,它的存在没有错,这是每个成年人都经历过的。正因为如此,苏联教育家马卡连柯指出:"恋爱是不能禁止的。"孩子在青春期本身就处于逆反状态,再加上缺少与父母的有效沟通,甚至得不到父母的关爱和理解,他们很容易被同龄异性的温暖和关心所打动,从而积极地进入早恋。

青春期生理成熟,是青少年开始更多关注异性的重要原因之一。除了身高和体重急剧增加外,性成熟是身心发育的一个显著特征。伴随着第二性征的出现,他们很容易产生兴奋、冲动和神经过敏等情绪。但是,这时孩子的心理发育尚未成熟,可塑性、波动性大,争强好斗,认识能力差,同时由于本身的社会经验有限,缺乏辨别是非的能力,喜欢盲目地模仿、崇拜,对社会上流行的新奇事物表现出强烈的兴趣,喜欢追求自己未曾经历的事情,从中获取物质和精神上的满足,因此很容易受外界消极因素的影响。

所以,有人称这段时期为"第二次断乳期""危机期""风暴期"。许多家长对自己的孩子进入青春期毫不知情,就是知道了也是遮遮掩掩、神神秘秘的,反倒激起了青少年的好奇心。如今,独生子女家庭占大多数,家长在子女生活上给予无微不至的关怀,但是往往忽略了对孩子的心灵养育。子女所需要的朋友般的理解得不到满足,内心的空虚使他们渴望结交友情。初中生异性交往常常以非常特别的形式出现,试探和游戏的成分居多,家长要理解,孩子和异性同学交往密切的行为不一定就是早恋。这就是大人与孩子的区别,大人谈恋爱是为了结婚,是为了谈出一个结果,而孩子们不是,他们可能仅仅是喜欢对方,目的非常单纯。可是大人们往往从自己的角度来看孩子,看到孩子和异性接触多了,就认为他们是早恋,就要干涉。成人会觉得一旦"恋爱"了,他们就会怎么怎么样,其实,孩子们可能从来没想过要怎么样,他们的"恋爱"没有目的，也没有想过要什么结果。

当他们一旦遇到心目中的"白马王子"或"窈窕淑女"，或遇到关心自己的异性，哪怕是年龄比自己大很多，即产生强烈的好感、依附感。教育失当家庭主要指有不端行为家庭、不和睦家庭、过于苛刻的家庭或过于溺爱的家庭。这样的家庭要么家长行为不端，在潜移默化中影响着自己的孩子；要么家庭不和睦，孩子很难享受家庭温暖；要么家长要求过于苛刻，视男女交往如大敌，处处严加防范，结果事与愿违；要么过于溺爱，孩子永远长不大，在家依附家长，在外依附别人。

很多父母对孩子的交友极为在意，甚至粗暴地干涉孩子交友的权利，真是无处不在，无孔不入。他们随便检查孩子的手机，跟踪孩子行踪，甚至盘问孩子结交的每一个朋友，并且总是用"如果你敢早恋，我就打断你的腿"等这样的话语来威胁孩子，久而久之，孩子心里会有一种强烈的报复情绪，越不让早恋，孩子越要早恋。还有一种父母，他们经常讽刺孩子，总说："就你那样，谁能看上你。"时间一长，孩子的自尊心会受到伤害，因此为了反击父母的话是不正确的，他们就会义无反顾地加入早恋队伍。所以说，孩子的早恋可能和我们父母有直接的关系。

当家长发现孩子开始关注异性，或者与异性有较为密集的交往，千万不要太紧张，这个年龄段的孩子对异性的态度和情感大多是模糊的，可能今天看见这个女孩穿着很漂亮的衣服就喜欢她，明天看见另一个女孩长得好看就马上转移视线。这种情况下，家长完全不必太紧张，或者急忙告诉老师和对方家长，或气呼呼地对孩子既骂又打，弄得满城风雨，那肯定不会有理想的结局。家长可以采用暗示的方法，比如推荐一篇有关这方面的文章，或者在孩子的床头放一本这方面的书，或给孩子写一段既含蓄又能让其领悟的话语等。

另外，家长可以多安排一些孩子喜欢的活动，以此来转移孩子的注意力，比如家长可以多安排家庭集体活动，或一起远足踏青，或去健身中心打打球，或一起看看电影、唱唱歌。这样的活动，孩子一般都会喜欢，不仅转移了他的注意力，也增加了亲情。有些家长发现孩子有早恋倾向后，就高度紧张，处处设防，甚至采用不正当手段，限制孩子的人身自由，采取搜查、隔离和盯梢的办法。这些做法，显示了成年人的某种阴暗心理，让孩子觉得自己受到了丑化和侮辱，只会激发他们的叛逆情绪。同时也等于用成年人的阴暗心理教唆了孩子，诱发了他们的性罪恶感和神秘感，过多的禁锢反而容易导致更多的渴望，这样做的后果是把事情弄得更僵，并直接损害家长与孩子之间的亲情。孩子与异性之间的交往如果已经在某种程度上影响了学习成绩或情绪态度，家长需要与孩子进行朋友式的交流，可以谈自己成长的历程，谈当今的社会现状，谈未来的理想等，目的是要减少孩子的孤独感、空虚感。记住，是平等交流，而不是居高临下地去训斥。这个时候，从孩子的心理角度来分析，越是带有"教育"色彩的处理方式，孩子越是抵触和反感。家长应该记得自己年少时也曾因坚持某个自己认准的事情而遭到反对和阻止，感到不舒服。所以在这种时候，家长与孩子要建立起互相理解、互相信任的感觉，心平气和地跟孩子面对面地沟通，这才是合情合理的做法。

过早的恋爱会给孩子带来不良影响。据许多教师观察，男女学生交往过于频繁时，他们的情绪大都不稳定，听课时注意力不集中，学习成绩大幅度下降。孩子如果有了正确的人生观、价值观和理想，一般不会对眼前的小诱惑动心，也不会为了短暂的享乐满足而放弃追求。很多真正陷入早恋的孩子，他们的人生是茫然的，并不知道自己在做什么，他们大都知道自己这样做不对，知道自己在堕落，在做糊涂的事，内心并不幸福。可他们之所以难以摆脱这个麻烦，主要是因为缺乏远大的人生目标。我们家长应尽量做到放手不放眼，既关注又远离，否则物极必反。家长要学会修复家庭的裂缝，给孩子一个更加完满而健康的家庭环境；家长可以帮助孩子培养一个兴趣爱好，最好是有关体育方面的；可以帮孩子树立一个积极向上的人生观和价值观，让孩子心中有目标，这样学习才有动力，比如利用假期带他们参观大学校园，体验一下大学生活。此外，家长千万要保护孩子的心理和尊严，既要善于疏导，又要加以规范。

家长在处理孩子早恋问题时，会有几种情况，一种是愿意交流分享的，家长可以这样做：在孩子愿意向父母承认和倾诉时，首先要表达你的开心，例如可以说：我们家的孩子真是长大了。这样的表达不是说要父母接受早恋，而是要让孩子感受到此事被你接纳，只有在接纳的基础上才能顺利展开后面的教育与引导，教会孩子如何和异性相处。要知道，早恋中的爱情往往比较幼稚，如果真的"恋"上了，往往会迅速发现对方的缺点，走向主动要求"分手"的结果。

还有一种情况，孩子拒绝交流，或在家长已经有确凿证据可证明孩子早恋，孩子仍撒谎，这个时候，家长千万不要急着逼孩子承认，不要揭露真相、打破谎言。遇到这种情况，家长要学会善于自我放松、自我调节，可以和孩子分享自身的恋爱经历，委婉地表明你的期望：无论如何不要落下学习，继续发展综合素质。你要相信自己的孩子会处理好恋爱和学习之间的关系。这种信任会让孩子对你感到感激，而不是怨恨，并会促使孩子开始像一个大人一样思考。

家长可以利用一段时间调整工作和休息时间，多为孩子提供一些有意义的活动和陪伴，同时要给孩子一些时间。保持孩子主动与你交流的状态，如发现孩子仍沉溺在恋爱之中，并影响到学习成绩，这时可采取一定措施，要自然而严肃地和孩子达成协议，例如告诉孩子什么事情该做，什么事情不该做。只要你和孩子保持良好的亲子关系，他会答应的，这样做，你可以了解事情最起码的进展情况。总之，要坦诚面对孩子，对待孩子不要粗暴、强硬，不要漠不关心；要会先接纳，让孩子向你敞开心扉；要正确指导交往，让孩子正确处理情感；要讲道理，让孩子真正投入学习中。

青春期教育的重要性

青春期教育是对青春期孩子的全过程、全方位的系统教育，是人的发展教育。青春期是指由儿童阶段发展为成人阶段的过渡时期。进入青春期的青少年，身体机能和心理机能都会发生变化。一是身体出现发育的第二个高峰，男生和女生在形体、生理方面的差异会更加明显。二是心理断乳，伴随着心理的急剧变化，青少年自我意识得到了迅速发展，独立思考及判断是非的能力有了明显提高。

青春期的青少年开始有成人倾向，发现了新的自我，强烈关心自己个性的成长，关心自我形象的完善，自我评价能力不断增强，具有较强的自尊心。人生观和世界观初步形成，但由于青春期的青少年在社会上没有确定的角色，生活能力、自我约束能力以及人际交往能力都比较弱，容易受到各种思想的影响和诱惑。因此，青春期教育显得格外重要，任何"头疼医头、脚痛医脚"的教育方式，必然效果不佳。

一个人出生后，首先应该培养他注入善良、尊重别人、懂得包容、遵守规则等基本特性。等他完成了人性的社会化后，才会具有初步的个性。只有将个性升华为人格后，这个人才能叫真正有个性。那些拒绝、排斥规则建立起来的，无视他人权益的所谓"个性"，是把无知当成了个性。所以，不能将青春期教育简单地等同为"防"早恋教育，即使是"防"早恋的教育，也不能简化为性教育，而在开展性教育时，其主要内容又不能简化为性知识教育。也就是说，青春期教育，是为孩子的未来"奠基"的教育，是在这个阶段开发孩子的智力和各种基本生活技能教育，是对学生进行健康感情教育、责任教育、自尊教育、幸福观教育。只有这样，青春期教育才能与社会发展相衔接。

教育青春期的孩子,其实没有什么灵丹妙药,最好的办法就是根据孩子的具体情况因材施教。家长要了解孩子在不同的成长阶段可能会遇到的问题,一个孩子一个样,一把钥匙开一把锁。你和你的孩子磨合了十几年,你比任何人更了解自己的孩子,你比任何人最先发现自己孩子的问题,你比任何人更了解什么样的教育更适合你的孩子。其实,教育青春期的孩子要特别注意松紧适度,该松则松,该紧则紧;该批评则批评,该表扬则表扬,别光批评不表扬。对青春期的子女,有时不妨表扬多一些,民主多一些,宽容多一些,尊重多一些。家长也要明白这样的转变:你将从面对一个时时依靠你的小孩,到面对一个即将独立成人的青少年。家长们的心态要改变,家庭管理模式也要改变,对孩子的教育方法也要改变。

　　进行青春期教育时,首先应传授科学的性知识,让青少年认识到人的生理机制的一般性、特殊性,形成健康的性意识。其次,青春期教育还应侧重于健全人格的培养,使青少年逐步形成正确的人生观与世界观。由此看来,青春期教育应从以下五个方面入手:

一、以生理教育为基础

　　针对青春期的性别差异进行教育。首先在兴趣方面,男生和女生有差异,男生喜欢各种科技书报,愿意参加各种科技活动和科学实验,如航模、航海、理化实验等;女生则更多地对文学、艺术感兴趣。其次在性格方面,男生大多性格开朗、勇敢、果断,不拘小节,好动、遇事鲁莽,多攻击行为,易感情用事;女生性格多文静、温柔。再次从能力上看,男生知识面较广,思维能力较强,想象丰富;女生动手能力的发展较早,有比较多的特殊才能。所以应根据青少年性别的差异,有针对性地开展青春期教育,才能收到好的效果。

　　家长应帮助孩子认识自己的身体发育过程和特点,这是非常重要的。生理教育应该包括两个层面:

　　第一个层面是性成熟和身体发育。要让孩子对自己的身体发育有一个科学的认识和理解。

　　青春期性教育是一个既敏感又重要的课题,对于青少年的性教育,无论

第五章 正确认识孩子的偏差行为

是家庭还是学校方面都十分匮乏。数据显示，85%的父母以类似"孩子长大后就会知道"的托词敷衍；90%的学校没有专门的老师，更没有安排课时讲授性知识。但是这些内容需要我们家长了解，才能正向引导青春期的孩子。

首先，我们要谈的就是青春期孩子的性心理。从心理学角度看，性行为在很大程度上是由性心理因素决定的，所以，爸爸妈妈们如果想要引导好青少年时期的性行为和两性交往行为，就必须先弄清楚他们的"性心理"。性心理是指对性生理变化、性别特征和差别、两性交往以及性行为的内心体验。比如青春期女生由于不了解生理变化的知识，初潮到来时往往会焦虑、恐惧、不安，这种内心体验就属于性心理现象。那么青少年性心理都有什么特征呢？

1.性心理的朦胧性和神秘感：青少年的性心理基本上是生理急剧变化带来的本能作用，好像鬼使神差似的对异性发生兴趣、好感与爱慕，但是这种萌动似乎披着一层朦胧的轻纱，其实他们并不了解多少有关性的知识，只是对性有较浓厚的神秘感。

2.性意识的强烈性和表现上的冷漠感：一方面十分重视自己在异性心目中的印象与评价，另一方面却又表现得拘谨、羞涩和冷淡。他们内心对某个异性很感兴趣，但表面上却又好像表现得无动于衷，不屑一顾，或做出回避的样子。

3.性心理的动荡性和压抑性：青春期是性能量最旺盛的时期，但由于这时不少青少年的心理不够成熟，还没有形成稳固的性道德观和恋爱观，加上自我控制的能力很弱，很容易受到外界因素的影响而动荡不安。由于性能量得不到合理的疏导、升华而导致过分压抑，有些青少年可能会以扭曲的方式、变态的行为表现出来，如"厕所文学"、同性恋、偷窥或恋物等。

4.男女性心理的差异性：在对异性感情的流露上，男性表现得较为明显和热烈，女性表现得含蓄和深沉；在内心体验上，男性更多的是新奇、喜悦和神秘，女性则常常是惊恐、羞涩和不知所措；在表达方式上，男性一般较主动，女性往往采取暗示的方式。

青少年男女彼此向往与追求，是青少年性心理发展的正常表现。青春期的男性对女性普遍好奇，迫切希望了解他们，喜欢在女性面前展示自己的才能，吸引对方的注意。进入青春期的女生，感情体验丰富，行为表现细腻。他们开始打扮自己，以深沉、含蓄的脉脉温情去表达对异性的爱慕。

性教育包括生理卫生教育和性道德教育。在初中就要给孩子讲解这些知识。因为在初中，女孩子和男孩子都会经历身体性征的发育，同时也需要让孩子知晓关于怀孕、避孕的常识。一般应由同性的父母对孩子进行性教育，异性父母可能会引起尴尬。我们可以给孩子准备性教育的相关书籍，将此书籍放在孩子床头，但不要交代、提醒、告诉孩子，否则适得其反。也可以开诚布公，直白大胆地面对面共同探讨。总之，要根据自己孩子的特点，采用适当方法即可。

第二个层面是对身体健康的行为和态度的教育。要让孩子认识到身体"健康"是什么意思，如何才能保持"健康状态"，对身体意象、早熟和晚熟、体重、饮食障碍、与健康有关的行为反应，甚至痤疮等都要有一个清楚、科学的认识。

教育的目的是培养孩子成为真正的人，具体地说，就是要培养孩子的六种人格：自尊心、自信心、责任心、进取精神、学习兴趣和好习惯。其中，孩子有了前三种人格，就一定不会出问题，会健康成长，如果他还具备后三种人格，那他就能成为一个优秀的人。无论是成功还是失败，父母都应该多鼓励孩子，给孩子重新再来的勇气和再接再厉的信心。如果父母希望孩子怎么做或者具备什么品质，那么当发现孩子某天这样做了，父母就要大声地说出来并加以确认，这会让孩子记忆深刻，重复几次之后，孩子就会形成好的习惯。父母要多和孩子轻松交流，了解孩子的想法以及做某件事情的原因，真正地理解孩子。

二、以智力教育为核心

现在对智力教育流行一种狭隘的理解，就是把它仅理解为知识的灌输，甚至归结为考试的分数、职业的技能，这样做只是把宝贵的头脑当成了一个容器、一个工具。智力教育的真正目标应该是让学生的智力得到健康成长，使他们懂得享受智力生活的快乐。青春期的孩子,精力很充沛,如果他的精力没有被转移到学习上来,就一定会奔向"纪律"方向。因此,青春期教育的重点应是对学生的学法进行指导。一个人的发展,智力教育非常重要。知识贫乏的人容易粗心大意,要帮助此类学生尽可能多地掌握知识,发现各种知识之间的内在联系,减少遗漏和疏忽。教师和家长都应该了解或掌握诸如皮亚杰的认知发展等相关基本理论知识,并结合国家考试制度的改革趋势,帮助学生掌握思辨、信息加工、决策等的基本方法,帮助学生掌握学习的基本策略与方法,还要帮助孩子掌握生活的技能和方法。

进行智力教育时,首先要认真对待孩子的好奇心,在人的智力品质中,最重要的品质是好奇心。好奇心是天生的,每个人在智力成长的一定阶段上都会显现出来。大人对待孩子这样的提问一般是三种态度:一种是置之不理,一种是顶回去,还有一种是自以为聪明地给孩子一个简单的回答。这些做法都很粗暴,其实很多问题都是没有答案的,对待孩子的提问,最好的办法就是鼓励孩子继续想,所以家长一定要保护好孩子的好奇心。

有这样一个笑话,在一个国际夏令营里,老师让孩子们讨论一个问题,题目是"世界粮食匮乏问题",孩子们都不明白这个题目,但原因不同。美国孩子问:什么是世界?他太狂了,美国就是一切,不知道美国之外有世界。非洲孩子问:什么是粮食?他太穷了,没有见过粮食。欧洲孩子问:什么是匮乏?他太富了,不知道有匮乏这种事。中国孩子问什么呢?他问:什么是问题?这是讽刺我们孩子没有好奇心,这也是我们教育中遇到的最大问题之一。

好奇心有两大敌人。一是习惯,随着年龄的增长,对一些事物习以为常,就自以为懂了,其实不过是麻木罢了!二是功利心。许多人都在思考中国为何难以出现世界级大师。在我看来,我们传统文化中多多少少存在注重实用的倾向,可能是导致世界级大师相对较少的一个因素。所以,智力品质的另一个要素是独立思考的能力。在我看来,一切教育归根到底都是自我教育,一切学习归根到底都是自学。自主学习能力是一笔终生财富,一辈子受用不尽。

三、以心理教育为手段

青春期教育中的心理教育虽然必要，但应该找到适合青少年的方式。现在有许多青春期教育著作和讲座都把青春期学生"性化"，在他们看来，男孩个个"好色"，女孩人人"怀春"，"早恋"不可避免，不可抗拒，这是缺乏心理学常识的表现。心理学研究早有结论，孩子度过青春期的状态各不相同，其注意力重点和精力发泄重点也各不相同，对异性的兴趣也不一样。当然，那些在青春期没有早恋的孩子，也是正常的。青春期心理教育就是要帮助学生正确处理人际关系，特别是异性交往的关系，让孩子拥有阳光心态和健康心理。

青春期心理教育是为了帮助青少年建立正确的人生观，处于青春期的青少年心理会特别敏感，在这阶段中，青少年的人生观、价值观会渐渐成型。但是，因为敏感的心理因素，青少年容易受到外界的干扰，也许会陷入病态的人生观或者遭受到巨大的打击，导致刚建立起的人生观崩塌。心理健康教育能够增强青少年学生的心理素质，提升他们心理上的自我调节能力以及承受能力，让青少年能够勇于面对困难，消除心理隐患，以健康的心态面对生活和学习。青春期心理教育还能减少青少年违法犯罪的行为，近年来，青少年违法犯罪的现象越来越多，已经对当下社会的安定造成一定影响。任何犯罪行为都是由犯罪心理支配实施，而犯罪心理是人心理失衡所导致的一种极端行为的表现。所以，青少年学生心理健康教育可以让学生具备良好的心理素质，提前形成健康的心理，从而自我抵御社会中繁杂的不良因素的侵蚀，达到减少犯罪的最终目的，让社会更加和谐、安定。

总之，青少年学生心理健康教育是一项具有非常意义的教育工作，对于青少年学生心理的健康成长能够起到至关重要的作用。家长们在发现孩子心理健康问题比较严重时，建议可以寻求青少年心理咨询专家的帮助，以专业的角度和手段解决孩子心理上的问题，让孩子的心理和身体能得到解放，从而拥有健康的成长过程。

四、以家庭教育为配套

家庭教育的核心是爱和责任教育,而青春期教育主要是为了让孩子认识到家庭的特点和意义,弄清楚自己在家庭中的角色、地位,弄明白如何处理与家人的关系等。让孩子在这个阶段学会感恩,能够正确认识父母对自己的期望,能够力所能及地帮助父母分担家庭负担,从而增强对家人负责的意识。

家庭教育的核心是爱,父母要懂得爱、学会爱、表达爱。作为父母,我们从心底问一下我们自己,我们真的懂得感恩吗? 懂得敬畏吗? 懂得珍惜吗? 我们真的感恩孩子来到我们家吗? 我们敬畏父母这份"职业"吗? 我们珍惜与孩子之间的缘分吗? 其实,我们教育孩子的"有效期"只有十几年,我们要让他强大,让他能拥有健全的人格,能够飞起来,让孩子感受爱、传递爱、温暖这个世界。我们家长首先要懂得感恩、懂得敬畏、懂得珍惜,我们的孩子才会向善、向上、向好!

当前很多家长认为自己的孩子有问题,其实孩子没有问题,孩子其实什么都懂,是家长太愚钝了! 因为不会爱、不会表达爱。当我们这么木讷、这么愚钝、这么无知的时候,我们孩子却用自己的命和前途来呼唤:爸爸妈妈,你们学习吧! 爸爸妈妈,你们成长吧! 爸爸妈妈,你们再爱我一次吧! 我们想要孩子优秀并卓越,其实不难,难就难在我们是不是一个有爱、有责任感、心理健康的人。健康的前提是懂得爱、学会爱、表达爱、感触爱,这就是家庭教育的核心所在。其实就是道和术的关系,如果你做到了,但还没有具体的方法,可以学习方法,但如果你认识不到、感悟不到,方法还有用吗? 真的没有用。

五、以社会教育为补充

社会教育的重点是责任教育和合作教育,也包括友谊教育、人际交往技巧教育、对社会文化的认同和甄别教育等。通过社会教育,可帮助青少年认识到自己在社会中的位置,以及应该遵从的基本社会道德,从而拥有自己的价值观，做到能够融入社会，与社会和谐共处。

要增强学生自我认识的能力，提高他们自我修养和自我教育的水平。进入青春期后，青少年的自我认识能力在不断发展，家长应多帮助孩子从多方面进行自我解剖，使他们对自己有较全面、客观的认识，同时教育他们要根据自己的特点进行自我修养和自我教育，让他们有意识地进行品德训练，从而使自己的言行符合社会的道德准则。

总之，青春期教育不能完全用"我理解你"的方式来进行，这容易发展为纵容。在青春期教育的实践中，需要用"我引导你""我帮助你""我陪伴你"的方式来完成，靠"肩并肩"的方式来实现。引导者不能以自我为中心，应该首先弄清楚孩子的发展"路线图(情感和思维路线)"，然后陪他一起走，在走的过程中，暗中推他一下，拉他一下，让他在不知不觉中回到正确的"轨道"上来。

我们要教育青少年学会从不同角度来观察事物，学会找出事物的同中之异和异中之同。处于青春期的学生变得爱怀疑、爱嫉妒，对方见面没打招呼，就认为别人讨厌自己；当别人在悄悄研究问题时，以为在说自己的风凉话；别人在某些方面超过自己，自己就很不服气；等等。这样的学生总有一种无法摆脱、充满压抑和矛盾的挫折感及明显的指向性和冲动性，甚至有时会采取任何方式攻击、诋毁对方。

我们要引导青少年逐渐减轻嫉妒心理，培养更加积极、健康的心态。首先要教育青少年认清嫉妒的危害，大哲学家培根说："嫉妒毕竟是一种卑劣堕落的情感，因此它乃是一种属于恶魔的性质……嫉妒这恶魔总是暗地里，悄悄地毁掉人间美好的东西。"其次正确看待自己，尺有所短，寸有所长，人各有长处，也各有短处。别人超过自己，不服输，不甘落后，这是好事，人只有急起直追，才会有大的进步。

第六章 科学有效地陪伴孩子

父母重养，家长重育

看到这个标题大家可能疑惑，大部分人都认为父母即家长，家长即父母。其实大家细细想一下，父母和家长是有区别的。父母，具有自然属性，随着孩子的降生，自然升级成为父母，所以爱与养，是天经地义的。而家长，既具有自然属性，又具有社会属性。顾名思义，作为一家之长，它意味着领导、责任、榜样、示范，既让自己好，还助家庭好、孩子好。

对于"养"和"育"这两个词，我们并不陌生，但要想扮演好这两个角色，并不容易。作为父母，我们总会以"爱"之名，去关爱、理解、包容、接纳孩子，甚至有时是无条件、无原则的。孩子与我们的那份血脉相连，意味着责任终生，不离不弃。作为家长，我们总会以"育"之名，去帮助、引导、督促、纠偏孩子，因为我们想要培育一个在家有礼有节，在社会能如鱼得水，有能力、有责任、有担当、受欢迎的独立自主的现代公民。

现在孩子学习上各种各样的问题归纳起来就是内驱力不足，学习热情不足。我们都知道养鱼重在养水，养树重在养根，养人重在养心。如果一个孩子的心在家里面得不到养护，得不到有效的滋养，天赋的聪明就没有基础；智商再高，没有恰当的、相应的心态支撑，天赋很难发挥。我们先不讲孩子的心如何，先看看养孩子心的人，也就是父母的心适不适合养孩子，或者如何达到养孩子的状态。如何点燃孩子内心的学习热情呢？点燃需要一定的温度，需要一定的状态才能点燃。如果家长的心是冷漠、麻木或者是焦虑不安的，我们很难去点燃孩子学习的热情。不管孩子出现何种状态，母亲要情绪平和，这是对孩子最伟大的教育。

有了小孩,也给了家长自我成长的机会,身兼两责,既当父母,也任家长,其实如何做家长是孩子教我们的。因此,要求我们做到统一,实现平衡,使"养"和"育"成为孩子成长的双翼,伴孩子越飞越高,越走越远。

所谓教无定法,对待不同家庭的孩子及其不同的成长阶段,需要有不同的方法,但是都有一个共同原则,要有情有礼,情在礼的前面。然而,现在家庭教育的现状是什么样的呢?一种现状是有情无礼。爱孩子的时候,爱得没边,关心孩子的时候,连孩子的袜子都要家长给他穿,给他洗,爱孩子爱到早晨起床的时候,家长在旁边喊,甚至帮孩子穿衣服,这是爱吗?这个情已经失去了教育的价值。另一个现状是有礼无情,尤其家长给孩子讲道理的时候,没有感情铺垫。任何层面的教育,首先是要给被教育者传达教育者本身的真实的内在情感。只有将感情做足了,当孩子非常渴望得到某样东西的时候,这个时候我们才可以把道理点出来。情感交流到一定程度的时候,孩子就会问:"妈妈,那我该怎么办呢?"或者"爸爸,我该怎么办?"这个时候一个小道理过去,才有可能实现带给孩子的一种引导能力。

很多家长生怕自己养不好孩子,这种担心其实是没有必要的,父母天生就能带好自己的孩子。反而更应该担心的是,自己如何能教育好、培养好自己的孩子。下面我们来看一下在家庭教育中常见的几个问题:

一、作为父母的你舍得为孩子花时间吗?

作为父母的你,有多少时间是花费在孩子身上的?父母的陪伴,是对孩子最长情的告白。有时候,陪孩子做一些他们喜欢的事情,对孩子来说就已经足够了。例如和孩子一起读绘本,就是一件非常好的事。从孩子小时候开始,家长应坚持给他看绘本,一边讲一边演。孩子肯定很开心,也会特别喜欢听妈妈讲故事。慢慢地,绘本就成为家长和孩子精神交流的重要渠道。在和孩子互动时,我们就已经把生活常识(这是洗衣房,专门洗衣服用的)、新名词(这个叫"跑步机")等统统都教给孩子了。同样一个故事,有的家长可能会讲10分钟,有的能讲30分钟。而充分用好这30分钟,更胜过"躯壳式陪伴"的两个小时。

亲子陪伴的重点是,陪孩子的人是否用心,这不仅会影响孩子的身心健康,而且会影响到孩子一生的发展。家庭教育是润物细无声的过程,需要通过日常生活自然教育孩子。亲子陪伴,可以有很多选择,比如家庭大扫除、郊外踏青等。然而在很多家庭中,缺失家庭劳动这一项,其实让孩子适当地参与家庭劳动,非常有必要。就以扫地、拖地为例,父母可以给孩子讲一讲"一屋不扫,何以扫天下"的故事,也可以让孩子做力所能及的家务活,重点是家长要陪着一起做。在做家务的时候,家里人切记不要去干涉,也不要觉得孩子做不好家务,不要碎碎念。任何事情都是有过程的,父母总觉得孩子没有拖干净地板,既浪费水又浪费时间,但是如果没有鼓励,没有陪伴、包容,孩子能学会做家务吗?家庭教育中最重要的一点就是,父母与孩子一起面对家庭中的生活琐事,父母的为人处世也会对孩子的成长具有不可替代的作用。所以,家庭当中的很多事情,都可以作为亲子陪伴的主题,家长就不要再找借口逃避了。除了日常生活,还有很多亲子陪伴的主题,比如说郊外踏青、公园游玩等,或参加学校的家长会、亲子运动会等,就看家长是否愿意牺牲一些时间去陪伴孩子了。

就像上面说的一起读绘本,就是一件非常好的事情,如果能培养孩子主动看书的好习惯,父母会省心很多,不像现在很多父母都在发愁孩子常看电视、玩手机,其核心原因是孩子没有自己的精神寄托。玩乐高也是个很不错的选择,男女孩一般都会很喜欢,乐高积木有大、小颗粒之分,父母可以根据不同年龄选择适合孩子的乐高。通常情况下,乐高是锻炼幼儿初级逻辑思维的好工具,而且将乐高组合起来,需要花费很长时间,这也是很多父母愿意去做的一件事。要想让孩子沉浸在玩乐高的世界当中,前期需要父母花心思去准备,这对孩子的智力是有帮助的,可以将之作为亲子活动的固定项目。

二、孩子在成长的过程中难免会犯错

当孩子犯错的时候，你是怎么处理的？当孩子进步的时候，你有没有及时表扬？积极的处理态度，可以帮助孩子了解自己，也可以增进亲子之间的感情。

每个孩子内心都渴望得到家长的肯定和赞扬、尊重和关爱。当你给孩子足够的空间和尊重，他们都会愿意听从和配合你的。

有心理学者说，你说话的声音高低，跟你传达给别人的信任，是成反比的。也就是说，当你对孩子大吼大叫时，孩子感觉你不信任他；当你说话柔和时，孩子就能感觉到你的信任。

事实就是这么神奇，比如当孩子准备扔香蕉皮时，你突然怒吼道："别扔地上！"这时候，你内心其实是默认孩子会把香蕉皮扔在地上的；如果你认真并轻声地说一句："宝宝，扔垃圾桶里吧！"这时候你是默认孩子会扔到垃圾桶里的，所以你语气中传达的这种信任或者不信任，孩子都能感觉得到。当然，孩子犯错的时候，每次忍住不去批评，是根本不可能的事。但是，你需要做的是，把你的期望传达给孩子，并提醒他犯错的后果，而不是单纯地吼孩子。

三、你是爱孩子，还是爱自己的面子？

很多家长不知不觉地把孩子作为自己实现梦想的一个渠道和工具，没有把他们当作真正独立的个体，也没有考虑到孩子的需求和心声。有些家长经常对孩子说：老爸(妈)当初的梦想就是考清华，但是那会儿条件有限，现在只有你能帮助爸爸(妈妈)去实现这个梦想了。在现实生活中，这样的家长有很多，那只是你的梦想，不一定是孩子的梦想，所以家长一定要明白这一点。

现在的孩子一出生就陷入了被比较的怪圈，在幼儿园，别人家的小孩会唱歌跳舞，在台上闪闪发光，父母就把自己的孩子也送入辅导班，希望孩子也可以这样。从小学开始，每次考试结束，大部分家长会问你考得怎么样，考了第几名，你们班第一名是谁，而不是问你学会了吗。老师也格外偏爱那些学习好的孩子，开家长会，班里第一名孩子的父母像明星一样接受各位家长羡慕的眼光，考不好的孩子回家只能面临狂风暴雨般的训斥。有些孩子很害怕开家长会，因为他知道，如果做的不好，父母脸上会没有面子，回家会挨训，会感到巨大的压力。

如果大学毕业了，并考上了研究生，父母就会趾高气扬，说话也倍有面子，如果没考上，父母就会感觉很丢脸。又到了找工作的时候了，父母认为事业单位才是王道，其他的都是歪门邪道。当孩子有一天实在忍无可忍，问父母面子是不是更重要时，他们不承认。可是他们表现的一切都在告诉孩子，面子确实比孩子重要。所以，作为新时代的父母，我们必须要改变我们的教育观念，让孩子健康快乐成长。

四、为什么你付出很多，孩子却不领情？

现在很多父母替孩子做的太多，但是孩子不领情，因为被包办的人生，就像被偷窃了的人生，孩子只会愤怒和讨厌，很难领情和感恩。没有人在被指责和批评的同时，还能把事情做好。人愿意把事情做好，是因为感到被爱、被理解，得到了鼓励和支持。现在的父母都太能干，显得孩子很无能，导致孩子觉得自己在家里没有存在感和价值感。

许多父母习惯于包揽一切事务，结果自己操劳一生，换来的却是孩子自理能力的缺失。父母对孩子的生活事事包办，让孩子无法从生活中学会自立，这无疑是在逐步摧毁孩子的自理能力。有这样一个案例：30岁的"巨婴"男子，将不愿意继续抚养自己的亲生父母告上法庭。这个男子瘫床玩手机、外出游荡，这便是他的日常。无业的他在家从不干活，还要求父母每天把饭菜送到床前，如厕后，还要父母善后。这一切皆因他是在母亲的溺爱与包办下成长的，母亲从不让他干活。每当父亲想教育他，母亲都会拼命阻挠，以至于他成为在家啃老多年的"巨婴"。如今父母想逼儿子学会自力更生，狠心将他赶出家门。可非但没有激发他自立的潜能，反而换来儿子的"一纸诉讼"。这个男子更是求助媒体曝光，妄想法律能制定"合法啃老的新规"，以保障自己啃老生活的无忧。

有位教育专家曾说："让孩子真正独立起来，做符合他们自身年龄的事情，才是对孩子负责。"父母从小对孩子的沉浸式溺爱与包办，无疑是让孩子失去自理能力，这样的孩子，尽管长大了，也难以脱离对父母的惯性依赖。所以，父母要培养孩子独立自主的能力，才是留给孩子一生最大的财富。

五、家长尽到该有的责任了吗？

不知道从什么时候开始，很多父母越来越"尊重"孩子了，从过去千百年来对孩子的不尊重，到现在的平等、对话，这本来是一个大大的进步，但是，有时矫枉过正，过犹不及，现在很多父母的"尊重"，已经成了"遵从"。例如孩子上幼儿园，因为孩子不喜欢就经常晚上学早放学。当学校老师反映孩子在学校表现不佳，家长说："好的，我回家好好和孩子谈谈，看他喜欢什么方式。"给孩子报兴趣班，试听完课，家长说："我回去问问孩子喜不喜欢。"学校布置作业，家长怕孩子太累，就帮其写作业。可是，不喜欢的事那么多，能什么都不做吗？

人的一生很长很长，小的时候不喜欢断奶，长大一点不喜欢自己走路，上幼儿园了不喜欢离开家，上了学不喜欢写作业。学习生涯至少十几年，有无数考试、论文，个个都不喜欢写，毕业后不喜欢应聘，参加工作了不喜欢被考评。晚上不喜欢早睡，还想玩一会儿；早上不喜欢起床，还想赖一会儿。吃饭的时候有很多不喜欢吃的饭菜，想全都换掉。渴了想喝果汁、饮料，不想喝白水。老师要求太严了，我不喜欢；同学不愿意迁就我，我也不喜欢；领导不近人情，我不喜欢；爸爸妈妈老是唠叨我，我也不喜欢。那么喜欢什么呢？

我遇到过这样一对母子，母亲非常"尊重"儿子，儿子在三年级的时候就不想上学了，妈妈尊重孩子的想法，就让孩子辍学了。十多年后，孩子的同学都大学毕业了，都有了很体面的工作，而他什么也做不成，苦活累活又不想干。孩子和他妈妈说的一句话，我现在仍记忆犹新："当时我不想念书的时候，你如果能打我一顿，我不就继续念了吗？"是啊，如果孩子什么都不喜欢，那就允许孩子什么都不做吗？家长的责任是方向的指引，如果家长什么事都"遵从"孩子，那么谁来行使家长的权利？所以，家长朋友们，不可把"尊重"理解成"遵从"。

孩子在成长过程中，免不了会遇到各种问题，这时家长不要急着插手，可以先问孩子几个问题，听听他们有什么想法，往往问不到几个问题，事情就已经很清楚并得到解决了。

"发生什么事情了？"这个问题看起来不起眼，但是非常重要。许多成人碰到突发状况时，会习惯性地下判断："一定是你先打他，他才会打你。""一定是你做错事，老师才会处罚你。"如果我们不让孩子从自己的角度说说事情的经过，很可能会冤枉孩子。况且，让孩子有机会说话，即使真的是他的错，他也会因为有辩解的机会而甘心认错。

"你的感觉如何？"事情经过是客观事实，当事人心里受到的冲击纯然是主观的感受，无所谓是非对错。很多时候，我们只是需要把自己的感受说出来而已。一旦说出来，哭一哭，骂一骂，心情就会好多了。脑科学研究表明，当一个人情绪强烈的时候，外在刺激不容易被脑部吸收，也就是说，当一个人还有情绪的时候，别人说什么他都会听不进去，总要等到他心情平静下来，才可能冷静思考。所以想要孩子能够听得进我们的意见，我们就需要先同理他的感情，让他的情绪有个出口。

"你想要怎样？"待孩子冷静之后，家长可以问第三个问题："你想要怎样？"这时，不管孩子说出什么惊人之语，先不要急着教训他，而是冷静地接着问他第四个问题："那你觉得有些什么办法？"

"那你觉得有些什么办法？" 在这个阶段，不妨跟孩子一起做脑力激荡，想各种点子，合理的、不合理的、荒唐的、可笑的、幼稚的……脑力激荡的重点就是允许任何看似无稽的想法，这时候不论听到什么，都暂时不要做批评或判断。

"这些方法的后果会怎样？" 待孩子想不出其他点子后，家长可以问第五个问题："这些方法的后果会怎样？"让孩子自己一一检视，每个方法的后果会是什么？你可能会很讶异地发现，大部分孩子都明白事情的后果。如果孩子的认知有差距，这时候就可以跟他好好讨论，让他明白现实的真相。这是一个很好的亲子沟通机会，但是要避免说教，只要陈述事实就可以了。

"你决定怎么做？" 然后问他第六个问题："你决定怎么做？"孩子一定会选择对自己最有利的状况，如果他了解后果，通常会做出最合理、最明智的选择。即使他的抉择不是成人期望的结果，但也要尊重孩子的决定。成人一定要言而有信，不能先问他怎么决定，然后又告诉他不可以这么决定，这样，他以后再也不敢信任你了，所以就算他选择错误，他也可以从这个错误中学到更珍贵难忘的教训。

"你希望我做什么？" 接着问第七个问题："你希望我做什么？"当孩子说出希望如何帮助他时，家长一定要积极支持。

"下次碰见相似的情形，你会怎么选择？" 问他最后一个问题："结果怎样？有没有如你所料？"或是"下次碰见相似的情形，你会怎么选择？"让他有机会检视自己的判断。如此练习几次，孩子就会有能独立解决问题的能力，不需要我们操心了。

还有一个重要的话题，就是要给孩子尊严。尊严指人的权利受到尊重，与钱财并无关系。回到家里，尊严是讲平等，懂得尊重，尤其给予小孩子选择的空间、说话的权利，不要因为他是小孩儿，就被忽略、被控制。

古语说："黄金棍下出好人。"古代的先生也把戒尺作为教师的标配，但在以人为本的现代文明社会，这样的责罚则意味着教学方式简单粗暴，也暴露出教师自身底蕴不足。知道不一定能做到，美意也不一定就是成全。幸福我们人人向往，希望尊严也能人人重视。

尊严，是和生命同等重要的一种信仰，当孩子犯错时，纠错并不那么重要，因为孩子自己有觉察错误的能力；不要轻易去指教孩子，更不能当众指教孩子，维护孩子尊严，就是维护孩子的生命成长空间。

为人父母自我修行，无声身教，用爱的氛围温暖孩子，孩子的尊严感和生命感会一起蓬勃发展。当渺小的个体和强大的对手过招时，只有维护尊严的勇气能给到力量支持。

我们每个人都是有尊严的，无论是大人还是孩子，每个个体都是神圣而卓越的，是具有学习能力的，是值得被人爱，而且能够爱别人的。每个人都是生命的见证，每个人都是值得尊重的，每个孩子自出生即是一个完整的个体，只是借由父母来到这个世界，最初婴儿可能是无能的，他的生存依赖着父母，但他的灵魂是独立的，更需要父母尊重生命规律。孩子要去摸，要去爬，要去走，要用手抓，要用口咬，那是孩子在探索世界，父母在保证安全的环境下，应该愉悦地允许。

让孩子自由地探索，自由地玩耍，玩之前与玩之后就不一样了，孩子在玩中学会认知世间万物，他的生命之花、价值感和独立自主能力就绽放了。特别是3~6岁的孩子，他要弄清楚我是谁？我来自哪里？我能干什么？我有什么能力？有什么权利？我说了算不算？他在寻找生命价值，在寻找生命的尊严。

这时候父母不能以爱之名控制着孩子。受控制的生命，是没有价值的，是没有尊严的，孩子为了挣脱控制，就会产生偏差行为，或叛逆，或退缩，或伤害他人或自己的生命，甚至不懂得尊重生命。

因此作为父母，我们的主要职责是爱孩子，尊重孩子，关爱和保护孩子，让孩子健康快乐成长！

每天找一个夸孩子的理由

　　我们常听到一些家长抱怨孩子慢性子，干什么都不着急，做事不知道抓紧时间。其实孩子动作慢往往不是性格原因，而是家长照顾得太过周到。如今，绝大多数孩子都是独生子女，一个孩子有多个大人操心，无论是生活还是学习，大人总喜欢跟在孩子屁股后面催促和提醒，致使孩子没有一点主动性。孩子做事情时，大人总是催促，孩子就会养成这样的习惯，即什么事情都要别人催着才能完成，不会主动去做好自己的事情。例如，孩子外出之前，家长总是担心孩子少带东西，就在孩子收拾的时候，不断催促带食品、带衣物；孩子早起上学，还没洗好脸，就被催着吃饭，还没来得及穿好衣服，家长就已拿着书包在一边等着；孩子放学回家，书包还未打开，家长就唠叨着抓紧时间写作业；等等。

　　由于父母的操心，孩子就会认为自己每次出门前，父母总会催促自己，自己不需要有什么责任心去记住该做的事情，包括孩子对自己凌乱的房间视而不见，不主动打扫；上课不能集中注意力；犯了错不敢承认，总是强调别人的过错……这些都是缺乏责任心的表现。

　　在孩子做事情时，父母对其催促太多，只会造成孩子的责任心减弱，导致孩子养成了粗心的坏毛病，还造成孩子的逆反心理。此外，作业太多，而且许多家庭在正常作业之外还给孩子安排其他任务，进行各种学科的补习等。孩子会想，即使抓紧时间完成了作业，同样没有时间玩耍，这就难免使孩子产生厌倦，索性磨洋工。假如换一种方法，适当减轻孩子的学习负担，同时告诉孩子若能提前完成作业，允许他玩喜欢的电子游戏，或允许其与同伴们玩耍，相信大多数孩子不仅会抓紧时间完成作业，而且会有很大的积极性。

而父母经常催促，会打断孩子这一思考的过程，也会让孩子从小丢失思考的能力，至少是无法专注思考，继而可能会形成做事马虎的习惯。例如，当一位小朋友在系鞋带时，他一边系一边思考，为什么鞋带是这样缠绕的，鞋子上的几个洞洞真有趣，还有鞋子上的颜色真鲜艳……然而他听到妈妈焦急的催促，便匆忙停止思考，为了更快地满足妈妈，他可能干脆连鞋带也不系了，而是胡乱地塞在了鞋子里……马虎的坏习惯就这样养成了。还有一个小女孩天生聪明伶俐，她每天睡前很爱看漫画书，但家长总是催促女儿赶紧睡觉。在妈妈的经常性催促下，有一天，丽丽的逆反心被激起，不听妈妈的话，反而跑去玩游戏了。

玩耍是孩子的天性，一定要让孩子有充分的游戏时间。此外孩子做事拖拉，除去先天性格因素外，家长要从自身找原因，不要总数落孩子。孩子不大用功就能保持成绩中上游，这说明孩子很聪明，智力没有问题，用不着补这补那，弄得孩子手足无措，或真以为自己有什么缺陷。

没有哪个孩子愿意成为差生，不要以为只有父母对孩子的成绩敏感。站在孩子的角度，他每天上学，每天面对老师和同学，面对各种各样的考试，就像运动员身处赛场，怎么会不渴望成绩优秀呢？但要求孩子事事争第一，不仅不切合实际，且代价太高，结果也不一定理想。程式化的教学对孩子创造性思维的成长是非常不利的，常常起到的是反作用。

人的能力是综合的，应试成绩只是能力的一种体现，但能力不一定完全体现在应试成绩中。老人们常说："五个手指都不一样长。"所以孩子们也是各有不同。教育没有统一标准，更不可能从书本中找到适合每个孩子的方法。家长与其担心焦虑，不如蹲下来倾听孩子的心声，找找孩子身上的闪光点。只有尊重孩子，孩子才会获得自信，自然而然地就越来越优秀。

家长每天找到一个真实的理由夸夸孩子，比如今天不用大人催促就能按时起床，作业比前几天写得整洁，吃饭时注意力集中，家里来了客人能礼貌待客，能主动帮助班上的小同学，帮助家人做了一点点家务，等等。

孩子在成长，每天都会有变化，父母一定要善于发现孩子身上那些积极的变化，比如孩子对知识的渴求、孩子的善良和单纯等。凡是正面的表现，家长都要及时发现，并给予鼓励。当然，每一次的表扬必须是真诚的，实事求是的，不能是无原则的宠爱，更不能护短。

其实，现在大多数家长还不知道怎么夸孩子。夸孩子是需要技巧和方法的，新时代的父母需要掌握夸奖的正确流程。首先，夸奖一定要具体，言之有物，不能标签和性质化。如家长最经常说的"你真棒"，这句话就是典型的标签式夸奖，因为他没有具体到孩子能做出来某个题目，或者攻克了某个难关，而仅仅是"你真棒"这三个字。一方面孩子会觉得非常敷衍，即使受到了夸奖，但是他能明显感觉到父母并没有真正认同和赞赏他，仅仅只是习惯性地给了一句夸奖，这种夸奖不但起不到鼓励作用，还会让孩子有一种被忽略的感觉，反而大大破坏了亲子关系；另一个方面，这种标签式夸奖会让孩子过于自满，会让孩子觉得做好一件事情不是因为自己努力坚持或者找对了方法，而是因为自己聪明。孩子被贴上"聪明"这个标签，会特别容易骄傲自满，从而导致孩子的所有心思不在做事上，而是在想办法怎么维持"聪明"这个标签上。这也是一种负担，让孩子特别害怕失败，因为孩子觉得如果失败了，就不聪明了，所以见到难题和困难就只会选择逃避和敷衍。

正确的夸法是具体到某种行为，比如孩子做对一道难题，可以夸孩子："我刚才看你这个解法很特别，你怎么做到的？"或者可以夸："我刚才发现你开始被这道题难住，但是你没有放弃，一直在跟这道题战斗，最终战胜了它。"这样，孩子就知道他在哪方面很棒，而不是他自己本身怎么样。

所以这里有个小技巧，夸奖的时候可以用"我发现……""我看见……"之类的开头，将夸奖之语变为具体的内容，让孩子知道自己在哪方面做得好。

其次，夸奖一定要深入，最好能帮孩子找到优点的可持续性理由。在夸奖的过程中，帮孩子找到这个好习惯或者好做法能带来的好处，比如坚持这个习惯可以克服很多本来不能战胜的困难，而努力找方法这个习惯可以轻松解决问题，如此帮孩子分析和深入夸奖，一方面让孩子能真正获得被夸奖的感觉，另一个方面会让孩子真正明白坚持和找方法的重要性，而不仅仅是被家长夸奖的"聪明"。

有的家长问我，每天找一个夸孩子的理由，这没问题，但是如果孩子今天失败了呢，那该怎么办？这是一个不错的问题，我们的孩子不可能永远都是胜利者，他有时候也会发挥不好，表现不好，会被别人战胜，这个时候尤其需要鼓励，那么我们应该怎么说呢？我曾经也只是会说："没关系，输了就输了，你不可能总是赢。"但是这样说等于没说一样，孩子只得到一点安慰，却没有受到鼓励，所以如果孩子输掉了，我们可以帮助孩子分析失败原因，尤其是别人家的孩子都有什么优点，人家是怎么取得胜利的。经过深入分析之后，我们可以这样告诉孩子："我们已经知道他是怎么做的了，我们也要加油，下次一定能超过他。"这样孩子不但不会受挫，还会非常热情地去追求目标。

家长有效的夸奖，总体上有两个时候：一是孩子感到父母在回应自己的时候，二是孩子能知道父母真实感受的时候。这里的重点在于孩子和父母的交流，而不只是父母单方面做了什么。孩子最喜欢看到父母的表情，所以父母不要总让孩子成为自己期待的样子，而是协助孩子通过和自己的互动，确定自己是什么样的——兴奋的时候如果得到父母的回应，两个人的感受产生共振，会更开心；难过的时候也希望父母能看见，这样才能意识到发生了什么事，从而逐渐学会管理这些感受。这也是为什么有些人总夸孩子，孩子还是没什么自信，因为孩子从父母那里只能得到比较单调的回应，导致孩子对自己负面的感受缺乏理解，不容易形成比较完整的价值体系。

还有一点也是很容易被忽略的，孩子更希望通过和父母的互动，知道父母真实的想法。父母越能表里一致,夸奖就越有效;父母情绪越稳定,孩子就越有安全感。父母其实不用时时刻刻和孩子共情,只要能对孩子保持一个基本的关注,出问题的时候能及时处理就行,这才是真实的关系。自信有时候就是即使会遇到挫折,即使有时候做的不好,也同样值得被关心。这也是很多人即使不学心理学,孩子也能正常发展的原因,光是凭借个人的直觉,很多时候就足够满足孩子的需求了。

一个在父母面前缺乏自信的孩子,面对外部世界时更不可能有充分的自信。孩子的童年时期,母亲是他面对的最大的外部环境。母亲皱皱眉头,责备一句,可能以为没什么大不了,但在幼小的孩子心里,却可能是世界对他最严厉的批判。

案例:初二那年暑假,班上两个女同学到一个男孩子家串门。他们坐在一起聊天,这是他生平第一次与同龄女孩交往。后来,女同学提议去街上转转。男孩身无分文,便去找母亲,希望给自己一点零花钱。妈妈不肯给,他一再恳求、哀求。最后妈妈掏出五毛钱,扔给了他,极不耐烦地说:"拿去!"他弯下腰,捡起那五毛钱,和女同学上街了,请她们一人喝了一碗大碗茶,就各自散去。

当年的这个男孩子现在已经30多岁了,大学也毕业了,经济独立,也到了谈婚论嫁的年龄,但一直不肯结婚。他不结婚,也不回家。他知道他的父母非常孤寂,但目前他只想这样过,不结婚,不回家。他说,这一切都源于扔在地上的那五毛钱。

母亲的一个微笑,一句由衷的赞美,都会使孩子信心倍增,激发出他极大的创造热情和向上的积极性。特别要强调的是,永远不能拿别人家孩子的优点和长处与自己孩子的缺点与短处做比较,那会挫伤孩子的自尊,不利于孩子的成长。

相信很多家长看过电影《银河补习班》吧，电影中的马皓文很会表扬儿子。他把儿子马飞从学渣表扬成了航天员。

桥梁工程师马皓文因故入狱，在狱中待了7年，错过了儿子的成长，叛逆的儿子成了学渣。老师讽刺马飞："煤球再怎么洗，永远变不成钻石。"同学笑他："缺根弦。"就连妈妈都说他："长了一张笨蛋的脸，这辈子没救了。"只有马皓文对儿子赞扬有加，当众夸口："他会是这个学校最出色的孩子。"当马飞考了63分，马皓文表扬道："这么短的时间，你就从全班倒数第一名考到倒数第五名，我就说了，你是天才。"

马皓文还赞扬儿子有思考力，鼓励他多动脑。一次马飞被洪水围困，马皓文依然相信他的思考力，举着喇叭喊："动你的脑子，你一定能出来！保持脑子一直想，一直转，你就能想出办法！"听了爸爸的鼓舞，马飞将门板和床单做成木筏，成功逃脱。后来马飞成了航天员，飞行中遇到事故，他回想的还是爸爸那些表扬和鼓励的话。生命攸关之际，他积极动脑，想出办法，最终平安着陆。

每个人都有大脑，但不是每个人都善于思考。善于表扬和鼓励，是培养孩子成长型思维的关键，也就是德韦克教授说的赞美他的"策略"。每个孩子身上还长着一个神奇的感受器，能接收到父母对他们的表扬和鼓励信号，激励他们变得更好。

有这样一句老话："娘生九子，连娘十样。"每个人都是独立的个体，如果我们的孩子是土豆，就不要和西瓜比大小；如果我们的孩子是青椒，就不要和豆角比长短。所以家长们要看到自己孩子身上的闪光点，每天找一个理由夸奖孩子，这是非常有必要的。

孩子写作业时，父母该如何陪伴

　　有这样一个视频，一位爸爸正陪自己的孩子做作业，孩子有道题不会，无论爸爸怎么讲，孩子都不明白。刚开始的时候，爸爸还是一副自暴自弃的模样，随后叹了口气，重新给孩子讲题。讲着讲着，这位爸爸的情绪终于爆发，对着孩子怒吼："天天叫累，我们不累呀！"

　　当时这个视频一发出来，很多家长都表示自己也有类似的经历，可谓是：写作业前是亲妈，写作业后是后妈；写作业前是母慈子孝，写作业后是连吼带叫。很多家长陪孩子写作业时，经常会控制不了自己的脾气，而当自己吼完孩子后，又会有些后悔。

　　现在家长们越来越重视孩子的学习，当孩子放学回到家时，很多家长都会陪着孩子一起做作业。首先是家长想着自己陪在一边，孩子做作业会认真一些；其次是当孩子遇到不会做的题时，家长还能给孩子讲一讲；最后是家长想要了解孩子的学习情况，了解哪些知识点需要再加强。

　　但是陪孩子做作业并不是一件简单的事情，尤其当家长的暴脾气一上来，就只能在心中默念："这是亲生的，亲生的。"

　　案例：曾在网上看到一网友分享自己的经历：我儿子12岁，读六年级。上四年级时，学习任务往往不能按时完成，久而久之，养成了拖延、逃避的坏习惯。到了五年级，他的拖延行为就更加明显，在课堂上写作业时，其他同学都很认真，可他要么玩笔，要么与同桌说话，要么趴桌子上一动不动，就是不愿意写作业，即使老师反复提醒，也无济于事，往往是到了快下课时才开始动手写作业。在写家庭作业时，我们为他提供了安静的学习环境，让他一个人独立完成，可是他在半个小时内却只写了6个字，需要我在一旁陪伴督促。即使这样，在写作业的过程中，孩子也会左顾右盼，摸东摸西。遇到难题也不愿意动脑筋思考，只会向我求助。孩子的爸爸经常因为儿子不能按时完成作业而把他狠狠打一顿。无论我们怎么教育他，他依然我行我素，我们都愁死了。

其他家庭是不是也都有过相同的经历呢？为什么孩子不愿意写作业呢？很多人说孩子天性贪玩，玩心太重。但为什么有的孩子就可以好好写作业？难道真的是因为别人家的孩子懂事、听话吗？孩子不想写作业，就像我们大人不想上班一样，最后都是被逼着去学习、去工作。道理是一样的，很多孩子是"被逼"着去学习，他们从父母那里接收来的信号是被命令、被控制，所以他们潜意识里会排斥。就像我们大人，为什么有的人喜欢工作，也有的人感觉上班就像上刑场。我们不是被逼着去工作，而是我们主观认为自己要去好好工作，我该去工作。

所以同理，你要让孩子从主观上认为自己该去写作业了，让孩子知道学习、写作业的主体始终是自己，家长只是辅助。有的父母肯定会说："我们是大人，但孩子哪能做到。"所以，此时父母的教育和引导就很重要，比如父母在提醒孩子做作业时，以前可能这么说："吃完饭，赶紧去写作业。"（这是命令）现在换成："我们现在吃完饭了，接下来该做什么？"（这是引导）这样做是为了让孩子自己主动思考，让孩子自己发现此时应该去做什么。

"你该干什么？"和"我要干什么？"大家觉得哪个效果会更好？如果孩子和你提要求，比如："妈妈，我可不可以看会动画片，再去写作业？"你可以回答："可以。"但要和孩子规定好时间，比如20分钟、半个小时或者以一集动画片的时长为标准。因为如果你让孩子看10分钟，正好是动画片中间精彩的部分，那么即使关了电视去写作业，他的心思也不完全在写作业上，这一点相信家长们都有体验。所以我们和孩子约定时间的时候，一定要考虑周全，这样时间一到，不用强迫孩子，他自己就会主动去写作业了。同时也要定好处罚措施，如果到了时间点，还不去写作业，就要让孩子接受惩罚。

现实生活中，关于陪孩子写作业的新鲜事比比皆是，甚至有些夫妻俩为了逃避辅导孩子写作业，抢着去做家务。这些辅导崩溃的瞬间，相信我们很多家长都深有体会。从最开始对孩子的吼骂、生气到后面心平气和的谈话和正确引导，真的很不容易。在所有的经验和教训中，我得出了几点方法，希望能帮上各位家长，希望家长能早日脱离辅导作业时鸡飞狗跳的苦海。那么在孩子做作业时，家长应该怎样做呢？陪孩子写作业是一门艺术，怎么"陪"才算"陪好"呢？这是需要方法和技巧的。

一、给孩子立规矩，并准备一个固定的学习地方

有的家长比较纵容孩子，孩子想在哪里做作业，就在哪里做，有时在饭桌上，有时又在客厅茶几上，有时随便趴在一个凳子上。但家长们有没有想过，饭桌旁、茶几边，都是我们经常活动的地方，如果家里人数比较多，还走来走去的，就会造成孩子分心，影响孩子做作业。所以家长要给孩子准备一个固定的学习地方，让孩子明白在这个地方学习，就应该全身心地投入学习。我们要想让孩子养成自主学习的习惯，就一定要给孩子设定明确的学习目标，保证孩子能够有效地完成作业，从而改掉其拖拉的毛病。

例如让孩子在写作业前自己整理一下，一共有哪些作业，先做哪些、后做哪些，都要排好顺序。写作业期间不能随便离开座位，不能玩手机等。写作业时，要认真工整，保持卷面洁净，写完作业要认真检查，并做好更正，最后可以预习一下第二天所学习的内容。

二、孩子做作业时，家长不要一直盯着看

有的家长喜欢盯着孩子做作业，一旦发现孩子做错题，就立马纠正。如

之前一档综艺节目里的一位妈妈，当孩子做作业时，这位妈妈就陪在一边。刚开始的时候还能耐心指导孩子，但当孩子在一些简单题上出错时，这位妈妈就不淡定了，开始吼孩子："这么简单的题你都不会。你以为我天天跟你开玩笑的……"孩子在一边默不出声地流着眼泪。

其实家长一直盯着孩子做作业，会给孩子造成一定的压力。尤其有些家长控制不了自己的脾气，会吼孩子，导致孩子在这种紧张的气氛下不知所措，一些本来会做的题也可能做不出来了。

很多家长盯孩子写作业的时候，像一个监工一样，无时无刻不在盯着孩子，这种氛围给孩子带来的只有紧张和压迫感，孩子总担心自己出错而受到惩罚，所谓越紧张越出错，这样会让孩子觉得学习、写作业是一件让人很压抑的事情，孩子就会越来越烦躁，甚至可能会厌学。

所以说，家长最好不要盯着孩子做作业，当孩子放学回到家，家长可以让孩子自己去做作业，而家长就去做自己的事情。但请记住，家长不能自己一边看电视或玩手机，还要一边督促孩子学习，这可能会造成孩子心态不平衡。家长可以看看书、做自己工作上的事，给孩子营造一个良好的学习氛围。

在跟孩子说话的时候，态度一定要柔和。因为毕竟是孩子写作业，暴躁的态度会让孩子处于一个完全被动的状态，所以家长态度要柔和，给孩子带来积极的、正面的能量。比如孩子做错题了，你可以这样告诉他："你要认真地看一下题，找一下错误的原因。"而不是直接吼他："你为什么总出错？"其实孩子能主动学习是一个很重要的习惯，培养孩子在学习上的积极主动性，最好是从小开始，从点滴做起。

三、培养孩子良好的写作业习惯

有家长反映，说自己家孩子就是调皮，如果不陪着他做作业，他就不认真写，只有盯着他做，他才能认真。还有一些孩子做作业拖拖拉拉的，小动作不断，注意力不集中。家长不能时刻陪着孩子，那么我们家长就应该帮助孩子培养一些良好的写作业习惯：

1.先复习，再闭卷写作业。孩子的大部分家庭作业，都是对当天学习内容的巩固练习，每天做作业前先复习，对孩子的学习非常有帮助。之前我们也说过，孩子做作业最好不要翻看书本、看着知识点做题，最好是闭卷做题。因为考试是闭卷，如果我们平时也能闭卷做作业，考试的时候也能从容应对。

2.培养孩子时间观念。有的孩子做作业拖拉，本来只需要一个小时就能完成，却经常要花两三个小时才能完成。所以，我们家长不能纵容，应该给孩子订立时间规则，比如做语文作业用30分钟，做数学作业用30分钟，等等。让孩子在规定时间内完成作业，还可以根据完成的快慢进行奖励或惩罚。当然这个奖惩规则必须要提前跟孩子商量好，对作业的质量也要有要求。

3.培养孩子良好的书写习惯。教导孩子保持正确的书写姿势，做到头正、身直、肩平、足安。一手执笔，一手按住书本，让孩子做到字迹工整、书写规范，不在作业本上乱涂乱画。因为考试有卷面分，卷面不整洁会被扣分，所以孩子平时写作业如果能认真做到纸面整洁，考试的时候也能考好。

4.培养孩子勤思考的好习惯。写作业过程中，孩子遇到不会做的题，就会马上求助家长，希望家长给自己讲题。请家长先不要忙着给孩子讲题，应该鼓励孩子自己去思考、去审题，看看题目考查的是哪方面的知识点。如果孩子实在不会做，家长可以给孩子讲解，但不能太仔细，把答案说出来是不可取的，应该只讲关键点，点到为止，再让孩子自己去思考。总之，陪孩子写作业不是监督孩子写作业，监督只能让孩子更加反感。

陪孩子写作业是一门艺术，也是一项大工程，如果我们将小学六年分为两个阶段，那么小学1~3年级是孩子养成良好习惯的关键时期，这个阶段，孩子好的学习习惯比学习成绩更加重要，4~6年级的学生已经可以独立认识很多字了，对于数学也有了清晰的理解，这个阶段，家长可以引导孩子开阔知识。如学习语文时，以积累词、句子、段落为主。正所谓："得阅读和作文者得天下。"这个道理一点都不假,对这个年级段的小朋友同样适用,多多阅读,会有很大好处。学习数学时,主要抓错题和总结知识点,分析错题错因,然后让孩子从基础题目开始做起,理清数学学习的基本原理。学习英语时,主要以积累词汇量和阅读量为主,这个阶段是孩子学习英语的关键时期,对以后的学习非常有帮助。

4~6年级的学生已经有了初步的学习习惯,家长们可以不必每天守在孩子的旁边跟着学习,但还是要定期关注孩子的作业完成情况,能检查一下是最好的,同时能够和孩子谈心交流,发展孩子的开拓性思维,这也是一件有意义的事情。

我们家长陪伴孩子做作业时,关键还是理念要清晰,要知道现在的陪伴是为了今后的无需陪伴。具体来讲,我们的目标是小学做作业的陪伴,为的是初中做作业的较少陪伴,以及高中做作业的无需陪伴。我们要认识到陪伴孩子写作业,抓的就是各项基本习惯的养成,常抓不懈,让孩子品尝到好习惯带来的甜头,从而乐意去坚持。

如何化解亲子之间的需求冲突

在日常生活中，家长与孩子沟通时，即使明确表达了自己的观点和意图，但是孩子的行为依然没有改变，还是我行我素，依然妨碍着父母的需求。例如：明明家里有很多玩具了，却非要再买新的；明明该睡觉了，却非要看动画片；明明已经吃过东西了，却还要再吃零食；等等，如此种种让家长颇为头疼。事实上，大家不必对此过度焦虑，这是每个孩子成长过程中的必经之路，只要家长以正确的、科学的方式进行教育，就一定能从根本上解决问题。所以面对孩子的不合理需求，我们家长究竟该如何引导？

从孩子的角度讲，他可能认为自己的行为并没有妨碍到父母，或者他有强烈的需求，要继续做正在做的事，即使知道自己的行为妨碍了父母，也不肯改变。当出现这种情况的时候，我们称之为需求矛盾。

在应对孩子的不合理需求，我们就要先弄清楚这背后的根源在哪里。一位教育专家曾说："任何行为的形成，都可以进行溯源，在其背后找到原因，这一特点，从孩童时期就开始了。"所以，当孩子提出不合理需求的时候，家长不应急于一时，慌张地做出表态和行动，弄清楚背后的原因才是主要的。

不知道大家是否发现，在孩子提出不合理要求时，往往伴随着波动的情绪和激动的心情。此时，家长们不妨先尝试多点耐心，先安抚住孩子的情绪，最好通过蹲下、拥抱、平视等能直接传递爱的方式来进行安慰。家长们要有足够的同理心，不要让孩子觉得自己和父母之间是有隔阂的。

其实孩子提出不合理需求的原因，无外乎以下几个方面：

方面一，出于与生俱来的好奇心。孩童时期是孩子好奇心最强的时期，表现方式也往往最直接，所以当孩子看见外界的新鲜事物时，难免会出现"想拿到手里一探究竟"的心理状况。

方面二，源自人"趋乐避苦"的本性。人生来喜欢快乐、舒适，喜欢易达到的东西。大人如此，小孩子也不例外，看见好吃的就要吃，看到好玩的就要玩，这是人们对于美好的东西所怀揣的最原始的欲望。

方面三，占有欲较强。很多孩子尤其是独生子女，往往是在宠溺的环境下长大的。这一类的孩子有时会存在"我想要什么，就要有什么"的思想，在这种占有欲的支配下，纵使自己没有特别喜欢的东西，也十分想拥有，以显示自己的控制欲及在家长心目中的重要地位。由此可见，想要从根本上解决问题，要先弄明白孩子提出不合理需求背后的真正原因是什么，唯有找到病症，才能对症下药。

孩子的不合理需求极易引发亲子之间的冲突，这既不是孩子个人的问题，也不全是父母本身的问题，父母与孩子双方都有问题，正所谓："一个巴掌拍不响。"当出现这种情况时，家长该如何是好呢？先讲一个故事吧，早上，孩子去上学，外面正下着小雨，你提醒孩子穿上雨衣，孩子却不愿穿，这种情况相信家长们都不陌生，我们都是如何解决的呢？下面我详细列出以下几种方法，家长们可以对号入座。

1.权威法

女儿：爸爸，我要上学去了，再见。

爸爸：外面正在下雨，把雨衣穿上再走。

女儿：没有必要穿。

爸爸：怎么能不穿雨衣呢！淋湿了会着凉的。

女儿：是小雨，又不是什么大雨。

爸爸：你从家走到学校，衣服也会被淋湿的，还是穿上吧。

女儿：我不想穿雨衣，难看死了。

爸爸：挺好看的嘛！好孩子听话，快点穿上。

女儿：我烦穿雨衣，我就是不想穿。

爸爸：你这孩子怎么这么不听话！痛痛快快地穿上，不穿雨衣，别想去上学。

女儿：我就不想穿嘛，那么难看。

爸爸：不是你想不想的问题，你必须给我穿。

女儿：(气愤)好啦，穿就穿啦，这个破雨衣，傻里傻气，难看死了！

(爸爸终于赢了！)

这样的情况是不是很多见？家长赢了，孩子输了。看似父母赢了，但要付出很大的代价，因为孩子输了，内心会产生怨恨，不服气，开始消极对抗。这种权威法是大部分家长惯用的方法，父母动用自己的权威，强迫孩子服从。后果是孩子缺乏执行决定的动力，也对父母的专制产生不满情绪；还有就是父母强制执行时遇到困难，其权威也会受到挑战，孩子没有机会发展自身能力。

2.纵容法

女儿：爸爸，我要上学去了，再见。

爸爸：外面正在下雨，把雨衣穿上再去吧。

女儿：没有必要穿。

爸爸：怎么能不穿雨衣呢！淋湿了会着凉的。

女儿：是小雨，又不是什么大雨。

爸爸：你从家走到学校，衣服也会被淋湿的，还是穿上吧。

女儿：我不想穿雨衣，难看死了。

爸爸：爸爸希望你能够穿上，这是为你好啊！

女儿：我不想穿雨衣，就是不穿，你不用说了。

爸爸：不穿雨衣就不能去上学。

女儿：不上就不上，是你不让我上学的。

爸爸：哎，我不管了，你不穿就不穿吧，上学去吧，淋湿衣服，受凉感冒，你自己承担后果啊。

（女儿终于赢了！）

这种情况在生活中也应该是常见的，父母怕得罪孩子，怕引起冲突，一味地迁就孩子，满足孩子，怕影响和孩子之间的关系，结果是孩子赢了，父母输了。孩子赢了，就会变得骄横，以自我为中心，自私自利，没有感恩之心，不懂得什么是责任；父母输了，会有无力感，失去自尊，对孩子不满。这种纵容的方法，其后果就是孩子控制父母，变本加厉，没有感恩之心，而且难以与人相处，更不适应外部环境。经常纵容孩子，容易导致孩子不懂得爱，不懂得体谅父母，最后痛苦的是父母。

上面两种方法都不可取，父母和孩子在生活中遇到了需求方面的冲突，需要共同找出双方都能接受的解决方法。双方都可以提出可能奏效的解决方法，并对这些可行的方法再进行评估，最后选出最佳的解决方法。一旦方案选定，任何一方不得违约，因为双方对此决定都不反对。

3. 双赢法

女儿：再见，我去学校了。

爸爸：宝贝，外面在下雨，你还没穿雨衣呢。

女儿：我不需要雨衣。

爸爸：我认为雨下得很大，我担心你会感冒。

女儿：嗯，我不想穿我的雨衣。

爸爸：听你的意思，你一点都不想穿那件雨衣。

女儿：是的，我讨厌它。

爸爸：你很讨厌你的雨衣吗？

女儿：是的，他真得很难看。学校里没有人穿那样的雨衣。

爸爸：你不想穿得与众不同。

女儿：我当然不想。每个人都穿着很酷的雨衣。

爸爸：嗯，我明白了，我们现在遇到了一个矛盾。你不想穿你的雨衣，因为它很难看，但是我肯定不想让你感冒，然后落下功课。现在买新的雨衣也来不及，你能想出一个让我们两个都能接受的解决方案吗？我们怎么解决这个问题才能皆大欢喜呢？

女儿：(停顿)或许我今天可以借一下妈妈的雨衣。

爸爸：妈妈那件旧雨衣？

女儿：是的，它很酷。

爸爸：你认为妈妈会让你今天穿它吗？

女儿：我会问问她。

(几分钟后穿着妈妈的旧雨衣出来了，袖子太长，但把它卷了起来。)

爸爸：你喜欢它？

女儿：当然，它很好看。

爸爸：好吧，我确信它能使你淋不到雨。如果你对这个解决方案感到满意，我也没有意见。

女儿：嗯，我要走了。

爸爸：再见，祝你在学校过得愉快。

这就是双赢的解决方法，在这里只是举例。生活中，家长们可以开动脑筋来套用这种方法。首先要界定问题，明确双方的需求；其次找出可行的解决方案；第三步评估可行的解决方案；第四步确定双方都能接受的解决方案；第五步采取行动，执行解决方案；第六步评估反馈效果。

双赢模式能促使孩子履行解决方案，让孩子有更多的机会去发现高质量的解决方案，还能够开发孩子的思维能力。减少孩子对家长的敌视，让孩子感受到更多的关爱，家长要像对待成年人一样对待自己的孩子，让孩子感受到尊重,这样更有利于孩子改正不良习惯。

在当下的亲子关系中,存在着这样一种现象:家长们习惯走极端,不是习惯毫无条件地答应孩子的要求,就是习惯简单粗暴地直接拒绝需求。这两种方式在当下也许可以快速地解决问题,看似效率很高,实则后患无穷。尤其是强硬拒绝这一点,出于家长的绝对强势感和权威性,孩子会无奈妥协,但是孩子根本不会意识到自己错在哪里,不明白其中的内在逻辑是什么。长此以往,不仅不会有效解决问题,反而会让孩子产生这样的误解:"他们是不是只对我这么凶?""爸爸妈妈是不是不爱我?"等,进而使亲子关系出现裂痕,增加了亲子之间的矛盾。

我们家长要知道问题的根本原因,大人和孩子的需求是反向的。大人的需求是由低到高、由物质到精神的;孩子的需求是由高到低、由精神到物质的。孩子刚来到这个世界,其内心对物质的需求几乎为零(只有吃),而对爱的需求几乎是百分百的。孩子只知道要爱,要父母爱他,要身边人爱他。

孩子要父母给他买糖果、玩具等,其实是在向父母索爱;孩子未必真想要糖果、玩具等,孩子要的是父母满足他需求的那种被爱的心理。所以,我为什么要反反复复强调父母一定要陪伴孩子,这就是原因。在孩子心里,父母的陪伴就是对他最大的爱,也是他最需要的爱。在父母经常陪伴下的孩子,对生活的物质需求极低,这样的孩子一般不会提过分的物质要求,就算孩子有时提了点物质需求,得不到满足也不会大哭大闹,或只是稍微哭闹而已,父母稍加哄哄就会好的。孩子被溺爱,会使孩子对爱的感觉产生迷惑,孩子会怀疑自己是否真正被爱,认为自己没有得到真爱,于是会变着花样寻求真爱。父母溺爱孩子的程度越深,孩子对爱的怀疑越重,孩子越发会提出各种无理要求,最终在大人眼里变得更加不可理喻。其实孩子的各种无理取闹都是孩子在探索真爱。

家长们常以自己的需求方向去引导孩子,错误地以为孩子的需求方向和自己的需求方向是一致的,所以觉得孩子不可理喻、难管。有些家长会觉得孩子还太小、幼稚，不懂事而已，压根就没意识到完全是因为自己在教育方式上的无知，不懂孩子的心、不懂家庭教育。

还有些家长不尊重孩子，把孩子当私产，你们明白孩子为什么要顶撞你们吗？因为孩子觉得自己不被尊重，精神需求得不到满足，所以他讨厌你们，甚至恨你们。很多家长说现在的孩子吃好喝好穿好住好玩好，简直太幸福了，其实不然，在孩子眼里，这些好的物质条件一文不值，他压根就不需要。他想要的是精神上的满足，而不是物质上的满足。

有些出生在穷人家的孩子为什么从小会自卑呢？真正的原因不是因为他家穷，而是因为很多贫穷的父母忙着应对生活的压力，忽视了孩子的精神需求，他们甚至把对生活的焦虑迁怒于孩子身上，这样的孩子更加自卑，甚至生无可恋。加上周边人也会因为他家贫穷而从精神上歧视他，导致孩子的精神世界更加贫穷，这样的孩子能不自卑吗？而有些"穷人家的孩子早当家"的孩子，由于其父母满足了他的精神需求，他并不自卑，反而自强自立。所以，我们家长一定要懂一点家庭教育知识，这样就能知道孩子需要什么。还是那句常说的话："不是家长教孩子如何做孩子，而是孩子教家长如何做家长。"为了我们的孩子都能够健康快乐成长，希望家长们能从孩子的角度出发，多关注孩子的心理需求。

让孩子远离游戏

每当说到游戏，家长们就都不淡定了，可以说是"谈游戏色变"，这是每个家长都会面临的问题。因为现在家家有Wi-Fi，人人玩手机，智能手机被誉为21世纪最伟大的发明之一，我们的生活因它而更便利、更丰富。

然而，随着手机的普及，声讨它的声音也越来越多。在"用一句话形容手机在你生活中的角色"的问题中，有人这样说：一开始，手机就像手杖，它给我的生活带来了方便；后来，它竟变成了手铐，我几乎无时无刻都摆脱不了它；终于有一天，它变成了手雷，摧毁了我全部的生活。

如今青少年已成为社会网络活动的主体。有一种心理问题叫做"网络成瘾综合症"，这是一种以沉迷网络为主的一系列症状群，是一种心理疾病。

其实沉迷电子产品或者打游戏的危害远不止大家想象中那么简单。首先会阻碍孩子的身体发育，小孩频繁玩手机，大量的电磁辐射对其生长发育不利，甚至还会引发哮喘等多种疾病。另外，小孩经常玩手机，活动少了，容易引起身体发育推迟、运动功能低下等问题。如果小孩喜欢低头玩游戏，对颈椎伤害也很大，容易导致脊椎变形。长时间握着手机，手部保持同一姿势，也会影响手指的发育。

美国芝加哥学校曾推行一项试验，发现孩子少看电视和少玩电子游戏，性情会变得比较温和，没那么好勇斗狠。儿童暴力专家克里斯托弗尔博士说：过度接触即使是非暴力的传媒，也会造成小孩子变得更加好勇斗狠。青少年长期沉迷于网络中，会遏制大脑发育，影响智力开发。

孩子频繁玩电玩，对视力影响尤为明显。有数据显示，小孩连续玩手机20分钟，平均每分钟眨眼7.67次，视力平均下降到43.8度，接近近视状态。另外，泪膜破裂时间平均为5.3秒，而正常值是15~45秒，如果少于10秒，为病态。

另外，长期沉迷于玩手机会使人变得越来越孤僻，不愿与外界交往，性格也越来越怪异，整日沉迷在网络的虚幻世界里，很容易诱发他们孤独症等心理疾病，还会出现过度依赖网络症，导致注意力、记忆力下降，引发抑郁、焦虑等情绪问题，甚至会导致思维、言行失控。

有人说：世界上最遥远的距离莫过于我们坐在一起，你却在玩手机。这样的聚餐，相信大家并不陌生，让多少父母感到悲凉。迷恋电子产品的学生，无一例外成绩下降，因为只要拥有了手机，就一定会想时时玩弄，根本无心去听老师讲课，不思进取。青少年学生迷恋网络玄幻小说、打网络游戏等，极易上瘾，根本无法控制，甚至肆无忌惮，完全陶醉在这个虚幻的美妙世界里，导致他们上课昏昏沉沉，对枯燥的学习更是失去兴趣，学习成绩一落千丈。

青少年正处在成长的关键期、学习的黄金期和生理、心理的躁动期，加上好奇心强、自我控制能力弱，比成年人更容易受到手机的诱惑，进而沉迷其中。网络上传播的大量低俗信息，严重败坏社会风气，污染社会环境，危害未成年人的健康成长。

家长们都知道网络游戏对孩子成长的影响，但不了解孩子们沉迷电子产品的原因，下面我们了解一下孩子痴迷网络游戏的原因。

首先是生理原因。青少年的心理发展处于不平衡状态，由于青春期发育导致的性意识萌动、自我意识增强以及心理发展不平衡等，使青少年感到痛苦而迷茫。当青少年无法获得相应知识、解决青春期困惑时，青少年就会通过网络这一途径去获取这方面的知识。

其次是社会原因。互联网吸引着越来越多的人来使用它，网络具有方便、快捷、及时、互动、信息量大、资源丰富等优点，同时它的自由性、科技性和时尚性更吸引着青少年。在互联网上，他们可以最大限度地张扬个性，发表观点，并且可以收集资料、查阅信息、收发信件、娱乐消遣、就业谋生……

游戏的出现，使得目标不明确和意志力不强的青少年随波逐流，并且沉迷其中不能自拔。因为孩子们能够在游戏中得到认可，每过一关就会让孩子很有成就感。还有些家庭结构问题、家庭功能不健全等都是导致孩子沉迷游戏的主要原因。

第三是心理原因。长时间沉迷网络，会出现社交网络依赖，使人内向、自闭、退缩、爱幻想等。网络游戏是青少年的精神避难所，在网络中能让其获得价值感和成就感。由于在现实生活中，家长们除了让孩子不停地学习，其他什么事情也不让孩子做，导致孩子自我认同感、成就感、价值感极低，所以到虚拟世界里寻求自信、自尊、价值感。我曾经遇到过这样一个案例：一个三年级的男孩，10岁左右，学习成绩中下等，父母是做生意的，平时比较忙，只给孩子钱，也顾不上和孩子沟通交流。他们认为给孩子优越的物质条件，孩子就能好好学习了，但实际情况恰恰相反。父母也很发愁，经常训斥孩子，老骂孩子是"废物"，在父母看来，这个孩子一无是处。但是这个孩子在游戏中是个非常了得的人物，很多玩游戏的孩子都崇拜他，小小年纪就能带领100多人攻城略地，很是威风。孩子在游戏中感受到了归属感和成就感，这是他在现实世界中难以获得的。

在生活中，如果孩子们碰到很多困难和问题而无法解决，家长也没有及时帮助和引导。孩子就会沉迷网络，以此逃避现实，并从网络中获得成就感，这是缺乏理想和追求，是不成熟的应付困难和挫折的方式，需要家长给予正向的引导。逃避现实生活问题或压力的人，大多数会沉迷网络，这类人大部分是低自尊或缺乏自信，也有的是逃避人际关系问题。

了解了孩子沉迷网络的原因后，那我们如何鉴别孩子是否网络成瘾呢？对于网络成瘾的诊断与鉴别，目前并没有公认的标准。下面我们来看看孩子可能已染"网瘾"的征兆：

1.每天上网时间累计8小时以上，而且越来越长，无法自控，特别是晚上常常上网到深夜。

2.行为反常，比如逃学、废寝忘食、不与人交往、对人冷漠、脾气暴躁、关机后烦躁不安等。

3.经常在网上与陌生人聊天，甚至发展到通电话、约会等。

4.电脑里常出现暴力、色情、赌博等图片。

5.出现说谎、隐瞒上网情况的行为。

6.宁肯借钱上网或甘愿冒一定的危险，比如去偷钱或偷用别人账号上网等。

7.没有理想，敌视父母，不爱学习。

如果有出现上面这些问题，家长就要开始注意了，并且要注意处理的方式方法。要知道孩子们对电子科技产品和网络的好奇心是绝对不会减少的，你越是压制，他越想挑战。而且，一味禁止只会适得其反，粗暴干涉和制止会引起孩子的逆反心理。如今这个时代，手机已经成为人们生活、工作中必不可少的工具，如果我们只是把这个工具当成洪水猛兽，禁止孩子接触，对于孩子的成长来说未必是好事，所以"堵"不是办法，只能"疏"。

青少年"网络成瘾"已成为困扰无数家庭和学校的一大社会问题，与学校教育、社会环境、家庭教育都有直接关系，改善网瘾应从青少年的心理和家庭教育入手，下面给出几点建议供大家参考：

1.建立良性的亲子关系。家长要与孩子建立安全的依恋关系，建立良好的亲子沟通；接纳孩子，接纳是有力量的，把主导的力量交给孩子，而不是控制孩子；给孩子有效陪伴和耐心引导。

2.多与孩子做一些落地活动。引导孩子做更有意义的事，带领孩子多做真实游戏，引导、陪伴孩子去大自然中活动，如郊游、野炊等，开阔视野，让孩子与大自然亲密，避免孩子因孤独或无聊而沉迷于电子产品，直至成瘾。

3.对电子产品的使用，要限制年龄和时间。家长可根据孩子的年龄配备手机，并限制手机使用时间。例如：2岁前不能看手机；初中以下别给孩子配手机；初中生的手机由家长或学校管理，每天放学后可看半小时；高中生可使用手机，家长或学校要实行理性管理，如每天课余时间可以控制在一个小时以内，周末可看两个小时等。

4.家长要发挥榜样的作用。大人尽量不要当着孩子的面玩游戏和过多看手机，商定的时间一到，家里所有人把手机等电子产品统统放置到固定的地方，可以让孩子当督察员，这样孩子会懂得遵守规则。

5.家长要引导孩子正确认识手机。家长可以和孩子一起探讨手机的合理使用方法，分析滥用手机的危害；让孩子知道手机给生活带来的便利，肯定并认识网络的作用。但是在肯定手机价值的同时，也要让孩子知道手机只是工具，我们不能被工具绑架。

6.有效陪伴和监督管理。家长的有效陪伴很重要，所谓有效就是和孩子共同参与某事，如果说孩子在玩，家长在看手机，那就不是有效陪伴了。当孩子使用网络时，家长可以陪伴监管，避免渲染不健康游戏内容的传播。

7.最好要划分区域。在日常生活中，要科学划分生活区、学习区、玩耍区、阅读区，孩子的学习地带及卧室决不能放置电脑和手机。

8.有目标地培养孩子的兴趣爱好。从小培养孩子一两样兴趣爱好，让孩子在课余时间有事可做，例如游泳、打球等，避免依赖网络，还能养成优良的品质修养。

9.有意识地引导孩子爱上读书。在家里最方便的地方都放上书籍。我和家长们分享过，从事家庭教育工作的大部分老师们，家里客厅都没有电视，而是放各类书籍。孩子随时随地看到的都是书籍，而非电子产品，家长再带头读书，和孩子共同享受亲子读书的时光，并分享各自感受，让家中弥漫书香、墨香。

以上几种建议，如果家长们能够做到，不光能够收获良好的亲子关系，还能收获一个优秀的孩子。我们经常说父母改变1%，孩子进步99%。在以色列，每个孩子出生后，父母将蜂蜜涂在书籍上，让孩子吮吸着书籍，感知书籍是甜的，因此，孩子也将阅读作为一生的爱好。在芬兰，从孩子出生起，父母就会在家读故事、念报、讲童话给孩子听，让孩子在家庭教育里种下喜欢阅读的种子。

为什么这么多国家都注重培养孩子的阅读习惯呢？根据调查发现，父母闲暇时间读书的家庭中，孩子学习成绩优秀的比例，比业余时间"上网""打牌"的家庭要高出60%！一个学习优异的孩子，往往出自一个充满墨香的家庭。

所以，家长要重视学习，更要重视家庭阅读，工作再忙，也要抽出时间和孩子一起读书。要让孩子感到，在学习这件事上，他不是孤军奋战，父母将和孩子一起将"终身学习"践行到底！

但是现实生活中，孩子使用电子类产品是不可能避免的，如何让孩子正确使用手机及电子类产品呢？下面给出一些参考方法：

1.与孩子提前达成协议。每次在给孩子玩手机前，先跟孩子达成协议，比如做完作业或者做完家务之后才能玩手机。当孩子玩手机时，要让孩子保持好眼睛与手机之间的距离，若距离太近，家长有权利收回，可视情况作调整。

2.控制使用时间。等孩子满3岁后，可以适当接触电子产品，但要控制好时间，每次10~20分钟。如果孩子要看动画片，每天只能看一集，因为每集动画片可能要15~30分钟。

3.家长帮助选择优质内容。家长要帮助孩子把关、筛选内容，最好专门给孩子准备一个手机或平板，把里面的电影、游戏全部删掉，关闭上网功能，专门下载一些适合小孩看的动画片或者适合小孩听的音乐，避免孩子连续看视频，反复玩游戏，以免遭受不良诱惑。

4.选择合适时空适度接触。吃饭时、睡觉前，或等车时、旅途中，不要让孩子玩手机，以免让孩子养成不良习惯。日常也不要把手机当成安抚孩子的工具，建议饭后、休息时给孩子玩一会。家长要以身作则，引导孩子正确使用手机。

以上几点建议仅供家长参考，家长要正确认识和使用网络及电子产品。根据某项调查结果显示，有90%的人选择去网吧上网，这是因为家长过分强调网络消极的一面，不允许孩子上网而导致的。亲子之间缺乏情感的沟通、思想的交流，家长不允许孩子在家上网，孩子就选择去网吧，最终的结果往往适得其反。其实家长完全可以和孩子一起上网，或学习，或娱乐，既增进感情，又能有效地监督孩子上网，引导孩子正确使用网络。

第七章 帮助孩子建立梦想及制定目标

梦想的力量

梦想是一种动力，一个有梦想的孩子，就像在心中埋下了一颗种子，只要时机成熟，就可长成参天大树。一个孩子如果有梦想，他会对很多事情有主动的求知欲，对自己的未来有更主动的规划，对自己喜欢的事情有更加坚韧的毅力，对生活也会有非凡的热情。一个有梦想的孩子，能够不断地完善自己、克服遇到的困难。

例如2020年，清华大学发布的招生宣传片《追光少年》，讲述了一群大学生为了捕捉太空中的伽玛射线而拼尽全力的故事。这群学生在太空引力波的启发下，产生了去探测太空中伽玛射线的想法。为了实现这个梦想，他们用了一年的时间进行理论演绎，但在申请经费的时候却被拒绝了。幸好有一位老师帮助他们筹集了资金，并争取到了一个发射实验卫星的机会。

时间紧任务重，这些学生没日没夜地努力着。就在万事俱备只欠东风的时候，发射基地却传来一个噩耗，探测器的组装接线上有致命的错误。而此时，留给他们整改的时间只有30天。放弃？意味着曾经几百个日夜的努力都白费了。但这时候选择坚持，看上去似乎又那么苍白无力。就在这关键时刻，是梦想的力量支撑着他们选择了全力以赴。终于，这群大学生成功地修复了探测器，让承载着梦想的实验卫星去宇宙中追寻那束伽玛射线。

梦想是什么？梦想是当你想要放弃的时候，推你继续前行的力量，梦想是当你迷失方向的时候，照亮你前方道路的灯塔。

还有一个大家都熟知的故事：一百多年前，一位穷苦的牧羊人带着两个幼小的儿子替别人放羊为生。有一天，他们赶着羊来到一个山坡上，一群大雁鸣叫着从他们头顶飞过，并很快消失在远方。牧羊人的小儿子问父亲："大雁要往哪里飞?"牧羊人说："它们要去一个温暖的地方，在那里安家，度过寒冷的冬天。"大儿子眨着眼睛，羡慕地说："要是我也能像大雁那样飞起来就好了。"小儿子也说："要是能做一只会飞的大雁该多好啊!"

牧羊人沉默了一会儿，然后对两个儿子说："只要你们想，你们也能飞起来。"两个儿子试了试，都没能飞起来，他们用怀疑的眼神看着父亲，牧羊人说："让我飞给你们看。"于是他张开双臂，但也没能飞起来。可是，牧羊人肯定地说："我因为年纪大了才飞不起来，你们还小，只要不断努力，将来就一定能飞起来，去想去的地方。"两个儿子牢牢记住了父亲的话，并一直努力着。等他们长大了，在哥哥36岁，弟弟32岁时，他们果然飞起来了，因为他们发明了飞机。这两个人就是美国的莱特兄弟。

相信大家都听说过莱特兄弟的故事。作为家长，我们是不是也应该向莱特兄弟的父亲学习呢? 我们要支持孩子的梦想，尽管孩子的梦想不切实际，也不要打击和扼杀。梦想是对未来的一种期望，需要努力才可以达到的目标;梦想就是一种让孩子们为之坚持的动力，家长们要帮助孩子建立梦想和追求。

如果我们单从梦想来区分，那么不外乎有这几种人，有梦想的和没有梦想的，大梦想的和小梦想的。大梦想的人影响小梦想的人，有梦想的人影响没梦想或梦想比你小的人。每一个人都应该生起一个宏伟的梦想。大梦想的被称为这个时代的领袖，没梦想的被称为这个时代的奴隶。拥有大梦想的人让无数个梦想比自己小或者没有梦想的人为自己所用，以实现他们的梦想;而没有梦想的人永远受制于人。当一个人一旦升起梦想，它就会产生动力，有了动力，从而练出能力，动力拉升一分，能力N倍裂变。一个人一旦有了梦想，从此开始精彩绽放，人生充满了激情，因为激情来源于梦想。

如果你没有梦想与目标，你一生努力的结果就是帮助那些有梦想和目标的人达成目标。不要低估梦想的价值，马克·吐温说："一个人没有了梦想，就等于死亡。"你有多大的梦想，你的行动力就会有多强。如果你的梦想越强烈，越真实，你就会发现，在你的工作、生活中，不管遇到什么困难，你都不会在意，因为你最需要的就是你想要的结果。所以，不要以为梦想是不重要的，在人的一生中，梦想是成功的第一步。

案例：丘吉尔出生于一个贵族世家，家庭条件很优越，在当地享有很高的名望。但是，丘吉尔小时候有点呆头呆脑的，他上课的时候总是不知道在想什么。这还不算，小丘吉尔还有口吃的毛病。在班上，他的成绩永远是最差的，可是他从来都不在乎，这让老师很讨厌他。

一天，老师发现丘吉尔在教室角落里，不知道在想什么。于是，老师很生气地问："丘吉尔，你在干什么？"可是，小丘吉尔似乎沉浸在自己的世界里，根本没有听到老师在叫他。老师更生气了，走到小丘吉尔面前，气愤地拍着桌子："如果你还不回答我，我就把你赶出去。"小丘吉尔惊慌地站了起来，但还是什么都没有说。

老师发怒了，大喊着："你把你父亲的脸都丢光了，将来你只能做个可怜的寄生虫。""不，我……我要做……做个……演讲……讲……讲家……"小丘吉尔的话还没有说到一半，同学们就哈哈大笑起来。

放学的路上，一群同学追了上来，他们围住小丘吉尔，嘲弄地对他喊道："讲话都讲不好，还想当演讲家？做梦去吧！"小丘吉尔想辩解几句，但自己就是说不出来，他开始着急，结果越是着急，越是说不出话来，他涨红了脸。

同学们嘲弄够了，就一哄而散，转眼间就剩下了小丘吉尔自己在空荡荡的路上。他努力地忍着，不让泪水流下来，将小拳头攥得紧紧的。回到家里以后，父亲看到儿子，很是惊讶，儿子小脸绷得紧紧的，和他说话也不理人。父亲急忙跟在后面问，最后被问得急了，小丘吉尔终于开口了："我……

我……我要当……当演讲家。"他甩下这句冷冰冰的话后，就回自己屋子里了，任凭谁去敲门都不开。

丘吉尔在屋内对着墙上的那面大镜子，开始练习说话。他把每个单词的音节都一个音一个音地读，然后连起来读出整个单词，最后再一个字一个字地纠正。练习了一段时间以后，他就开始把几个单词放在一起连着读，一直到最后能把整个句子连起来读。

从那天开始，他像换了个人似的。他不再害怕同学们的嘲笑，在课堂上主动要求起来朗读课文，尽管还是会口吃，读得也不连贯，但是，小丘吉尔一直在努力。回到家里，他就对着镜子大声一遍一遍地说话，直到最后，他能够很连贯地说出一个句子，甚至一大段话。后来，他还背诵了大量著名的演讲词。

功夫不负有心人，丘吉尔终于取得了极大的进步，在同学和老师的面前展露了他幽默风趣的口才。这个口吃的孩子，后来竟然成了英国首相，在第二次世界大战中，丘吉尔用他那富有激情的演讲鼓舞了千千万万的人。

通过丘吉尔的故事，我们明白：不管自身条件多么不好，只要我们肯努力，有远大的梦想和目标，就一定能够变成现实。即使身上存在着某些缺点，但也一样可以实现自己的理想！

梦想最有价值的事情就是实现。要想实现梦想，就要为梦想设立目标，目标是一种可达到的结果，世界效率提升大师博恩·崔西说："成功是目标的达成，其他都是这句话的注解。"做任何事情都需要有计划、有目标，计划是在做事时有所依循的方向，而目标却是为达成的结果而设定的。设定目标的原则有：要有时间限制；要数字化、量化；要加以分段，把目标分为长、中、短期目标；稍努力就能达到的；要有挑战性。

态度和信念决定了一切的可能性，就像生活中的很多东西一样，如果你认为你自己可以做到，那就可以做到，认为值得，那它就值得。如果你认为自己做不到，那就真的做不到。古人有云："要立鸿鹄之志。""有志者，事竟成。"目标是支撑我们实现梦想最原始的驱动力，只有坚定目标，才不会在茫茫大海中迷失方向。

或许有人会说，没有梦想的人生一样是人生，没有梦想的人一样能够活下去。可是，有了梦想的人生多少会有些不同，因为梦想充满着神秘而不可思议的力量，它能使人振奋，使人勇敢。作为家长，无论我们有没有梦想，无论我们的梦想有没有实现，我都希望我们的孩子是一个有梦想的人，家长要呵护好孩子的梦想，你就会收获到意外的惊喜！

梦想源于正向的引导

很多家长在咨询我的时候，都在说一个普遍存在的问题，就是孩子没有什么梦想。那么大家有没有思考过，我们小时候为什么都有梦想？因为我们小时候物质条件特别差，就会总想着长大后当教师、医生、解放军等这些让人羡慕的职业。而现在的孩子呢，生活条件都特别好，即使他们没有梦想，也生活得舒舒服服的，这就是物质条件提前被满足，而精神世界极度空虚。所以，现在孩子的梦想是需要家长帮助建立的，有了梦想，孩子才会有学习的动力。

有这样一个故事：崔永元在美国遇到一位卡车司机，那司机为有这样的卡车而非常自豪。他说，我上小学时，我过生日，我爸爸为我买了一个卡车玩具，我爱不释手。我突然有了理想，我告诉爸爸，我的理想是当卡车司机。我爸爸激动地拥抱我，恭喜我有了理想。我把我的理想讲给老师听，老师在全班同学面前表扬我，让同学们向我学习。我有理想了，同学们都羡慕我。初中毕业后，我就考了技校，最终成为卡车司机。他非常热爱他的工作，他将车擦得干干净净，保养得十分气派。所以请父母谨记，尊重孩子，从尊重孩子的理想开始。

孩子的梦想和家长的引导有关。引导分为明示和暗示两种，很多家长采取明示的方法，但是效果甚微。有时候家长和孩子讲道理，甚至大喊大叫地和孩子说话，孩子会左耳进右耳出，这就是家长们所说的"不听话"。其实家长们可以试试用暗示的方法，轻轻一句暗示的话，可能会让孩子感觉到被理解和被关心。所以，有时候一句话会在孩子心中形成一个图像，这图像很可能会影响孩子的未来。

北宋画家文同，他画的竹子远近闻名，每天总有不少人登门求画。文同画竹的妙诀在哪里呢？原来，文同在自己家的房前屋后种上各种各样的竹子，无论春夏秋冬、阴晴风雨，他经常去竹林观察竹子的生长变化情况，琢磨竹枝的长短粗细及叶子的形态、颜色。每当有新的感受，就回到书房，铺纸研墨，把心中的印象画在纸上。日积月累，竹子在不同季节、不同天气、不同时辰的形象都深深地印在他的心中。文同只要凝神提笔，在画纸前一站，平日观察到的各种形态的竹子立刻浮现在眼前。所以每次画竹，他都显得非常从容自信，画出的竹子无不逼真传神。当人们夸奖他的画时，他总是谦虚地说："我只是把心中成熟的竹子画下来罢了。"

相信大家都听过这个故事，但是和梦想有什么关系呢？其实我们家长要让孩子在心里勾勒出未来成功的样子，例如画家、医生、教师等形象。先想象自己会成为这样的人，然后向着这个目标一点点靠近，最后就会成为这样的人。

案例：美国纽约州第一任黑人州长罗杰·罗尔斯出生于声名狼藉的大沙头贫民窟，那里生活条件恶劣，充满暴力犯罪。然而，罗尔斯却凭借一个简单的信念，最终成为纽约州的州长。

罗尔斯在自己的就职演说中，讲了自己小学时代发生的一个故事：罗尔斯小时候是一个十分淘气的男孩。有一天，他在外面玩够了，从窗户跳进教室，闭上眼睛，学着僵尸的样子伸出双臂，蹦上讲台。结果，他一睁开眼睛吓了一跳，老师就站在那里！可是，老师没有批评他，而是仔细看着他伸着的手指，惊讶地说："你的手好修长啊，将来一定是纽约州州长！"

罗尔斯也开始仔细观察自己的手指，感觉果然与众不同。一般人手掌要比手指长度大一些，而他的则是手指更长一点，哦，原来这是州长的手。他回到家又去照镜子，看自己像不像州长，一看，感觉自己挺直腰板儿的样子还真像,就是脸太脏了。于是,他赶紧打水,把脸洗干净,又去照镜子,一看更像了,可就是衣服太脏了。于是,他赶紧换了一身干净的衣服。

有一天,学校来了一个新校长,他在第一堂课上询问每一个学生的梦想。每当一个学生说出自己的梦想,教室里就响起一片哄笑声。轮到罗尔斯时,他说:"我的梦想是当纽约州的州长。"教室里的哄笑声更大了,而校长却很认真地点了点头。罗尔斯得到了老师的肯定,开始觉得自己的梦想并非遥不可及。

从此以后,他走路的时候要像州长,吃饭的时候要像州长,随时随地都想着自己像不像州长。几十年过去了,当年的黑人小男孩真的梦想成真了,站上了神圣的讲台。罗杰·罗尔斯在自传中写道:"40年来,成为州长的梦想就像一面旗帜,在我心中高高飘扬着。"

老师和父母给予未成年孩子什么样的暗示,就会培养出一个什么样的孩子。曾经有心理学家做过一个试验,他想要看看自信心到底可以创造出什么样的人生奇迹,并且验证积极心理暗示的力量有多大。于是,心理学家在一所普通中学的普通班级里,随机抽取了5名学生作为试验对象。这5名学生中,有2名学生智力水平较高,并且学习刻苦,在班里成绩排名靠前,但与重点中学的学生相比,差距仍然十分明显。另外3名同学,成绩平平,有的孩子父母离异,有的父母不在身边,有的父母根本不懂得教育之道,总之家庭环境问题多多。

心理学家将这5个孩子请到老师办公室,很高兴地告诉他们:"经过对全班同学的智力测评,你们是班上智力水平最高的孩子,并且成人后也一定会比其他孩子更优秀。"5个孩子从来没有受到过如此肯定,而且这样的肯定还来自于权威的心理专家。从此,他们对未来充满自信,学习更加刻苦,即使遇到困难,也能以积极的心态去面对。这些孩子坚信:"困难只是暂时的,将来我会比其他人更优秀。"15年后，5个孩子长大成人，其中一个开办了自己的公司，两个研究生毕业并就职于知名企业，一个孩子成为作家，另一个孩子选择出国深造，追求更高的成就。

在回访中，这些孩子都表示非常佩服心理学家的未卜先知，而心理学家却告诉他们："孩子们，其实你们只是随机被选取的，并不是班里智力最优秀的人。"

心理学家的"谎言"，给了孩子们积极的心理暗示。"你一定可以""你能行"的信息进入孩子们的潜意识中，激发了孩子们潜藏的智慧和能力，最终使"谎言"变成了现实。

作为新时代的家长，我们要懂得开发孩子的潜能，不只是单纯地给予或增加知识，而是让孩子注意到自己的优点和能力，培养他们自我肯定感。每个孩子在成长过程中，都需要有人及时给予正向的心理暗示，帮助孩子发现自身的优点，并且激励他们去开发自己的潜能，所以家长们一定要多引导。

在日常生活中，父母不妨试试"传递正能量的小道消息"这个方法。例如：妈妈对孩子说："宝贝，爸爸今天夸奖你了，说你写字写得比以前工整了，而且作业也很认真。"孩子听到后，就会扩大这个正能量，下次会做得更好。我们不要去否定孩子，很多家长打着"都是为了你好"的旗号去挑毛病和指责批评，那相当于给孩子的生活注入了负能量，给孩子贴了很多负面的标签，这都是负面的暗示，给孩子贴的负面标签就会像一个"魔咒"在孩子身上不断验证。

家长平时要观察孩子的第一理想，一旦孩子说出理想，不管靠谱不靠谱，千万不能打击。你要相信孩子能成为他想成为的任何一种人，孩子需要的永远是信心和鼓励。

这里给大家分享一个重要的经验，你要记住，人能成为任何一个他想成为的人，不是根据你的特长选择职业，因为人们往往看不到自己擅长什么，而是你想成为什么样的人。如果孩子还没有形成理想的雏形，你有了好的职业倾向，就去向孩子灌输你为他选的职业优势。要不断地加深孩子的想象，告诉他实现理想后幸福快乐的生活场景。所以，不要以为你为孩子定的理想太高，孩子会达不到，只要你有信心，给孩子足够的信心，他就能成就远大的理想。

通过小成功来激发梦想

当下每一位父母都有"望子成龙，望女成凤"的期望。很多父母急切想要孩子成才，却苦于不懂教育。那么，我们首先要帮助孩子确立梦想，因为梦想意味着目标与方向，教育孩子的核心在于激发孩子的梦想，梦想能衍生出奋斗与坚持，梦想预示着成长与成功的开始。

例如比尔·盖茨小时候，有一次他随妈妈一起去参加 DELL 公司的董事会，当他看到董事长汤姆·华森的气度和风范时，在回家的路上，他郑重其事地跟妈妈说："妈妈，我长大了也要像汤姆·华森一样，当总裁。"妈妈一听，立刻意识到教育儿子的机会来了。于是，她说："儿子，你的想法非常好，我坚决支持，但当董事长要不要学习好？"比尔·盖茨说："当然要。"妈妈又问："要学习好，从什么时候开始？""从现在开始。"于是，比尔·盖茨花了6年的时间读完了所有的百科全书，这些经历为他后来的事业打下了良好的基础。

这样的案例还有很多，例如：一个13岁的黑人男孩，他家里不是很富裕。有一天，他父亲突然递给他一件旧衣服，问："这件衣服能值多少钱？""大概一美元。"男孩回答。"你能将它卖到两美元吗？"父亲用探询的目光看着他。"傻子才会买！"他赌着气说。父亲的目光真诚中透着鼓励，说："你为什么不试一试呢？你知道的，家里日子并不好过，要是你卖掉了，也算帮了我和你的妈妈。"男孩这才点了点头，说："我可以试一试，但是不一定能卖掉。"

他很小心地把衣服洗干净，又用刷子把衣服刷平，铺在一块平板上阴干。第二天，他带着这件衣服来到一个人流密集的地铁站，经过6个多小时的叫卖，他终于卖出了这件衣服。他紧紧攥着两美元，一路奔回了家。从此以后，他每天都热衷于从垃圾堆里淘出旧衣服，并打理好，然后带去闹市里卖。

过了十几天，父亲突然又递给他一件旧衣服说："你想想，这件衣服怎样才能卖到20美元？""怎么可能？这么一件旧衣服怎么能卖到20美元？它至多值两美元。""你为什么不试一试呢？"父亲启发他，"好好想想，总会有办法的。"

终于，他想到了一个好办法。他请自己学画画的表哥在衣服上画了一只可爱的唐老鸭与一只顽皮的米老鼠。他选择在一个贵族子弟学校的门口叫卖。不一会儿，一个管家为他的小少爷买下了这件衣服。

那个十几岁的孩子十分喜爱衣服上的图案，一高兴，又给了他5美元的小费。25美元，这无疑是一笔巨款！相当于他父亲一个月的工资啊。

回到家后，父亲又递给他一件旧衣服，说："你能把它卖到200美元吗？"这回男孩没有犹豫，而是安静地接过了衣服，开始了思索。两个月后，机会终于来了。当红电影《霹雳娇娃》的女主角拉佛西来到纽约做宣传，记者招待会结束后，男孩猛地推开身边的保安，扑到了拉佛西身边，举着旧衣服请她签名。拉佛西先是一愣，但是马上就笑了，没有人会拒绝一个纯真的孩子。

拉佛西流畅地签完名，男孩笑着说："拉佛西女士，我能把这件衣服卖掉吗？""当然，这是你的衣服，怎么处理完全是你的自由！"男孩欢呼起来："拉佛西小姐亲笔签名的运动衫，售价200美元！"经过现场竞价，一名石油商人以1200美元的高价买下了这件运动衫。

回到家里，一家人陷入了狂欢。父亲感动得泪水横流，不断地亲吻着男孩的额头："我原本打算，你要是卖不掉，我就叫人买下这件衣服。没想到你真的做到了！你真棒，我的孩子，你真的很棒……"这个晚上，全家人都非常兴奋。睡觉前，父亲问："孩子，卖掉这三件衣服后，你有明白什么道理吗？""我明白了，您是在启发我，"他感动地说，"只要开动脑筋，办法总是会有的。"父亲点了点头，又摇了摇头："你说得不错，但这不是我的初衷。我只是想告诉你，一件只值一美元的旧衣服，都有办法高贵起来。何况我们这些活着的人呢？我们有什么理由对生活丧失信心呢？我们只不过黑一点、穷一点，可这又有什么关系呢？""是的，连一件旧衣服都有办法高贵，我还有什么理由妄自菲薄呢！"20年后，他的名字传遍了世界的每一个角落。他的名字叫迈克尔·乔丹。

这个经典的故事告诉我们，一个个小的成功，能让孩子获得巨大的力量。我们看看那些伟大名人的童年，他们小时候和我们的孩子一样平凡，但他们有自己的梦想，得到了积极的鼓励，所以他们的人生格外精彩。我们常说："失败是成功之母。"这句话当然有一定的道理，但是今天，请家长们记住"成功是成功之母"这句话吧，家长多给孩子肯定和鼓励，孩子就会有自信和底气，就能一步步实现梦想。

父母是孩子梦想的引导者，父母要去唤醒、去相信、去引导、去激励孩子的梦想。父母要做好孩子人生的导师，做好孩子人生的教练，让孩子坚持自己的梦想，一路向前！每个孩子都应该有梦想，但不是每个孩子都能实现梦想，因为梦想只是动力，行动才是实现梦想的保证，如果没有实际行动，再好的梦想也是空谈。当孩子拥有了梦想，我们应该鼓励、支持，要引导他们相信自己能实现这个梦想，更应该引导孩子从现在开始就为实现自己的梦想采取行动。

如何制定目标

说到制定目标,这个话题是家长们比较感兴趣的。很多家长想制定一个好的学习目标,让孩子按目标去完成,这样可以帮助孩子做好时间管理,家长也比较省心。但现实往往事与愿违,很多制定的目标实施不下去。这是为什么呢?下面我们详细剖析一下目标的作用和实施。

一、制定目标的作用

家长朋友们,每个学生都要有自己的学习目标,区别只是在学习目标的内容上,有的比较长远,有的比较短暂。对学生来说,每学期制定目标是非常重要的,如果没有目标,那是一件很可怕的事。简单举个例子,我们应该都有坐出租车的经历。那么你上车后,司机会问你去哪里,但你不说话,那么这个司机无论开了多少年的车,这个时候他也没有办法把车开走。为什么呢?因为司机只是知道怎样选择最佳路线,把你送到你想去的地方。他知道怎样做,他知道方法,他知道手段和技巧,并且会把它做好。至于把车开往哪里,你想去什么地方,他并不知道。只有你知道你想去的地方,所以如果连你都不知道你想去哪里,你就无法告诉司机开车的方向和目的地,司机当然就不知道往哪里开了。所以说,目标永远在技巧和方法的前面。

一个人如果一开始就不知道他的目标在哪里,他就永远到不了他想去的地方。有的学生可能感到设定学习目标会有很大的压力,认为自己每天都要有很大的进步才能达到目标。这种思维会让学生感到有千斤巨石压在他的肩上,从而丧失学习动力。

要实现长远的学习目标,绝非一日之功,必须脚踏实地,有步骤地努力去做才行,因此,从实际出发,安排好学习时间和学习任务就十分必要了。可以说，学习时间和学习任务的科学结合就诞生了学习的目标和计划，实现学习目标的愿望越强烈，制订学习计划也就越迫切。制订好学习计划后，就会使自己的每一个学习行为都和学习目标的实现联系起来，使学习行为具有明确的目的性。所以制定目标要分为三种：长期目标、中期目标和短期目标。如：以一学年为例，长期目标即在一学年结束时希望达到的目标；中期目标即在一学期结束时希望实现的目标；短期目标即在最近的几周内希望完成的任务。

总想着长期目标会打击积极性，因为你总是没有成就感。每个测试、课堂参与和小组项目都是学生为达到长期目标迈的一小步。专注完成短期目标可以激发孩子的学习动力，当孩子努力了几周，目标实现了，就大大提升了孩子的自信心。那么，制定明确的目标有哪些好处呢？

1.目标明确，能使人产生积极心态。缺少了目标，就缺少了动力，缺少了希望，缺少了付出的决心。因为你根本没有方向，你怎么会去付出呢？所以，制定明确的目标在我们生命当中是非常重要的。

案例：20世纪初，徐悲鸿在欧洲留学时，曾遭遇一个洋人的挑衅。那个洋人说："中国人愚昧无知，生来就是当亡国奴的材料，即使送到天堂深造，也成不了才！"徐悲鸿义愤填膺地回答："那好，我代表我的祖国，你代表你的国家，等学习结业时，看到底谁是人才，谁是蠢材！"徐悲鸿的目标使他更加积极努力，一年之后，徐悲鸿的油画就受到法国艺术家的好评，此后数次竞赛，他都得了第一，他的个人画展轰动了整个巴黎美术界。如此令人惊叹的成就，是那个洋人远远不能及的。

2.目标明确，能使人集中精力、把握现在。对孩子来说，目标对学习具有指导作用。也就是说，现在所做的都是实现未来目标的一部分，因而要让孩子重视现在，把握现在。

　　案例：我师兄是一位职业画家，他家孩子五年级的时候，有一个梦想，就是想像他父亲一样当一名画家，这是一个长远的目标。那么，如果要想当一名画家，肯定要考一个好点的美术学院，我师兄就给孩子介绍中央美术学院。但是如果是普通中学学生，是很难考上中央美术学院的。所以，首先要考个好一点的中学，这是一个中期目标。

　　所以假期的时候，师兄就带孩子去了一个好的中学，让孩子感受一下，让孩子喜欢上这所中学，并且呢，以考进这所学校为目标。当时我记得他在这所学校里给孩子拍了一些照片，打印出来放在孩子的书桌前，也就是说帮孩子树立了一个阶段性的目标，这种激励方法很有效。结果，他家的孩子顺利地考进了这所中学。

　　所以说，我们家长要帮助孩子树立目标，要让孩子有梦想。我记得以前有个家长向我咨询："宋老师啊，我的孩子没有梦想、没有目标，怎么办呢？"我就问他："你有什么梦想？"他说："我没有，我不需要，我都40多岁了。"这样的话，任何人听了是不是也很无语呢。你自己都没有梦想，怎么让孩子有梦想呢？这样的父母就是在用圣人的标准要求孩子，而用普通人的标准要求自己，是不是太失职了呢？所以，父母要轻言传，重身教，多示范少说教。

　　3. 目标明确，能使人产生信心、勇气和胆量。

　　案例：一位军阀每次处死犯人时，都会让犯人选择：一枪毙命或是选择从墙上的一个黑洞进去，命运未知，所有犯人都宁可选择一枪毙命，也不愿意进入那个不知道里面有什么东西的黑洞。一天，军阀酒醉后，旁边的侍卫大胆问："大帅，你可不可以告诉我们，进入这个黑洞之后会有什么结果？""没什么啦！其实走进黑洞的人只要经过一两天的摸索，便可以顺利逃生了，人们只不过是不敢面对不可知的未来罢了。"军阀回答道。

这个故事告诉我们一个道理：看不到目标比死还可怕，所以对目标及其实现过程有一个清晰透彻的认识，必然使孩子从容不迫，学习起来得心应手，自然就能产生强大的自信心，有勇气挑战下一个目标。

4.目标明确，能使人不断地完善自我。自我完善的过程，其实就是潜能不断发挥的过程。而要发挥潜能，就必须全神贯注于自己的优势并且会有高回报的方面。目标能使你最大限度地集中精力，当你不停地在自己有优势的方面努力时，这些优势必然进一步发展。美国19世纪哲学家爱默生说："一心向着自己目标前进的人，整个世界都给他让路！"所以说，制定明确的目标是非常有意义的。

二、指导孩子制定目标

1.让孩子自己制定作息时间表。说到制定作息时间表，很多家长就说：这个试过了，不管用。其实是我们没有利用对，试问一下，你们是让孩子自己制定的？还是你帮着制定的？我们要让孩子自己来制定，这样让他觉得自己能够合理管理时间，从而能够让孩子找到存在感，并更容易遵守。

家长要明白孩子是学习的主体，家长是学习的客体，所以要让孩子掌握主动。现在很多家长把孩子的学习扛在自己肩上，帮助孩子写作业。例如：有一个小学生，有一天他的数学得了一个良，因为错了一道题。这个孩子回到家把作业本直接丢到妈妈面前，说："你帮我检查作业的时候，怎么错了一道题？"妈妈赶紧道歉说："宝贝啊，对不起，妈妈太粗心了。"

家长朋友们，你听完是什么感觉呢？写作业是孩子的事情，现在成了家长的事情了。根据调查显示，中小学生家长每天跟孩子说的最多的是："你作业写完了吗？""赶紧去写作业！"等，而且还有些家长经常对孩子说："你赶紧去给我写作业。""给我"这个词，让孩子以为作业是给家长写的。还有些家长，孩子写作业时，家长就坐在旁边不停地唠叨："你笔顺不对啊。""竖不直了。""字写偏了。"等。这就像一个人在开车，坐在副驾驶的人不停唠叨，如并线、并线，打转向、超他……哎呀，你真笨，你怎么又急刹车……时间一久，是不是想把副驾驶赶下车呢？其实，开车的人，就是写作业的孩子，现在我们能体会到孩子的感受了吧。他只是不敢反抗，我们陪孩子写作业，如果唠叨个没完，是对孩子强烈的干扰，没有一丁点儿益处。所以说，家长要明白，学习的主体始终是孩子，家长千万不能喧宾夺主，要让孩子知道读书学习是他自己的事儿，这样他就很容易实施自己制定的目标了。

可以说，学习计划是实现学习目标的蓝图，每一个想把学习搞上去的学生，要拿出的第一个实际行动，就是制定一个切实可行的学习计划。当你制定好学习计划后，心里有了底，会感到学习目标的实现只是个时间问题了。

制定学习计划可以磨练学习意志。在实际的学习生活中，学习计划的实施不会是一帆风顺的，可能会受到种种"冲击"。这样的"冲击"有两种情况。一种情况是出现了自己没有预料到的、必须参加的，或必须进行的有益活动，如集体活动、作业增多、考试临近等，这时就需要调整自己的学习计划，灵活应对学习中的变化。另一种情况是出现了一些经过自己的努力，完全可以排除的困难和干扰，例如，出现了自己计划外的文体活动或其他娱乐活动，这时为了保证计划的顺利实施，就要努力克服困难、干扰及各种诱惑。通过努力，不断调整自己的行动，使自己的行动不偏离计划中既定的学习目标和任务，直到实现为止。

经过长期的磨练，在实现一个又一个的计划中，自己的意志品质（自觉、顽强、坚持、自制）也在不断得到磨练。而这种意志上的收获，往往容易被人忽略，可实际上这是宝贵的精神财富。

科学研究结果表明，在学习过程中，意志品质的作用是不容忽视的。良好的意志品质是学习成功的重要保证，而学习的成功又为发展良好的意志品质起着推动作用。没有学习计划的学生，在学习生活中对自己也就很少有什么要求和打算，更谈不上什么意志上的努力和斗争了，因此，这类学生的意志品质常常很差。

2.帮助孩子养成制定目标的习惯。这里我要说的是，帮助孩子养成制定目标的习惯，而不是帮助孩子制定计划。例如：今天是周末，要在家里做饭，你肯定要征求孩子的意见，问孩子想吃什么，孩子会说出想吃的东西。那你可以根据要做的菜来提出问题，告诉他家里缺少哪些食材，都需要买什么东西，并写在纸上，让他在大脑里制定计划，然后带他下楼去买菜，你只负责跟着他，让他带着你，你带着钱，看他是如何计划的，如何规划时间，让孩子统筹安排。比如说我们在写需要买的东西时，可以有意岔开来写，把菜和调料穿插着写，那么他可能会先跑到这儿拿了盐，然后跑过去买菜，再跑过去拿大料，再跑过来买葱，跑上几次他就会发现，这个地方之前来过啊。那他就会看纸上还有哪些是调料，它就会分析，就会知道怎么安排。总之你不要插手，别打乱他的计划，几次下来，他就会像模像样的了。

智慧的父母是要学会使用孩子的，可是现在的家长呢？替代的太多了，总是认为只要学习好就行了。这种情况下是很难让孩子养成好习惯的，父母越能干，孩子越无能。

三、制定目标的原则

制订学习目标和计划有利于良好学习习惯的养成。长期按学习计划办事，就会使学习生活很有规律，甚至逐渐形成"条件反射"。到时候，就不必为起不起床、睡不睡觉、学不学习再付出意志上的努力了，因为学习生活已经完全达到了"自动"进行的境界，如不起床睡不着了，不睡觉就困了，不学习就好像缺了点什么似的。就像我们每天刷牙一样，如果有一天我们没有刷牙，是不是都有点不习惯呢？这说明良好学习习惯的养成是离不开科学的学习计划的。

那么在设定目标时，我们要考虑到以下这几个方面：

1.目标应是具体的。就是目标不能宽泛和模棱两可，比如我要养成每天读书的习惯，这就是模糊的。具体的目标应该是，每天6点起床后，读书30分钟，或者每天6点起床，读10页，这就是具体的。再比如你要在2个月内掌握560个英语单词，乍一看是个大工程，不过如果进行目标分解，就相对容易了。2个月有60天时间，一个月有4周。把大目标分拆下来，每周的总目标是要完成70个单词，每天只需掌握10个单词，如此平均下来就比较清晰了。每天按时完成10个单词，就能完成2个月内掌握560个单词的目标了。

2.目标应是可衡量的。就是要有标准，具体来说，可以从数量、质量、成本、时间等几个方面来进行。比如读书，每天晚上读一章，读完之后做阅读理解式整理。

3.目标应是"跳一跳能够得到的"。其一，不能将目标定得太高，否则会让人望而却步，容易迷失自己；其二，目标不能没有挑战性，否则目标失去意义，难以给人动力。家长要结合孩子的实际情况，同时要考虑到孩子在实现目标过程中可能出现的问题，不能把目标定得太高、太离谱，那样会导致孩子无法完成而气馁，最好是"跳一跳能够得到的"。这样当完成一个目标后，孩子会非常有成就感，就会很自信。认可孩子已经取得的成绩，可以增强孩子的信心，让他相信长期目标是可以实现的。当孩子完成待办事项清单上的一个或几个项目后，家长可以给予一些奖励，例如去看一场电影或是买他喜欢的东西，都是非常有必要的。

4.目标要有相关性。即实现此目标与其他目标的关联情况。比如学习快速阅读，以提高阅读学习能力，这时候学习快速阅读和提高阅读学习能力是有关联的，即学习快速阅读这一目标与提高阅读学习能力这一目标直接相关。

5.目标应是有时限性的。也就是说目标设置要有时间限制，可根据任务的轻重、事情的缓急，拟定出完成目标项目的时间要求，比如定期检查完成的进度，及时掌握目标进展的变化情况等。

有了学习计划的学生知道，自己多玩一个小时，多聊一个钟头，将会使计划上的某项任务告吹。根据学习上循序渐进的原则，将使整个计划中的许多任务受到影响，所以，有学习计划的学生对时间特别珍惜，不会随便浪费时间。

计划性强的学生，由于心中能明确什么时间做什么事，所以不需临时动脑筋，更不需费时间去想。而缺乏计划性的学生，一旦坐下来，还要为该干什么事考虑半天，尤其在完成作业以后，这种现象就更为明显，因此白白浪费了很多时间。

权威·前沿·原创

社会科学文献出版社

皮 书 系 列

2015年

盘点年度资讯 预测时代前程

社会科学文献出版社 学术传播中心 编制

社会科学文献出版社
SOCIAL SCIENCES ACADEMIC PRESS (CHINA)

社会科学文献出版社成立于1985年，是直属于中国社会科学院的人文社会科学专业学术出版机构。

成立以来，特别是1998年实施第二次创业以来，依托于中国社会科学院丰厚的学术出版和专家学者两大资源，坚持"创社科经典，出传世文献"的出版理念和"权威、前沿、原创"的产品定位，社科文献立足内涵式发展道路，从战略层面推动学术出版五大能力建设，逐步走上了智库产品与专业学术成果系列化、规模化、数字化、国际化、市场化发展的经营道路。

先后策划出版了著名的图书品牌和学术品牌"皮书"系列、"列国志"、"社科文献精品译库"、"全球化译丛"、"全面深化改革研究书系"、"近世中国"、"甲骨文"、"中国史话"等一大批既有学术影响又有市场价值的系列图书，形成了较强的学术出版能力和资源整合能力。2014年社科文献出版社发稿5.5亿字，出版图书1500余种，承印发行中国社科院院属期刊71种，在多项指标上都实现了较大幅度的增长。

凭借着雄厚的出版资源整合能力，社科文献出版社长期以来一直致力于从内容资源和数字平台两个方面实现传统出版的再造，并先后推出了皮书数据库、列国志数据库、中国田野调查数据库等一系列数字产品。数字出版已经初步形成了产品设计、内容开发、编辑标引、产品运营、技术支持、营销推广等全流程体系。

在国内原创著作、国外名家经典著作大量出版，数字出版突飞猛进的同时，社科文献出版社从构建国际话语体系的角度推动学术出版国际化。先后与斯普林格、荷兰博睿、牛津、剑桥等十余家国际出版机构合作面向海外推出了"皮书系列""改革开放30年研究书系""中国梦与中国发展道路研究丛书""全面深化改革研究书系"等一系列在世界范围内引起强烈反响的作品；并持续致力于中国学术出版走出去，组织学者和编辑参加国际书展，筹办国际性学术研讨会，向世界展示中国学者的学术水平和研究成果。

此外，社科文献出版社充分利用网络媒体平台，积极与中央和地方各类媒体合作，并联合大型书店、学术书店、机场书店、网络书店、图书馆，逐步构建起了强大的学术图书内容传播平台。学术图书的媒体曝光率居全国之首，图书馆藏率居于全国出版机构前十位。

上述诸多成绩的取得，有赖于一支以年轻的博士、硕士为主体，一批从中国社科院刚退出科研一线的各学科专家为支撑的300多位高素质的编辑、出版和营销队伍，为我们实现学术立社，以学术品位、学术价值来实现经济效益和社会效益这样一个目标的共同努力。

作为已经开启第三次创业梦想的人文社会科学学术出版机构，2015年的社会科学文献出版社将迎来她30周岁的生日，"三十而立"再出发，我们将以改革发展为动力，以学术资源建设为中心，以构建智慧型出版社为主线，以社庆三十周年系列活动为重要载体，以"整合、专业、分类、协同、持续"为各项工作指导原则，全力推进出版社数字化转型，坚定不移地走专业化、数字化、国际化发展道路，全面提升出版社核心竞争力，为实现"社科文献梦"奠定坚实基础。

❖ 皮书起源 ❖

"皮书"起源于十七、十八世纪的英国，主要指官方或社会组织正式发表的重要文件或报告，多以"白皮书"命名。在中国，"皮书"这一概念被社会广泛接受，并被成功运作、发展成为一种全新的出版形态，则源于中国社会科学院社会科学文献出版社。

❖ 皮书定义 ❖

皮书是对中国与世界发展状况和热点问题进行年度监测，以专业的角度、专家的视野和实证研究方法，针对某一领域或区域现状与发展态势展开分析和预测，具备权威性、前沿性、原创性、实证性、时效性等特点的连续性公开出版物，由一系列权威研究报告组成。皮书系列是社会科学文献出版社编辑出版的蓝皮书、绿皮书、黄皮书等的统称。

❖ 皮书作者 ❖

皮书系列的作者以中国社会科学院、著名高校、地方社会科学院的研究人员为主，多为国内一流研究机构的权威专家学者，他们的看法和观点代表了学界对中国与世界的现实和未来最高水平的解读与分析。

❖ 皮书荣誉 ❖

皮书系列已成为社会科学文献出版社的著名图书品牌和中国社会科学院的知名学术品牌。2011年，皮书系列正式列入"十二五"国家重点出版规划项目；2012~2014年，重点皮书列入中国社会科学院承担的国家哲学社会科学创新工程项目；2015年，41种院外皮书使用"中国社会科学院创新工程学术出版项目"标识。

经 济 类

经济类皮书涵盖宏观经济、城市经济、大区域经济，
提供权威、前沿的分析与预测

经济蓝皮书

2015年中国经济形势分析与预测

李 扬 / 主编　　2014年12月出版　　定价：69.00元

◆　本书课题为"总理基金项目"，由著名经济学家李扬领衔，
联合数十家科研机构、国家部委和高等院校的专家共同撰写，
对2014年中国宏观及微观经济形势进行了深入分析，并且提
出了2015年经济走势的预测。

城市竞争力蓝皮书

中国城市竞争力报告 No.13

倪鹏飞 / 主编　　2015年5月出版　　估价：89.00元

◆　本书由中国社会科学院城市与竞争力研究中心主任倪鹏飞
主持编写，汇集了众多研究城市经济问题的专家学者关于城市
竞争力研究的最新成果。本报告构建了一套科学的城市竞争力
评价指标体系，采用第一手数据材料，对国内重点城市年度竞
争力格局变化进行客观分析和综合比较、排名，对研究城市经
济及城市竞争力极具参考价值。

西部蓝皮书

中国西部发展报告（2015）

姚慧琴　徐璋勇 / 主编　　2015年7月出版　　估价：89.00元

◆　本书由西北大学中国西部经济发展研究中心主编，汇集
了源自西部本土以及国内研究西部问题的权威专家的第一手
资料，对国家实施西部大开发战略进行年度动态跟踪，并对
2015年西部经济、社会发展态势进行预测和展望。

中部蓝皮书

中国中部地区发展报告（2015）

喻新安 / 主编　　2015 年 5 月出版　　估价 :69.00 元

◆　本书敏锐地抓住当前中部地区经济发展中的热点、难点问题，紧密地结合国家和中部经济社会发展的重大战略转变，对中部地区经济发展的各个领域进行了深入、全面的分析研究，并提出了具有理论研究价值和可操作性强的政策建议。

世界经济黄皮书

2015 年世界经济形势分析与预测

王洛林　张宇燕 / 主编　　2015 年 1 月出版　　定价 :69.00 元

◆　本书为"十二五"国家重点图书出版规划项目，中国社会科学院创新工程学术出版资助项目，作者来自中国社会科学院世界经济与政治研究所。该书总结了 2014 年世界经济发展的热点问题，对 2015 年世界经济形势进行了分析与预测。

中国省域竞争力蓝皮书

中国省域经济综合竞争力发展报告（2013~2014）

李建平　李闽榕　高燕京 / 主编　　2015 年 2 月出版　定价 :198.00 元

◆　本书充分运用数理分析、空间分析、规范分析与实证分析相结合、定性分析与定量分析相结合的方法，建立起比较科学完善、符合中国国情的省域经济综合竞争力指标评价体系及数学模型，对 2012~2013 年中国内地 31 个省、市、区的经济综合竞争力进行全面、深入、科学的总体评价与比较分析。

城市蓝皮书

中国城市发展报告 No.8

潘家华　魏后凯 / 主编　2015 年 9 月出版　　估价 :69.00 元

◆　本书由中国社会科学院城市发展与环境研究中心编著，从中国城市的科学发展、城市环境可持续发展、城市经济集约发展、城市社会协调发展、城市基础设施与用地管理、城市管理体制改革以及中国城市科学发展实践等多角度、全方位地立体展示了中国城市的发展状况，并对中国城市的未来发展提出了建议。

金融蓝皮书

中国金融发展报告（2015）

李　扬　王国刚／主编　2014 年 12 月出版　定价：75.00 元

◆　由中国社会科学院金融研究所组织编写的《中国金融发展报告（2015）》，概括和分析了 2014 年中国金融发展和运行中的各方面情况，研讨和评论了 2014 年发生的主要金融事件。本书由业内专家和青年精英联合编著，有利于读者了解掌握 2014 年中国的金融状况，把握 2015 年中国金融的走势。

低碳发展蓝皮书

中国低碳发展报告（2015）

齐　晔／主编　2015 年 4 月出版　估价：89.00 元

◆　本书对中国低碳发展的政策、行动和绩效进行科学、系统、全面的分析。重点是通过归纳中国低碳发展的绩效，评估与低碳发展相关的政策和措施，分析政策效应的制度背景和作用机制，为进一步的政策制定、优化和实施提供支持。

经济信息绿皮书

中国与世界经济发展报告（2015）

杜　平／主编　2014 年 12 月出版　定价：79.00 元

◆　本书由国家信息中心继续组织有关专家编撰。由国家信息中心组织专家队伍编撰，对 2014 年国内外经济发展环境、宏观经济发展趋势、经济运行中的主要矛盾、产业经济和区域经济热点、宏观调控政策的取向进行了系统的分析预测。

低碳经济蓝皮书

中国低碳经济发展报告（2015）

薛进军　赵忠秀／主编　2015 年 5 月出版　估价：69.00 元

◆　本书是以低碳经济为主题的系列研究报告，汇集了一批罗马俱乐部核心成员、IPCC 工作组成员、碳排放理论的先驱者、政府气候变化问题顾问、低碳社会和低碳城市计划设计人等世界顶尖学者、对气候变化政策制定、特别是中国的低碳经济经济发展有特别参考意义。

社 会 政 法 类

社会政法类皮书聚焦社会发展领域的热点、难点问题，
提供权威、原创的资讯与视点

社会蓝皮书

2015 年中国社会形势分析与预测

李培林　陈光金　张　翼 / 主编　2014 年 12 月出版　定价 :69.00 元

◆　本报告是中国社会科学院"社会形势分析与预测"课题组 2014 年度分析报告，由中国社会科学院社会学研究所组织研究机构专家、高校学者和政府研究人员撰写。对 2014 年中国社会发展的各个方面内容进行了权威解读，同时对 2015 年社会形势发展趋势进行了预测。

法治蓝皮书

中国法治发展报告 No.13（2015）

李　林　田　禾 / 主编　2015 年 3 月出版　定价 :105.00 元

◆　本年度法治蓝皮书一如既往秉承关注中国法治发展进程中的焦点问题的特点，回顾总结了 2014 年度中国法治发展取得的成就和存在的不足，并对 2015 年中国法治发展形势进行了预测和展望。

环境绿皮书

中国环境发展报告（2015）

刘鉴强 / 主编　　2015 年 5 月出版　　估价 :79.00 元

◆　本书由民间环保组织"自然之友"组织编写，由特别关注、生态保护、宜居城市、可持续消费以及政策与治理等版块构成，以公共利益的视角记录、审视和思考中国环境状况，呈现 2014 年中国环境与可持续发展领域的全局态势，用深刻的思考、科学的数据分析 2014 年的环境热点事件。

反腐倡廉蓝皮书

中国反腐倡廉建设报告 No.4

李秋芳　张英伟 / 主编　2014 年 12 月出版　　定价 :79.00 元

◆　本书抓住了若干社会热点和焦点问题，全面反映了新时期新阶段中国反腐倡廉面对的严峻局面，以及中国共产党反腐倡廉建设的新实践新成果。根据实地调研、问卷调查和舆情分析，梳理了当下社会普遍关注的与反腐败密切相关的热点问题。

女性生活蓝皮书

中国女性生活状况报告 No.9（2015）

韩湘景 / 主编　2015 年 4 月出版　估价 :79.00 元

◆　本书由中国妇女杂志社、华坤女性生活调查中心和华坤女性消费指导中心组织编写，通过调查获得的大量调查数据，真实展现当年中国城市女性的生活状况、消费状况及对今后的预期。

华侨华人蓝皮书

华侨华人研究报告 (2015)

贾益民 / 主编　2015 年 12 月出版　估价 :118.00 元

◆　本书为中国社会科学院创新工程学术出版资助项目，是华侨大学向世界提供最新涉侨动态、理论研究和政策建议的平台。主要介绍了相关国家华侨华人的规模、分布、结构、发展趋势，以及全球涉侨生存安全环境和华文教育情况等。

政治参与蓝皮书

中国政治参与报告（2015）

房　宁 / 主编　2015 年 7 月出版　估价 :105.00 元

◆　本书作者均来自中国社会科学院政治学研究所，聚焦中国基层群众自治的参与情况介绍了城镇居民的社区建设与居民自治参与和农村居民的村民自治与农村社区建设参与情况。其优势是其指标评估体系的建构和问卷调查的设计专业，数据量丰富，统计结论科学严谨。

行业报告类

行业报告类皮书立足重点行业、新兴行业领域，
提供及时、前瞻的数据与信息

房地产蓝皮书

中国房地产发展报告 No.12（2015）

魏后凯 李景国 / 主编　　2015 年 5 月出版　　估价 :79.00 元

◆　本书汇集了众多研究城市房地产经济问题的专家、学者关于城市房地产方面的最新研究成果。对 2014 年我国房地产经济发展状况进行了回顾，并做出了分析，全面翔实而又客观公正,同时，也对未来我国房地产业的发展形势做出了科学的预测。

保险蓝皮书

中国保险业竞争力报告（2015）

姚庆海　　王 力 / 主编　2015 年 12 出版　　估价 :98.00 元

◆　本皮书主要为监管机构、保险行业和保险学界提供保险市场一年来发展的总体评价，外在因素对保险业竞争力发展的影响研究；国家监管政策、市场主体经营创新及职能发挥、理论界最新研究成果等综述和评论。

企业社会责任蓝皮书

中国企业社会责任研究报告（2015）

黄群慧　彭华岗　钟宏武　张 蒽 / 编著
2015 年 11 月出版　　估价 :69.00 元

◆　本书系中国社会科学院经济学部企业社会责任研究中心组织编写的《企业社会责任蓝皮书》2015 年分册。该书在对企业社会责任进行宏观总体研究的基础上，根据 2014 年企业社会责任及相关背景进行了创新研究，在全国企业中观层面对企业健全社会责任管理体系提供了弥足珍贵的丰富信息。

投资蓝皮书

中国投资发展报告（2015）

杨庆蔚／主编　　2015年4月出版　　估价：128.00元

◆　本书是中国建银投资有限责任公司在投资实践中对中国投资发展的各方面问题进行深入研究和思考后的成果。投资包括固定资产投资、实业投资、金融产品投资、房地产投资等诸多领域，尝试将投资作为一个整体进行研究，能够较为清晰地展现社会资金流动的特点，为投资者、研究者、甚至政策制定者提供参考。

住房绿皮书

中国住房发展报告（2014~2015）

倪鹏飞／主编　　2014年12月出版　　定价：79.00元

◆　本报告从宏观背景、市场主体、市场体系和公共政策四个方面，对中国住宅市场体系做了全面系统的分析、预测与评价，并给出了相关政策建议，并在评述2013~2014年住房及相关市场走势的基础上，预测了2014~2015年住房及相关市场的发展变化。

人力资源蓝皮书

中国人力资源发展报告（2015）

余兴安／主编　　2015年9月出版　　估价：79.00元

◆　本书是在人力资源和社会保障部部领导的支持下，由中国人事科学研究院汇集我国人力资源开发权威研究机构的诸多专家学者的研究成果编写而成。作为关于人力资源的蓝皮书，本书通过充分利用有关研究成果，更广泛、更深入地展示近年来我国人力资源开发重点领域的研究成果。

汽车蓝皮书

中国汽车产业发展报告（2015）

国务院发展研究中心产业经济研究部　中国汽车工程学会
大众汽车集团（中国）／主编　　2015年7月出版　　估价：128.00元

◆　本书由国务院发展研究中心产业经济研究部、中国汽车工程学会、大众汽车集团（中国）联合主编，是关于中国汽车产业发展的研究性年度报告，介绍并分析了本年度中国汽车产业发展的形势。

国别与地区类

国别与地区类皮书关注全球重点国家与地区，
提供全面、独特的解读与研究

亚太蓝皮书

亚太地区发展报告（2015）

李向阳 / 主编　　2015 年 1 月出版　　定价 :59.00 元

◆　本书是由中国社会科学院亚太与全球战略研究院精心打造的品牌皮书，关注时下亚太地区局势发展动向里隐藏的中长趋势，剖析亚太地区政治与安全格局下的区域形势最新动向以及地区关系发展的热点问题，并对 2015 年亚太地区重大动态做出前瞻性的分析与预测。

日本蓝皮书

日本研究报告（2015）

李　薇 / 主编　　2015 年 4 月出版　　估价 :69.00 元

◆　本书由中华日本学会、中国社会科学院日本研究所合作推出，是以中国社会科学院日本研究所的研究人员为主完成的研究成果。对 2014 年日本的政治、外交、经济、社会文化作了回顾、分析与展望，并收录了该年度日本大事记。

德国蓝皮书

德国发展报告（2015）

郑春荣　伍慧萍 / 主编　　2015 年 6 月出版　　估价 :69.00 元

◆　本报告由同济大学德国研究所组织编撰，由该领域的专家学者对德国的政治、经济、社会文化、外交等方面的形势发展情况，进行全面的阐述与分析。德国作为欧洲大陆第一强国，与中国各方面日渐紧密的合作关系，值得国内各界深切关注。

国际形势黄皮书
全球政治与安全报告（2015）
李慎明　张宇燕/主编　2015年1月出版　定价：69.00元

◆　本书为"十二五"国家重点图书出版规划项目、中国社会科学院创新工程学术出版资助项目，为"国际形势黄皮书"系列年度报告之一。报告旨在对本年度国际政治及安全形势的总体情况和变化进行回顾与分析，并提出一定的预测。

拉美黄皮书
拉丁美洲和加勒比发展报告（2014~2015）
吴白乙/主编　2015年4月出版　估价：89.00元

◆　本书是中国社会科学院拉丁美洲研究所的第14份关于拉丁美洲和加勒比地区发展形势状况的年度报告。本书对2014年拉丁美洲和加勒比地区诸国的政治、经济、社会、外交等方面的发展情况做了系统介绍，对该地区相关国家的热点及焦点问题进行了总结和分析，并在此基础上对该地区各国2015年的发展前景做出预测。

美国蓝皮书
美国研究报告（2015）
黄平　郑秉文/主编　2015年7月出版　估价：89.00元

◆　本书是由中国社会科学院美国所主持完成的研究成果，它回顾了美国2014年的经济、政治形势与外交战略，对2014年以来美国内政外交发生的重大事件以及重要政策进行了较为全面的回顾和梳理。

大湄公河次区域蓝皮书
大湄公河次区域合作发展报告（2015）
刘稚/主编　2015年9月出版　估价：79.00元

◆　云南大学大湄公河次区域研究中心深入追踪分析该区域发展动向，以把握全面，突出重点为宗旨，系统介绍和研究大湄公河次区域合作的年度热点和重点问题，展望次区域合作的发展趋势，并对新形势下我国推进次区域合作深入发展提出相关对策建议。

地方发展类

地方发展类皮书关注大陆各省份、经济区域，
提供科学、多元的预判与咨政信息

北京蓝皮书

北京公共服务发展报告（2014~2015）

施昌奎 / 主编　　2015 年 1 月出版　定价：69.00 元

◆　本书是由北京市政府职能部门的领导、首都著名高校的教授、知名研究机构的专家共同完成的关于北京市公共服务发展与创新的研究成果。内容涉及了北京市公共服务发展的方方面面，既有综述性的总报告，也有细分的情况介绍，既有对北京各个城区的综合性描述，也有对局部、细部、具体问题的分析，对年度热点问题也都有涉及。

上海蓝皮书

上海经济发展报告（2015）

沈开艳 / 主编　　2015 年 1 月出版　定价：69.00 元

◆　本书系上海社会科学院系列之一，报告对 2015 年上海经济增长与发展趋势的进行了预测，把握了上海经济发展的脉搏和学术研究的前沿。

广州蓝皮书

广州经济发展报告（2015）

李江涛　朱名宏 / 主编　　2015 年 5 月出版　估价：69.00 元

◆　本书是由广州市社会科学院主持编写的"广州蓝皮书"系列之一，本报告对广州 2014 年宏观经济运行情况作了深入分析，对 2015 年宏观经济走势进行了合理预测，并在此基础上提出了相应的政策建议。

文化传媒类

文化传媒类皮书透视文化领域、文化产业，
探索文化大繁荣、大发展的路径

新媒体蓝皮书

中国新媒体发展报告 No.5（2015）

唐绪军 / 主编　　2015 年 6 月出版　　估价 :79.00 元

◆　本书由中国社会科学院新闻与传播研究所和上海大学合作编写，在构建新媒体发展研究基本框架的基础上，全面梳理 2014 年中国新媒体发展现状，发表最前沿的网络媒体深度调查数据和研究成果，并对新媒体发展的未来趋势做出预测。

舆情蓝皮书

中国社会舆情与危机管理报告（2015）

谢耘耕 / 主编　　2015 年 8 月出版　　估价 :98.00 元

◆　本书由上海交通大学舆情研究实验室和危机管理研究中心主编，已被列入教育部人文社会科学研究报告培育项目。本书以新媒体环境下的中国社会为立足点，对 2014 年中国社会舆情、分类舆情等进行了深入系统的研究，并预测了 2015 年社会舆情走势。

文化蓝皮书

中国文化产业发展报告（2015）

张晓明　王家新　章建刚 / 主编　　2015 年 4 月出版　　估价 :79.00 元

◆　本书由中国社会科学院文化研究中心编写。 从 2012 年开始，中国社会科学院文化研究中心设立了国内首个文化产业的研究类专项资金——"文化产业重大课题研究计划"，开始在全国范围内组织多学科专家学者对我国文化产业发展重大战略问题进行联合攻关研究。本书集中反映了该计划的研究成果。

经济类

G20国家创新竞争力黄皮书
二十集团（G20）国家创新竞争力发展报告（2015）
著(编)者:黄茂兴 李闽榕 李建平 赵新力
2015年9月出版 / 估价:128.00元

产业蓝皮书
中国产业竞争力报告（2015）
著(编)者:张其仔 2015年5月出版 / 估价:79.00元

长三角蓝皮书
2015年全面深化改革中的长三角
著(编)者:张伟斌 2015年10月出版 / 估价:69.00元

城乡一体化蓝皮书
中国城乡一体化发展报告（2015）
著(编)者:付崇兰 汝信 2015年12月出版 / 估价:79.00元

城市创新蓝皮书
中国城市创新报告（2015）
著(编)者:周天勇 旷建伟 2015年8月出版 / 估价:69.00元

城市竞争力蓝皮书
中国城市竞争力报告（2015）
著(编)者:倪鹏飞 2015年5月出版 / 估价:89.00元

城市蓝皮书
中国城市发展报告NO.8
著(编)者:潘家华 魏后凯 2015年9月出版 / 估价:69.00元

城市群蓝皮书
中国城市群发展指数报告（2015）
著(编)者:刘新静 刘士林 2015年10月出版 / 估价:59.00元

城乡统筹蓝皮书
中国城乡统筹发展报告（2015）
著(编)者:潘晨光 程志强 2015年4月出版 / 估价:59.00元

城镇化蓝皮书
中国新型城镇化健康发展报告（2015）
著(编)者:张占斌 2015年5月出版 / 估价:79.00元

低碳发展蓝皮书
中国低碳发展报告（2015）
著(编)者:齐晔 2015年4月出版 / 估价:89.00元

低碳经济蓝皮书
中国低碳经济发展报告（2015）
著(编)者:薛进军 赵忠秀 2015年5月出版 / 估价:69.00元

东北蓝皮书
中国东北地区发展报告（2015）
著(编)者:马克 黄文艺 2015年8月出版 / 估价:79.00元

发展和改革蓝皮书
中国经济发展和体制改革报告（2015）
著(编)者:邹东涛 2015年11月出版 / 估价:98.00元

工业化蓝皮书
中国工业化进程报告（2015）
著(编)者:黄群慧 吕铁 李晓华 2015年11月出版 / 估价:89.00元

国际城市蓝皮书
国际城市发展报告（2015）
著(编)者:屠启宇 2015年1月出版 / 定价:79.00元

国家创新蓝皮书
中国创新发展报告（2015）
著(编)者:陈劲 2015年6月出版 / 估价:59.00元

环境竞争力绿皮书
中国省域环境竞争力发展报告（2015）
著(编)者:李建平 李闽榕 王金南
2015年12月出版 / 估价:198.00元

金融蓝皮书
中国金融发展报告（2015）
著(编)者:李扬 王国刚 2014年12月出版 / 定价:75.00元

金融信息服务蓝皮书
金融信息服务发展报告（2015）
著(编)者:鲁广锦 殷剑峰 林义相 2015年6月出版 / 估价:89.00元

经济蓝皮书
2015年中国经济形势分析与预测
著(编)者:李扬 2014年12月出版 / 定价:69.00元

经济蓝皮书·春季号
2015年中国经济前景分析
著(编)者:李扬 2015年5月出版 / 估价:79.00元

经济蓝皮书·夏季号
中国经济增长报告（2015）
著(编)者:李扬 2015年7月出版 / 估价:69.00元

经济信息绿皮书
中国与世界经济发展报告（2015）
著(编)者:杜平 2014年12月出版 / 定价:79.00元

就业蓝皮书
2015年中国大学生就业报告
著(编)者:麦可思研究院 2015年6月出版 / 估价:98.00元

临空经济蓝皮书
中国临空经济发展报告（2015）
著(编)者:连玉明 2015年9月出版 / 估价:79.00元

民营经济蓝皮书
中国民营经济发展报告（2015）
著(编)者:王钦敏 2015年12月出版 / 估价:79.00元

农村绿皮书
中国农村经济形势分析与预测（2014~2015）
著(编)者:中国社会科学院农村发展研究所
国家统计局农村社会经济调查司
2015年4月出版 / 估价:69.00元

农业应对气候变化蓝皮书
气候变化对中国农业影响评估报告（2015）
著(编)者:矫梅燕 2015年8月出版 / 估价:98.00元

企业公民蓝皮书
中国企业公民报告（2015）
著(编)者:邹东涛 2015年12月出版 / 估价:79.00元

气候变化绿皮书
应对气候变化报告（2015）
著(编)者:王伟光 郑国光 2015年10月出版 / 估价:79.00元

区域蓝皮书
中国区域经济发展报告（2015）
著(编)者:梁昊光 2015年4月出版 / 估价:79.00元

全球环境竞争力绿皮书
全球环境竞争力报告（2015）
著(编)者:李建建 李闽榕 李建平 王金南
2015年12月出版 / 估价:198.00元

人口与劳动绿皮书
中国人口与劳动问题报告No.15
著(编)者:蔡昉 2015年1月出版 / 定价:59.00元

世界经济黄皮书
2015年世界经济形势分析与预测
著(编)者:王洛林 张宇燕 2015年1月出版 / 定价:69.00元

世界旅游城市绿皮书
世界旅游城市发展报告（2015）
著(编)者:鲁勇 周正宇 宋宇 2015年6月出版 / 估价:88.00元

商务中心区蓝皮书
中国商务中心区发展报告No.1（2014）
著(编)者:魏后凯 李国红 2015年1月出版 / 定价:89.00元

西北蓝皮书
中国西北发展报告（2015）
著(编)者:赵宗福 孙发平 苏海红 鲁顺元 段庆林
2014年12月出版 / 定价:79.00元

西部蓝皮书
中国西部发展报告（2015）
著(编)者:姚慧琴 徐璋勇 2015年7月出版 / 估价:89.00元

新型城镇化蓝皮书
新型城镇化发展报告（2015）
著(编)者:李伟 2015年10月出版 / 估价:89.00元

新兴经济体蓝皮书
金砖国家发展报告（2015）
著(编)者:林跃勤 周文 2015年7月出版 / 估价:79.00元

中部竞争力蓝皮书
中国中部经济社会竞争力报告（2015）
著(编)者:教育部人文社会科学重点研究基地
南昌大学中国中部经济社会发展研究中心
2015年9月出版 / 估价:79.00元

中部蓝皮书
中国中部地区发展报告（2015）
著(编)者:喻新安 2015年5月出版 / 估价:69.00元

中国省域竞争力蓝皮书
中国省域经济综合竞争力发展报告（2013~2014）
著(编)者:李建平 李闽榕 高燕京
2015年2月出版 / 定价:198.00元

中三角蓝皮书
长江中游城市群发展报告（2015）
著(编)者:秦尊文 2015年10月出版 / 估价:69.00元

中小城市绿皮书
中国中小城市发展报告（2015）
著(编)者:中国城市经济学会中小城市经济发展委员会
《中国中小城市发展报告》编纂委员会
中小城市发展战略研究院
2015年10月出版 / 估价:98.00元

中央商务区蓝皮书
中国中央商务区发展报告（2015）
著(编)者:中国商务区联盟
中国社会科学院城市发展与环境研究所
2015年10月出版 / 估价:69.00元

中原蓝皮书
中原经济区发展报告（2015）
著(编)者:李英杰 2015年6月出版 / 估价:88.00元

社会政法类

北京蓝皮书
中国社区发展报告（2015）
著(编)者:于燕燕 2015年6月出版 / 估价:69.00元

殡葬绿皮书
中国殡葬事业发展报告（2015）
著(编)者:李伯森 2015年4月出版 / 估价:59.00元

城市管理蓝皮书
中国城市管理报告（2015）
著(编)者:谭维克 刘林 2015年12月出版 / 估价:158.00元

城市生活质量蓝皮书
中国城市生活质量报告（2015）
著(编)者:中国经济实验研究院 2015年6月出版 / 估价:59.00元

城市政府能力蓝皮书
中国城市政府公共服务能力评估报告（2015）
著(编)者:何艳玲 2015年7月出版 / 估价:59.00元

创新蓝皮书
创新型国家建设报告（2015）
著(编)者:詹正茂 2015年4月出版 / 估价:69.00元

慈善蓝皮书
中国慈善发展报告（2015）
著(编)者:杨团 2015年5月出版 / 估价:79.00元

大学生蓝皮书
中国大学生生活形态研究报告（2015）
著(编)者:张新洲 2015年12月出版 / 估价:69.00元

地方法治蓝皮书
中国地方法治发展报告No.1（2014）
著(编)者:李林　田禾　2015年1月出版／定价:98.00元

法治蓝皮书
中国法治发展报告No.13（2015）
著(编)者:李林　田禾　2015年3月出版／定价:105.00元

反腐倡廉蓝皮书
中国反腐倡廉建设报告No.4
著(编)者:李秋芳　张英伟　2014年12月出版／定价:79.00元

非传统安全蓝皮书
中国非传统安全研究报告（2015）
著(编)者:余潇枫　魏志江　2015年6月出版／估价:79.00元

妇女发展蓝皮书
中国妇女发展报告（2015）
著(编)者:王金玲　2015年9月出版／估价:148.00元

妇女教育蓝皮书
中国妇女教育发展报告（2015）
著(编)者:张李玺　2015年1月出版／估价:78.00元

妇女绿皮书
中国性别平等与妇女发展报告（2015）
著(编)者:谭琳　2015年12月出版／估价:99.00元

公共服务蓝皮书
中国城市基本公共服务力评价（2015）
著(编)者:钟君　吴正杲　2015年12月出版／估价:79.00元

公共服务满意度蓝皮书
中国城市公共服务评价报告（2015）
著(编)者:胡伟　2015年12月出版／估价:69.00元

公民科学素质蓝皮书
中国公民科学素质报告（2015）
著(编)者:李群　许佳军　2015年6月出版／估价:79.00元

公益蓝皮书
中国公益发展报告（2015）
著(编)者:朱健刚　2015年5月出版／估价:78.00元

管理蓝皮书
中国管理发展报告（2015）
著(编)者:张晓东　2015年9月出版／估价:98.00元

国际人才蓝皮书
中国国际移民报告（2015）
著(编)者:王辉耀　2015年2月出版／定价:79.00元

国际人才蓝皮书
中国海归发展报告（2015）
著(编)者:王辉耀　苗绿　2015年4月出版／估价:69.00元

国际人才蓝皮书
中国留学发展报告（2015）
著(编)者:王辉耀　苗绿　2015年9月出版／估价:69.00元

国家安全蓝皮书
中国国家安全研究报告（2015）
著(编)者:刘慧　2015年5月出版／估价:98.00元

行政改革蓝皮书
中国行政体制改革报告（2014~2015）
著(编)者:魏礼群　2015年4月出版／估价:89.00元

华侨华人蓝皮书
华侨华人研究报告（2015）
著(编)者:贾益民　2015年12月出版／估价:118.00元

环境绿皮书
中国环境发展报告（2015）
著(编)者:刘鉴强　2015年5月出版／估价:79.00元

基金会蓝皮书
中国基金会发展报告（2015）
著(编)者:刘忠祥　2015年6月出版／估价:69.00元

基金会绿皮书
中国基金会发展独立研究报告（2015）
著(编)者:基金会中心网　2015年8月出版／估价:88.00元

基金会透明度蓝皮书
中国基金会透明度发展研究报告（2015）
著(编)者:基金会中心网　清华大学廉政与治理研究中心
2015年9月出版／估价:78.00元

教师蓝皮书
中国中小学教师发展报告（2015）
著(编)者:曾晓东　2015年7月出版／估价:59.00元

教育蓝皮书
中国教育发展报告（2015）
著(编)者:杨东平　2015年5月出版／估价:79.00元

科普蓝皮书
中国科普基础设施发展报告（2015）
著(编)者:任福君　2015年6月出版／估价:59.00元

劳动保障蓝皮书
中国劳动保障发展报告（2015）
著(编)者:刘燕斌　2015年6月出版／估价:89.00元

老龄蓝皮书
中国老年宜居环境发展报告(2015)
著(编)者:吴玉韶　2015年9月出版／估价:79.00元

连片特困区蓝皮书
中国连片特困区发展报告（2015）
著(编)者:冷志明　游俊　2015年4月出版／估价:79.00元

民间组织蓝皮书
中国民间组织报告(2015)
著(编)者:潘晨光　黄晓勇　2015年8月出版／估价:69.00元

民调蓝皮书
中国民生调查报告（2015）
著(编)者:谢耘耕　2015年5月出版／估价:128.00元

民族发展蓝皮书
中国民族区域自治发展报告（2015）
著(编)者:王希恩　郝时远　2015年6月出版／估价:98.00元

女性生活蓝皮书
中国女性生活状况报告No.9（2015）
著(编)者:《中国妇女》杂志社　华坤女性生活调查中心
华坤女性消费指导中心
2015年4月出版／估价:79.00元

企业公众透明度蓝皮书
中国企业公众透明度报告(2014~2015)No.1
著(编)者:黄速建　王晓光　肖红军
2015年1月出版 / 定价:98.00元

企业国际化蓝皮书
中国企业国际化报告(2015)
著(编)者:王辉耀　　2015年10月出版 / 估价:79.00元

汽车社会蓝皮书
中国汽车社会发展报告（2015）
著(编)者:王俊秀　　2015年4月出版 / 估价:59.00元

青年蓝皮书
中国青年发展报告No.3
著(编)者:廉思　　2015年4月出版 / 估价:59.00元

区域人才蓝皮书
中国区域人才竞争力报告（2015）
著(编)者:桂昭明　王辉耀　　2015年6月出版 / 估价:69.00元

群众体育蓝皮书
中国群众体育发展报告（2015）
著(编)者:刘国永　杨桦　　2015年8月出版 / 估价:69.00元

人才蓝皮书
中国人才发展报告（2015）
著(编)者:潘晨光　　2015年8月出版 / 估价:85.00元

人权蓝皮书
中国人权事业发展报告（2015）
著(编)者:中国人权研究会　2015年8月出版 / 估价:99.00元

森林碳汇绿皮书
中国森林碳汇评估发展报告（2015）
著(编)者:闫文德　胡文臻　　2015年9月出版 / 估价:79.00元

社会保障绿皮书
中国社会保障发展报告（2015）
著(编)者:王延中　　2015年6月出版 / 估价:79.00元

社会工作蓝皮书
中国社会工作发展报告（2015）
著(编)者:民政部社会工作研究中心
2015年8月出版 / 估价:79.00元

社会管理蓝皮书
中国社会管理创新报告（2015）
著(编)者:连玉明　　2015年9月出版 / 估价:89.00元

社会蓝皮书
2015年中国社会形势分析与预测
著(编)者:李培林　陈光金　张　翼
2014年12月出版 / 定价:69.00元

社会体制蓝皮书
中国社会体制改革报告（2015）
著(编)者:龚维斌　　2015年5月出版 / 估价:79.00元

社会心态蓝皮书
中国社会心态研究报告（2015）
著(编)者:王俊秀　杨宜音　　2015年10月出版 / 估价:69.00元

社会组织蓝皮书
中国社会组织评估发展报告（2015）
著(编)者:徐家良　廖鸿　　2015年12月出版 / 估价:69.00元

生态城市绿皮书
中国生态城市建设发展报告（2015）
著(编)者:刘举科　孙伟平　胡文臻
2015年6月出版 / 估价:98.00元

生态文明绿皮书
中国省域生态文明建设评价报告（ECI 2015）
著(编)者:严耕　　2015年9月出版 / 估价:85.00元

世界社会主义黄皮书
世界社会主义跟踪研究报告（2015）
著(编)者:李慎明　　2015年4月出版 / 估价:198.00元

水与发展蓝皮书
中国水风险评估报告（2015）
著(编)者:王浩　　2015年9月出版 / 估价:69.00元

土地整治蓝皮书
中国土地整治发展研究报告No.2
著(编)者:国土资源部土地整治中心　2015年5月出版 / 估价:89.00元

危机管理蓝皮书
中国危机管理报告（2015）
著(编)者:文学国　　2015年8月出版 / 估价:89.00元

形象危机应对蓝皮书
形象危机应对研究报告（2015）
著(编)者:唐钧　　2015年6月出版 / 估价:149.00元

医改蓝皮书
中国医药卫生体制改革报告（2015～2016）
著(编)者:文学国　房志武　　2015年12月出版 / 估价:79.00元

医疗卫生绿皮书
中国医疗卫生发展报告（2015）
著(编)者:申宝忠　韩玉珍　　2015年4月出版 / 估价:75.00元

应急管理蓝皮书
中国应急管理报告（2015）
著(编)者:宋英华　　2015年10月出版 / 估价:69.00元

政治参与蓝皮书
中国政治参与报告（2015）
著(编)者:房宁　　2015年7月出版 / 估价:105.00元

政治发展蓝皮书
中国政治发展报告（2015）
著(编)者:房宁　杨海蛟　　2015年5月出版 / 估价:88.00元

中国农村妇女发展蓝皮书
流动女性城市融入发展报告（2015）
著(编)者:谢丽华　　2015年11月出版 / 估价:69.00元

宗教蓝皮书
中国宗教报告（2015）
著(编)者:金泽　邱永辉　　2015年9月出版 / 估价:59.00元

行业报告类

保险蓝皮书
中国保险业竞争力报告（2015）
著（编）者:王力　2015年12月出版 / 估价:98.00元

彩票蓝皮书
中国彩票发展报告（2015）
著（编）者:益彩基金　2015年10月出版 / 估价:69.00元

餐饮产业蓝皮书
中国餐饮产业发展报告（2015）
著（编）者:邢颖　2015年6月出版 / 估价:69.00元

测绘地理信息蓝皮书
智慧中国地理空间智能体系研究报告（2015）
著（编）者:库热西·买合苏提　2015年12月出版 / 估价:98.00元

茶业蓝皮书
中国茶产业发展报告（2015）
著（编）者:杨江帆 李闽榕　2015年10月出版 / 估价:78.00元

产权市场蓝皮书
中国产权市场发展报告（2015）
著（编）者:曹和平　2015年12月出版 / 估价:79.00元

电子政务蓝皮书
中国电子政务发展报告（2015）
著（编）者:洪毅 杜平　2015年11月出版 / 估价:79.00元

杜仲产业绿皮书
中国杜仲橡胶资源与产业发展报告（2014~2015）
著（编）者:杜红岩 胡文臻 俞锐
2015年1月出版 / 定价:85.00元

房地产蓝皮书
中国房地产发展报告No.12（2015）
著（编）者:魏后凯 李景国　2015年5月出版 / 估价:79.00元

服务外包蓝皮书
中国服务外包产业发展报告（2015）
著（编）者:王晓红 刘德军　2015年6月出版 / 估价:89.00元

工业设计蓝皮书
中国工业设计发展报告（2015）
著（编）者:王晓红 于炜 张立群　2015年9月出版 / 估价:138.00元

互联网金融蓝皮书
中国互联网金融发展报告（2015）
著（编）者:芮晓武 刘烈宏　2015年8月出版 / 估价:79.00元

会展蓝皮书
中外会展业动态评估年度报告（2015）
著（编）者:张敏　2015年1月出版 / 估价:78.00元

金融监管蓝皮书
中国金融监管报告（2015）
著（编）者:胡滨　2015年5月出版 / 估价:69.00元

金融蓝皮书
中国商业银行竞争力报告（2015）
著（编）者:王松奇　2015年12月出版 / 估价:69.00元

客车蓝皮书
中国客车产业发展报告（2014~2015）
著（编）者:姚蔚　2015年2月出版 / 定价:85.00元

老龄蓝皮书
中国老年宜居环境发展报告（2015）
著（编）者:吴玉韶 党俊武　2015年9月出版 / 估价:79.00元

流通蓝皮书
中国商业发展报告（2015）
著（编）者:荆林波　2015年5月出版 / 估价:89.00元

旅游安全蓝皮书
中国旅游安全报告（2015）
著（编）者:郑向敏 谢朝武　2015年5月出版 / 估价:98.00元

旅游景区蓝皮书
中国旅游景区发展报告（2015）
著（编）者:黄安民　2015年7月出版 / 估价:79.00元

旅游绿皮书
2014~2015年中国旅游发展分析与预测
著（编）者:宋瑞　2015年1月出版 / 定价:98.00元

煤炭蓝皮书
中国煤炭工业发展报告（2015）
著（编）者:岳福斌　2015年12月出版 / 估价:79.00元

民营医院蓝皮书
中国民营医院发展报告（2015）
著（编）者:庄一强　2015年10月出版 / 估价:75.00元

闽商蓝皮书
闽商发展报告（2015）
著（编）者:王日根 李闽榕　2015年12月出版 / 估价:69.00元

能源蓝皮书
中国能源发展报告（2015）
著（编）者:崔民选 王军生　2015年8月出版 / 估价:79.00元

农产品流通蓝皮书
中国农产品流通产业发展报告（2015）
著（编）者:贾敬敦 张东科 张玉玺 孔令羽 张鹏毅
2015年9月出版 / 估价:89.00元

企业蓝皮书
中国企业竞争力报告（2015）
著（编）者:金碚　2015年11月出版 / 估价:89.00元

企业社会责任蓝皮书
中国企业社会责任研究报告（2015）
著（编）者:黄群慧 彭华岗 钟宏武 张蒽
2015年11月出版 / 估价:69.00元

汽车安全蓝皮书
中国汽车安全发展报告（2015）
著(编)者:中国汽车技术研究中心　　2015年4月出版 / 估价:79.00元

汽车蓝皮书
中国汽车产业发展报告（2015）
著(编)者:国务院发展研究中心产业经济研究部
　　　　中国汽车工程学会 大众汽车集团（中国）
2015年7月出版 / 估价:128.00元

清洁能源蓝皮书
国际清洁能源发展报告（2015）
著(编)者:国际清洁能源论坛（澳门）
2015年9月出版 / 估价:89.00元

人力资源蓝皮书
中国人力资源发展报告（2015）
著(编)者:余兴安　　2015年9月出版 / 估价:79.00元

融资租赁蓝皮书
中国融资租赁业发展报告（2014~2015）
著(编)者:李光荣 王力　　2015年1月出版 / 定价:89.00元

软件和信息服务业蓝皮书
中国软件和信息服务业发展报告（2015）
著(编)者:陈新河 洪京一　　2015年12月出版 / 估价:198.00元

上市公司蓝皮书
上市公司质量评价报告（2015）
著(编)者:张跃文 王力　　2015年10月出版 / 估价:118.00元

食品药品蓝皮书
食品药品安全与监管政策研究报告（2015）
著(编)者:唐民皓　　2015年7月出版 / 估价:69.00元

世界能源蓝皮书
世界能源发展报告（2015）
著(编)者:黄晓勇　　2015年6月出版 / 估价:99.00元

碳市场蓝皮书
中国碳市场报告（2015）
著(编)者:低碳发展国际合作联盟
2015年11月出版 / 估价:69.00元

体育蓝皮书
中国体育产业发展报告（2015）
著(编)者:阮伟 钟秉枢　　2015年4月出版 / 估价:69.00元

投资蓝皮书
中国投资发展报告（2015）
著(编)者:杨庆蔚　　2015年4月出版 / 估价:128.00元

物联网蓝皮书
中国物联网发展报告（2015）
著(编)者:黄桂田　　2015年4月出版 / 估价:59.00元

西部工业蓝皮书
中国西部工业发展报告（2015）
著(编)者:方行明 甘犁 刘方健 姜凌 等
2015年9月出版 / 估价:79.00元

西部金融蓝皮书
中国西部金融发展报告（2015）
著(编)者:李忠民　　2015年8月出版 / 估价:75.00元

新能源汽车蓝皮书
中国新能源汽车产业发展报告（2015）
著(编)者:中国汽车技术研究中心
　　　　日产（中国）投资有限公司 东风汽车有限公司
2015年8月出版 / 估价:69.00元

信托市场蓝皮书
中国信托业市场报告（2014~2015）
著(编)者:用益信托工作室　　2015年2月出版 / 定价:198.00元

信息产业蓝皮书
世界软件和信息技术产业发展报告（2015）
著(编)者:洪京一　　2015年8月出版 / 估价:79.00元

信息化蓝皮书
中国信息化形势分析与预测（2015）
著(编)者:周宏仁　　2015年8月出版 / 估价:98.00元

信用蓝皮书
中国信用发展报告（2015）
著(编)者:田侃　　2015年4月出版 / 估价:69.00元

休闲绿皮书
2015年中国休闲发展报告
著(编)者:刘德谦　　2015年6月出版 / 估价:59.00元

医药蓝皮书
中国中医药产业园战略发展报告（2015）
著(编)者:裴长洪 房书亭 吴少祯　　2015年5月出版 / 估价:89.00元

邮轮绿皮书
中国邮轮产业发展报告（2015）
著(编)者:汪泓　　2015年9月出版 / 估价:79.00元

支付清算蓝皮书
中国支付清算发展报告（2015）
著(编)者:杨涛　　2015年5月出版 / 估价:45.00元

中国上市公司蓝皮书
中国上市公司发展报告（2015）
著(编)者:许雄斌 张平 2015年9月出版 / 估价:98.00元

中国总部经济蓝皮书
中国总部经济发展报告（2015）
著(编)者:赵弘　　2015年5月出版 / 估价:79.00元

住房绿皮书
中国住房发展报告（2014~2015）
著(编)者:倪鹏飞　　2014年12月出版 / 定价:79.00元

资本市场蓝皮书
中国场外交易市场发展报告（2015）
著(编)者:高峦　　2015年8月出版 / 估价:79.00元

资产管理蓝皮书
中国资产管理行业发展报告（2015）
著(编)者:智信资产管理研究院　　2015年7月出版 / 估价:79.00元

文化传媒类

传媒竞争力蓝皮书
中国传媒国际竞争力研究报告（2015）
著(编)者:李本乾　2015年9月出版 / 估价:88.00元

传媒蓝皮书
中国传媒产业发展报告（2015）
著(编)者:崔保国　2015年4月出版 / 估价:98.00元

传媒投资蓝皮书
中国传媒投资发展报告（2015）
著(编)者:张向东　2015年7月出版 / 估价:89.00元

动漫蓝皮书
中国动漫产业发展报告（2015）
著(编)者:卢斌 郑玉明 牛兴侦　2015年7月出版 / 估价:79.00元

非物质文化遗产蓝皮书
中国非物质文化遗产发展报告（2015）
著(编)者:陈平　2015年4月出版 / 估价:79.00元

非物质文化遗产蓝皮书
中国少数民族非物质文化遗产发展报告（2015）
著(编)者:肖远平 柴立　2015年4月出版 / 估价:79.00元

广电蓝皮书
中国广播电影电视发展报告（2015）
著(编)者:杨明品　2015年7月出版 / 估价:98.00元

广告主蓝皮书
中国广告主营销传播趋势报告（2015）
著(编)者:黄升民　2015年5月出版 / 估价:148.00元

国际传播蓝皮书
中国国际传播发展报告（2015）
著(编)者:胡正荣 李继东 姬德强
2015年7月出版 / 估价:89.00元

国家形象蓝皮书
2015年国家形象研究报告
著(编)者:张昆　2015年5月出版 / 估价:79.00元

纪录片蓝皮书
中国纪录片发展报告（2015）
著(编)者:何苏六　2015年9月出版 / 估价:79.00元

科学传播蓝皮书
中国科学传播报告（2015）
著(编)者:詹正茂　2015年4月出版 / 估价:69.00元

两岸文化蓝皮书
两岸文化产业合作发展报告（2015）
著(编)者:胡惠林 李保宗　2015年7月出版 / 估价:79.00元

媒介与女性蓝皮书
中国媒介与女性发展报告（2015）
著(编)者:刘利群　2015年8月出版 / 估价:69.00元

全球传媒蓝皮书
全球传媒发展报告（2015）
著(编)者:胡正荣　2015年12月出版 / 估价:79.00元

世界文化发展蓝皮书
世界文化发展报告（2015）
著(编)者:张庆宗 高乐田 郭熙煌
2015年5月出版 / 估价:89.00元

视听新媒体蓝皮书
中国视听新媒体发展报告（2015）
著(编)者:庞井君　2015年6月出版 / 估价:148.00元

文化创新蓝皮书
中国文化创新报告（2015）
著(编)者:于平 傅才武　2015年4月出版 / 估价:79.00元

文化建设蓝皮书
中国文化发展报告（2015）
著(编)者:江畅 孙伟平 戴茂堂
2015年4月出版 / 估价:138.00元

文化科技蓝皮书
文化科技创新发展报告（2015）
著(编)者:于平 李凤亮　2015年10月出版 / 估价:89.00元

文化蓝皮书
中国文化产业供需协调检测报告（2015）
著(编)者:王亚南 2015年2月出版 / 定价:79.00元

文化蓝皮书
中国文化消费需求景气评价报告（2015）
著(编)者:王亚南 2015年2月出版 / 定价:79.00元

文化蓝皮书
中国文化产业发展报告（2015）
著(编)者:张晓明 王家新 章建刚
2015年4月出版 / 估价:79.00元

文化蓝皮书
中国公共文化投入增长测评报告(2015)
著(编)者:王亚南 2014年12月出版 / 定价:79.00元

文化蓝皮书
中国文化政策发展报告（2015）
著(编)者:傅才武 宋文玉 燕东升　2015年9月出版 / 估价:98.

文化品牌蓝皮书
中国文化品牌发展报告（2015）
著(编)者:欧阳友权　2015年4月出版 / 估价:79.00元

文化遗产蓝皮书
中国文化遗产事业发展报告（2015）
著(编)者:刘世锦　2015年12月出版 / 估价:89.00元

文学蓝皮书
中国文情报告（2015）
著(编)者:白烨　2015年5月出版 / 估价:49.00元

新媒体蓝皮书
中国新媒体发展报告（2015）
著(编)者:唐绪军　2015年6月出版 / 估价:79.00元

新媒体社会责任蓝皮书
中国新媒体社会责任研究报告（2015）
著(编)者:钟瑛　2015年10月出版 / 估价:79.00元

移动互联网蓝皮书
中国移动互联网发展报告（2015）
著(编)者:官建文　2015年6月出版 / 估价:79.00元

舆情蓝皮书
中国社会舆情与危机管理报告（2015）
著(编)者:谢耘耕　2015年8月出版 / 估价:98.00元

地方发展类

安徽经济蓝皮书
芜湖创新型城市发展报告（2015）
著(编)者:杨少华　王开玉　2015年4月出版 / 估价:69.00元

安徽蓝皮书
安徽社会发展报告（2015）
著(编)者:程桦　2015年4月出版 / 估价:79.00元

安徽社会建设蓝皮书
安徽社会建设分析报告（2015）
著(编)者:黄家海　王开玉　蔡宪　2015年4月出版 / 估价:69.00元

澳门蓝皮书
澳门经济社会发展报告（2015）
著(编)者:吴志良　郝雨凡　2015年4月出版 / 估价:79.00元

北京蓝皮书
北京公共服务发展报告（2014~2015）
著(编)者:施昌奎　2015年1月出版 / 定价:69.00元

北京蓝皮书
北京经济发展报告（2015）
著(编)者:杨松　2015年4月出版 / 估价:79.00元

北京蓝皮书
北京社会治理发展报告（2015）
著(编)者:殷星辰　2015年4月出版 / 估价:79.00元

北京蓝皮书
北京文化发展报告（2015）
著(编)者:李建盛　2015年4月出版 / 估价:79.00元

北京蓝皮书
北京社会发展报告（2015）
著(编)者:缪青　2015年5月出版 / 估价:79.00元

北京蓝皮书
北京社区发展报告（2015）
著(编)者:于燕燕　2015年1月出版 / 定价:79.00元

北京旅游绿皮书
北京旅游发展报告（2015）
著(编)者:北京旅游学会　2015年7月出版 / 估价:88.00元

北京律师蓝皮书
北京律师发展报告（2015）
著(编)者:王隽　2015年12月出版 / 估价:75.00元

北京人才蓝皮书
北京人才发展报告（2015）
著(编)者:于淼　2015年4月出版 / 估价:89.00元

北京社会心态蓝皮书
北京社会心态分析报告（2015）
著(编)者:北京社会心理研究所　2015年4月出版 / 估价:69.00元

北京社会组织蓝皮书
北京社会组织发展研究报告(2015)
著(编)者:李东松　唐军　2015年4月出版 / 估价:79.00元

北京社会组织蓝皮书
北京社会组织发展报告（2015）
著(编)者:温庆云　2015年9月出版 / 估价:69.00元

滨海金融蓝皮书
滨海新区金融发展报告（2015）
著(编)者:王爱俭　张锐钢　2015年9月出版 / 估价:79.00元

城乡一体化蓝皮书
中国城乡一体化发展报告（北京卷）（2015）
著(编)者:张宝秀　黄序　2015年4月出版 / 估价:69.00元

创意城市蓝皮书
北京文化创意产业发展报告（2015）
著(编)者:张京成　2015年11月出版 / 估价:65.00元

创意城市蓝皮书
无锡文化创意产业发展报告（2015）
著(编)者:谭军　张鸣年　2015年10月出版 / 估价:75.00元

创意城市蓝皮书
武汉市文化创意产业发展报告（2015）
著(编)者:袁堃　黄永林　2015年11月出版 / 估价:85.00元

创意城市蓝皮书
重庆创意产业发展报告（2015）
著(编)者:程宇宁　2015年4月出版 / 估价:89.00元

创意城市蓝皮书
青岛文化创意产业发展报告（2015）
著(编)者:马达　张丹妮　2015年6月出版 / 估价:79.00元

福建妇女发展蓝皮书
福建省妇女发展报告（2015）
著(编)者:刘群英　2015年10月出版 / 估价:58.00元

甘肃蓝皮书
甘肃舆情分析与预测（2015）
著(编)者:陈双梅　郝树声　2015年1月出版 / 定价:79.00元

甘肃蓝皮书
甘肃文化发展分析与预测（2015）
著(编)者:安文华　周小华　2015年1月出版 / 定价:79.00元

甘肃蓝皮书
甘肃社会发展分析与预测（2015）
著(编)者:安文华　包晓霞　2015年1月出版 / 定价:79.00元

甘肃蓝皮书
甘肃经济发展分析与预测（2015）
著(编)者:朱智文　罗哲　2015年1月出版 / 定价:79.00元

甘肃蓝皮书
甘肃县域经济综合竞争力评价（2015）
著(编)者:刘进军　2015年4月出版 / 估价:69.00元

甘肃蓝皮书
甘肃县域社会发展评价报告（2015）
著(编)者:刘进军　柳民　王建兵　2015年1月出版 / 定价:79.00元

广东蓝皮书
广东省电子商务发展报告（2015）
著(编)者:程晓　2015年12月出版 / 估价:69.00元

广东蓝皮书
广东社会工作发展报告（2015）
著(编)者:罗观翠　2015年6月出版 / 估价:89.00元

广东社会建设蓝皮书
广东省社会建设发展报告（2015）
著(编)者:广东省社会工作委员会　2015年10月出版 / 估价:89.00元

广东外经贸蓝皮书
广东对外经济贸易发展研究报告（2015）
著(编)者:陈万灵　2015年5月出版 / 估价:79.00元

广西北部湾经济区蓝皮书
广西北部湾经济区开放开发报告（2015）
著(编)者:广西北部湾经济区规划建设管理委员会办公室
　　　　广西社会科学院广西北部湾发展研究院
2015年8月出版 / 估价:79.00元

广州蓝皮书
广州社会保障发展报告（2015）
著(编)者:蔡国萱　2015年4月出版 / 估价:65.00元

广州蓝皮书
2015年中国广州社会形势分析与预测
著(编)者:张强　陈怡霓　杨秦　2015年5月出版 / 估价:69.00元

广州蓝皮书
广州经济发展报告（2015）
著(编)者:李江涛　朱名宏　2015年5月出版 / 估价:69.00元

广州蓝皮书
广州商贸业发展报告（2015）
著(编)者:李江涛　王旭东　荀振英　2015年6月出版 / 估价:69.00元

广州蓝皮书
2015年中国广州经济形势分析与预测
著(编)者:庚建设　沈奎　郭志勇　2015年6月出版 / 估价:79.00元

广州蓝皮书
中国广州文化发展报告（2015）
著(编)者:徐俊忠　陆志强　顾涧清　2015年6月出版 / 估价:69.0元

广州蓝皮书
广州农村发展报告（2015）
著(编)者:李江涛　汤锦华　2015年8月出版 / 估价:69.00元

广州蓝皮书
中国广州城市建设与管理发展报告（2015）
著(编)者:董皞　冼伟雄　2015年7月出版 / 估价:69.00元

广州蓝皮书
中国广州科技和信息化发展报告（2015）
著(编)者:邹采荣　马正勇　冯元　2015年7月出版 / 估价:79.00元

广州蓝皮书
广州创新型城市发展报告（2015）
著(编)者:李江涛　2015年7月出版 / 估价:69.00元

广州蓝皮书
广州文化创意产业发展报告（2015）
著(编)者:甘新　2015年8月出版 / 估价:79.00元

广州蓝皮书
广州志愿服务发展报告（2015）
著(编)者:魏国华　张强　2015年9月出版 / 估价:69.00元

广州蓝皮书
广州城市国际化发展报告（2015）
著(编)者:朱名宏　2015年9月出版 / 估价:59.00元

广州蓝皮书
广州汽车产业发展报告（2015）
著(编)者:李江涛　杨再高　2015年9月出版 / 估价:69.00元

贵州房地产蓝皮书
贵州房地产发展报告（2015）
著(编)者:武廷方　2015年10月出版 / 估价:89.00元

贵州蓝皮书
贵州人才发展报告（2015）
著(编)者:于杰　吴大华　2015年4月出版 / 估价:69.00元

贵州蓝皮书
贵州社会发展报告（2015）
著(编)者:王兴骥　2015年4月出版 / 估价:69.00元

贵州蓝皮书
贵州法治发展报告（2015）
著(编)者:吴大华　2015年4月出版 / 估价:69.00元

贵州蓝皮书
贵州国有企业社会责任发展报告（2015）
著(编)者:郭丽　2015年10月出版 / 估价:79.00元

海淀蓝皮书
海淀区文化和科技融合发展报告（2015）
著(编)者:孟景伟　陈名杰　2015年5月出版 / 估价:75.00元

海峡西岸蓝皮书
海峡西岸经济区发展报告（2015）
著(编)者:黄端　2015年9月出版 / 估价:65.00元

杭州都市圈蓝皮书
杭州都市圈发展报告（2015）
著(编)者:董祖德 沈翔　2015年5月出版 / 估价:89.00元

杭州蓝皮书
杭州妇女发展报告（2015）
著(编)者:魏颖　2015年6月出版 / 估价:75.00元

河北经济蓝皮书
河北省经济发展报告（2015）
著(编)者:马树强 金浩 张贵　2015年4月出版 / 估价:79.00元

河北蓝皮书
河北经济社会发展报告（2015）
著(编)者:周文夫　2015年1月出版 / 定价:79.00元

河南经济蓝皮书
2015年河南经济形势分析与预测
著(编)者:胡五岳　2015年2月出版 / 定价:69.00元

河南蓝皮书
河南城市发展报告（2015）
著(编)者:谷建全 王建国　2015年3月出版 / 定价:79.00元

河南蓝皮书
2015年河南社会形势分析与预测
著(编)者:刘道兴 牛苏林　2015年4月出版 / 估价:69.00元

河南蓝皮书
河南工业发展报告（2015）
著(编)者:龚绍东 赵西三　2015年1月出版 / 定价:79.00元

河南蓝皮书
河南文化发展报告（2015）
著(编)者:卫绍生　2015年3月出版 / 定价:79.00元

河南蓝皮书
河南经济发展报告（2015）
著(编)者:喻新安　2014年12月出版 / 定价:79.00元

河南蓝皮书
河南法治发展报告（2015）
著(编)者:丁同民 闫德民　2015年4月出版 / 估价:69.00元

河南蓝皮书
河南金融发展报告（2015）
著(编)者:喻新安 谷建全　2015年4月出版 / 估价:69.00元

河南商务蓝皮书
河南商务发展报告（2015）
著(编)者:焦锦淼 穆荣国　2015年5月出版 / 估价:88.00元

黑龙江产业蓝皮书
黑龙江产业发展报告（2015）
著(编)者:于渤　2015年9月出版 / 估价:79.00元

黑龙江蓝皮书
黑龙江经济发展报告（2015）
著(编)者:曲伟　2015年1月出版 / 定价:79.00元

黑龙江蓝皮书
黑龙江社会发展报告（2015）
著(编)者:张新颖　2015年1月出版 / 定价:79.00元

湖北文化蓝皮书
湖北文化发展报告（2015）
著(编)者:江畅 吴成国　2015年5月出版 / 估价:89.00元

湖南城市蓝皮书
区域城市群整合
著(编)者:童中贤 韩未名　2015年12月出版 / 估价:79.00元

湖南蓝皮书
2015年湖南电子政务发展报告
著(编)者:梁志峰　2015年4月出版 / 估价:128.00元

湖南蓝皮书
2015年湖南社会发展报告
著(编)者:梁志峰　2015年4月出版 / 估价:128.00元

湖南蓝皮书
2015年湖南产业发展报告
著(编)者:梁志峰　2015年4月出版 / 估价:128.00元

湖南蓝皮书
2015年湖南经济展望
著(编)者:梁志峰　2015年4月出版 / 估价:128.00元

湖南蓝皮书
2015年湖南县域经济社会发展报告
著(编)者:梁志峰　2015年4月出版 / 估价:128.00元

湖南蓝皮书
2015年湖南两型社会发展报告
著(编)者:梁志峰　2015年4月出版 / 估价:128.00元

湖南县域绿皮书
湖南县域发展报告No.2
著(编)者:朱有志　2015年4月出版 / 估价:69.00元

沪港蓝皮书
沪港发展报告（2015）
著(编)者:尤安山　2015年9月出版 / 估价:89.00元

吉林蓝皮书
2015年吉林经济社会形势分析与预测
著(编)者:马克　2015年2月出版 / 定价:89.00元

济源蓝皮书
济源经济社会发展报告（2015）
著(编)者:喻新安　2015年4月出版 / 估价:69.00元

健康城市蓝皮书
北京健康城市建设研究报告（2015）
著(编)者:王鸿春　2015年4月出版 / 估价:79.00元

江苏法治蓝皮书
江苏法治发展报告（2015）
著(编)者:李力 龚廷泰　2015年9月出版 / 估价:98.00元

京津冀蓝皮书
京津冀发展报告（2015）
著(编)者:文魁 祝尔娟　2015年4月出版 / 估价:79.00元

经济特区蓝皮书
中国经济特区发展报告（2015）
著(编)者：陶一桃　　2015年4月出版 / 估价：89.00元

辽宁蓝皮书
2015年辽宁经济社会形势分析与预测
著(编)者：曹晓峰　张晶　梁启东　2014年12月出版 / 定价：79.00元

南京蓝皮书
南京文化发展报告（2015）
著(编)者：南京文化产业研究中心
2015年12月出版 / 估价：79.00元

内蒙古蓝皮书
内蒙古反腐倡廉建设报告（2015）
著(编)者：张志华　无极　2015年12月出版 / 估价：69.00元

浦东新区蓝皮书
上海浦东经济发展报告（2015）
著(编)者：沈开艳　陆沪根　　2015年1月出版 / 定价：69.00元

青海蓝皮书
2015年青海经济社会形势分析与预测
著(编)者：赵宗福　　2014年12月出版 / 定价：69.00元

人口与健康蓝皮书
深圳人口与健康发展报告（2015）
著(编)者：曾序春　　2015年12月出版 / 估价：89.00元

山东蓝皮书
山东社会形势分析与预测（2015）
著(编)者：张华　唐洲雁　　2015年6月出版 / 估价：89.00元

山东蓝皮书
山东经济形势分析与预测（2015）
著(编)者：张华　唐洲雁　　2015年6月出版 / 估价：89.00元

山东蓝皮书
山东文化发展报告（2015）
著(编)者：张华　唐洲雁　　2015年6月出版 / 估价：98.00元

山西蓝皮书
山西资源型经济转型发展报告（2015）
著(编)者：李志强　　2015年5月出版 / 估价：98.00元

陕西蓝皮书
陕西经济发展报告（2015）
著(编)者：任宗哲　白宽犁　裴成荣　2015年1月出版 / 定价：69.00元

陕西蓝皮书
陕西社会发展报告（2015）
著(编)者：任宗哲　白宽犁　牛昉　2015年1月出版 / 定价：69.00元

陕西蓝皮书
陕西文化发展报告（2015）
著(编)者：任宗哲　白宽犁　王长寿　2015年1月出版 / 定价：65.00元

陕西蓝皮书
丝绸之路经济带发展报告（2015）
著(编)者：任宗哲　石英　白宽犁
2015年8月出版 / 估价：79.00元

上海蓝皮书
上海文学发展报告（2015）
著(编)者：陈圣来　2015年1月出版 / 定价：69.00元

上海蓝皮书
上海文化发展报告（2015）
著(编)者：荣跃明　2015年1月出版 / 定价：74.00元

上海蓝皮书
上海资源环境发展报告（2015）
著(编)者：周冯琦　汤庆合　任文伟
2015年1月出版 / 定价：69.00元

上海蓝皮书
上海社会发展报告（2015）
著(编)者：杨雄　　周海旺　2015年1月出版 / 定价：69.00元

上海蓝皮书
上海经济发展报告（2015）
著(编)者：沈开艳　　2015年1月出版 / 定价：69.00元

上海蓝皮书
上海传媒发展报告（2015）
著(编)者：强荧　焦雨虹　2015年1月出版 / 定价：69.00元

上海蓝皮书
上海法治发展报告（2015）
著(编)者：叶青　　2015年4月出版 / 估价：69.00元

上饶蓝皮书
上饶发展报告（2015）
著(编)者：朱寅健　　2015年4月出版 / 估价：128.00元

社会建设蓝皮书
2015年北京社会建设分析报告
著(编)者：宋贵伦　冯虹　2015年7月出版 / 估价：79.00元

深圳蓝皮书
深圳劳动关系发展报告（2015）
著(编)者：汤庭芬　　2015年6月出版 / 估价：75.00元

深圳蓝皮书
深圳经济发展报告（2015）
著(编)者：张骁儒　　2015年7月出版 / 估价：79.00元

深圳蓝皮书
深圳社会发展报告（2015）
著(编)者：叶民辉　张骁儒　　2015年7月出版 / 估价：89.00元

深圳蓝皮书
深圳法治发展报告（2015）
著(编)者：张骁儒　　2015年4月出版 / 估价：79.00元

四川蓝皮书
四川文化产业发展报告（2015）
著(编)者：侯水平　2015年4月出版 / 估价：69.00元

四川蓝皮书
四川企业社会责任研究报告（2015）
著(编)者：侯水平　盛毅　　2015年3月出版 / 定价：79.00元

四川蓝皮书
四川法治发展报告（2015）
著(编)者:郑泰安　2015年1月出版 / 定价:69.00元

四川蓝皮书
2015年四川生态建设报告
著(编)者:四川省社会科学院
2015年4月出版 / 估价:69.00元

四川蓝皮书
四川城镇化发展报告（2015）
著(编)者:四川省城镇发展研究中心
2015年4月出版 / 估价:69.00元

四川蓝皮书
2015年四川社会发展形势分析与预测
著(编)者:郭晓鸣　李羚　2015年5月出版 / 估价:69.00元

四川蓝皮书
2015年四川经济发展形势分析与预测
著(编)者:杨钢　2015年1月出版 / 定价:89.00元

四川法治蓝皮书
四川依法治省年度报告No.1（2015）
著(编)者:李林　杨天宗　田禾　2015年3月出版 / 定价:108.00元

天津金融蓝皮书
天津金融发展报告（2015）
著(编)者:王爱俭　杜强　2015年9月出版 / 估价:89.00元

图们江区域合作蓝皮书
中国图们江区域合作开发发展报告（2015）
著(编)者:李铁　朱显平　吴成章　2015年4月出版 / 估价:79.00元

温州蓝皮书
2015年温州经济社会形势分析与预测
著(编)者:潘忠强　王春光　金浩　2015年4月出版 / 估价:69.00元

扬州蓝皮书
扬州经济社会发展报告（2015）
著(编)者:丁纯　2015年12月出版 / 估价:89.00元

云南蓝皮书
中国面向西南开放重要桥头堡建设发展报告
（2015）
著(编)者:刘绍怀　2015年12月出版 / 估价:69.00元

长株潭城市群蓝皮书
长株潭城市群发展报告（2015）
著(编)者:张萍　2015年4月出版 / 估价:69.00元

郑州蓝皮书
2015年郑州文化发展报告
著(编)者:王哲　2015年9月出版 / 估价:65.00元

中医文化蓝皮书
北京中医文化发展报告（2015）
著(编)者:毛嘉陵　2015年4月出版 / 估价:69.00元

珠三角流通蓝皮书
珠三角商圈发展研究报告（2015）
著(编)者:林至颖　王先庆　2015年7月出版 / 估价:98.00元

国别与地区类

阿拉伯黄皮书
阿拉伯发展报告（2015）
著(编)者:马晓霖　2015年4月出版 / 估价:79.00元

北部湾蓝皮书
泛北部湾合作发展报告（2015）
著(编)者:吕余生　2015年8月出版 / 估价:69.00元

大湄公河次区域蓝皮书
大湄公河次区域合作发展报告（2015）
著(编)者:刘稚　2015年9月出版 / 估价:79.00元

大洋洲蓝皮书
大洋洲发展报告（2015）
著(编)者:喻常森　2015年8月出版 / 估价:89.00元

德国蓝皮书
德国发展报告（2015）
著(编)者:郑春荣　伍慧萍　2015年6月出版 / 估价:69.00元

东北亚黄皮书
东北亚地区政治与安全（2015）
著(编)者:黄凤志　刘清才　张慧智
2015年5月出版 / 估价:69.00元

东盟黄皮书
东盟发展报告（2015）
著(编)者:崔晓麟　2015年5月出版 / 估价:75.00元

东南亚蓝皮书
东南亚地区发展报告（2015）
著(编)者:王勤　2015年4月出版 / 估价:79.00元

俄罗斯黄皮书
俄罗斯发展报告（2015）
著(编)者:李永全　2015年7月出版 / 估价:79.00元

非洲黄皮书
非洲发展报告（2015）
著(编)者:张宏明　2015年7月出版 / 估价:79.00元

国际形势黄皮书
全球政治与安全报告（2015）
著(编)者:李慎明　张宇燕　2015年1月出版 / 定价:69.00元

韩国蓝皮书
韩国发展报告（2015）
著(编)者:刘宝全　牛林杰　2015年8月出版 / 估价:79.00元

加拿大蓝皮书
加拿大发展报告（2015）
著(编)者:仲伟合　2015年4月出版 / 估价:89.00元

拉美黄皮书
拉丁美洲和加勒比发展报告（2014~2015）
著(编)者:吴白乙　2015年4月出版 / 估价:89.00元

美国蓝皮书
美国研究报告（2015）
著(编)者:黄平　郑秉文　2015年7月出版 / 估价:89.00元

缅甸蓝皮书
缅甸国情报告（2015）
著(编)者:李晨阳　2015年8月出版 / 估价:79.00元

欧洲蓝皮书
欧洲发展报告（2015）
著(编)者:周弘　2015年6月出版 / 估价:89.00元

葡语国家蓝皮书
葡语国家发展报告（2015）
著(编)者:对外经济贸易大学区域国别研究所　葡语国家研究中心
2015年4月出版 / 估价:89.00元

葡语国家蓝皮书
中国与葡语国家关系发展报告·巴西（2014）
著(编)者:澳门科技大学　2015年4月出版 / 估价:89.00元

日本经济蓝皮书
日本经济与中日经贸关系研究报告（2015）
著(编)者:王洛林　张季风　2015年5月出版 / 估价:79.00元

日本蓝皮书
日本研究报告（2015）
著(编)者:李薇　2015年4月出版 / 估价:69.00元

上海合作组织黄皮书
上海合作组织发展报告（2015）
著(编)者:李进峰　吴宏伟　李伟
2015年9月出版 / 估价:89.00元

世界创新竞争力黄皮书
世界创新竞争力发展报告（2015）
著(编)者:李闽榕　李建平　赵新力
2015年12月出版 / 估价:148.00元

土耳其蓝皮书
土耳其发展报告（2015）
著(编)者:郭长刚　刘义　2015年7月出版 / 估价:89.00元

亚太蓝皮书
亚太地区发展报告（2015）
著(编)者:李向阳　2015年1月出版 / 定价:59.00元

印度蓝皮书
印度国情报告（2015）
著(编)者:吕昭义　2015年5月出版 / 估价:89.00元

印度洋地区蓝皮书
印度洋地区发展报告（2015）
著(编)者:汪戎　2015年4月出版 / 估价:79.00元

中东黄皮书
中东发展报告（2015）
著(编)者:杨光　2015年11月出版 / 估价:89.00元

中欧关系蓝皮书
中欧关系研究报告（2015）
著(编)者:周弘　2015年12月出版 / 估价:98.00元

中亚黄皮书
中亚国家发展报告（2015）
著(编)者:孙力　吴宏伟　2015年9月出版 / 估价:89.00元

中国皮书网

www.pishu.cn

发布皮书研创资讯，传播皮书精彩内容
引领皮书出版潮流，打造皮书服务平台

栏目设置：

☐ 资讯：皮书动态、皮书观点、皮书数据、
  皮书报道、皮书发布、电子期刊
☐ 标准：皮书评价、皮书研究、皮书规范
☐ 服务：最新皮书、皮书书目、重点推荐、在线购书
☐ 链接：皮书数据库、皮书博客、皮书微博、在线书城
☐ 搜索：资讯、图书、研究动态、皮书专家、研创团队

　　中国皮书网依托皮书系列"权威、前沿、
原创"的优质内容资源，通过文字、图片、音频、
视频等多种元素，在皮书研创者、使用者之间
搭建了一个成果展示、资源共享的互动平台。

　　自 2005 年 12 月正式上线以来，中国皮书
网的 IP 访问量、PV 浏览量与日俱增，受到海
内外研究者、公务人员、商务人士以及专业读
者的广泛关注。

　　2008 年、2011 年，中国皮书网均在全国
新闻出版业网站荣誉评选中获得"最具商业价
值网站"称号；2012 年，获得"出版业网站百强"
称号。

　　2014 年，中国皮书网与皮书数据库实现资
源共享，端口合一，将提供更丰富的内容，更
全面的服务。

皮 书 大 事 记
（2014）

☆ 2014年10月，中国社会科学院2014年度皮书纳入创新工程学术出版资助名单正式公布，相关资助措施进一步落实。

☆ 2014年8月，由中国社会科学院主办，贵州省社会科学院、社会科学文献出版社承办的"第十五次全国皮书年会（2014）"在贵州贵阳隆重召开。

☆ 2014年8月，第二批淘汰的27种皮书名单公布。

☆ 2014年7月，第五届优秀皮书奖评审会在京召开。本届优秀皮书奖首次同时评选优秀皮书和优秀皮书报告。

☆ 2014年7月，第三届皮书学术评审委员会于北京成立。

☆ 2014年6月，社会科学文献出版社与北京报刊发行局签订合同，将部分重点皮书纳入邮政发行系统。

☆ 2014年6月，《中国社会科学院皮书管理办法》正式颁布实施。

☆ 2014年4月，出台《社会科学文献出版社关于加强皮书编审工作的有关规定》《社会科学文献出版社皮书责任编辑管理规定》《社会科学文献出版社关于皮书准入与退出的若干规定》。

☆ 2014年1月，首批淘汰的44种皮书名单公布。

☆ 2014年1月，"2013(第七届)全国新闻出版业网站年会"在北京举办，中国皮书网被评为"最具商业价值网站"。

☆ 2014年1月，社会科学文献出版社在原皮书评价研究中心的基础上成立了皮书研究院。

皮书数据库
www.pishu.com.cn

皮书数据库三期

更多信息请登录

中国皮书网的BLOG [编辑]
http://blog.sina.com.cn/pishu

中国皮书网
http://www.pishu.cn

皮书微博
http://weibo.com/pishu

皮书博客
http://blog.sina.com.cn/pishu

皮书微信
皮书说

请到各地书店皮书专架／专柜购买，也可办理邮购